U0529440

国家社会科学基金项目研究成果

探索强国之路
国有企业管理体制的比较研究

梁祖晨　秦　辉　许　强◇著

中国社会科学出版社

图书在版编目（CIP）数据

探索强国之路：国有企业管理体制的比较研究/梁祖晨，秦辉，许强著. —北京：中国社会科学出版社，2015.4
ISBN 978 - 7 - 5161 - 6006 - 0

Ⅰ.①探… Ⅱ.①梁…②秦…③许… Ⅲ.①国有企业—企业改革—研究—中国 Ⅳ.①F279.241

中国版本图书馆 CIP 数据核字（2015）第 081360 号

出 版 人	赵剑英
责任编辑	卢小生
特约编辑	林　木
责任校对	周晓东
责任印制	王　超

出　版	中国社会科学出版社
社　址	北京鼓楼西大街甲 158 号
邮　编	100720
网　址	http://www.csspw.cn
发 行 部	010 - 84083685
门 市 部	010 - 84029450
经　销	新华书店及其他书店
印　刷	北京市大兴区新魏印刷厂
装　订	廊坊市广阳区广增装订厂
版　次	2015 年 4 月第 1 版
印　次	2015 年 4 月第 1 次印刷
开　本	710×1000　1/16
印　张	18.5
插　页	2
字　数	313 千字
定　价	66.00 元

凡购买中国社会科学出版社图书，如有质量问题请与本社发行部联系调换
电话：010 - 84083683
版权所有　侵权必究

序

在世界各国国有企业效益普遍低下，我国国有企业如何通过深化改革，形成强势内生驱动，从而显示出新生产权关系具有旺盛生命力。这是本书作者梁祖晨教授等多年不懈探索研究的主题。

本书作者指出，西方国有企业从属、服务于私有制经济，占经济发展主导地位的私有制企业产权归属清晰，同占经济发展主导地位的我国国有企业对比，由于我国国有企业所有者人格化缺位，从而需要深入探讨揭示企业本质，立足从根基上构建作为市场主体的国有企业的独特出发点，进行国有企业管理体制的比较研究。作者基于我国国有企业产权从根本上归属于全体社会主义劳动者，并突出体现于国有企业员工身上，认为应像20世纪80年代农村改革取得意想不到的收效一样，通过与深化改革一致的新利益主体的形成，即所有国有企业员工应有权益的市场化兑现，来推动改革不可逆转地深入高效发展。如同国有企业员工需要竞聘上岗就业获得劳动报酬一样，通过面向市场的公正、平等竞争上岗任职，有组织地共同担负国有企业所有者权能，分享国有企业经营剩余中的相应份额。这样，通过实现社会主义劳动者与生产资料的直接结合，致使身处逐步深入市场化改革的所有国有企业员工，不仅有竞争上岗任职后获取相应劳动报酬和企业经营剩余的利益驱动，而且有履职绩效的约期动态考评和职位替代等潜在下岗离职威胁，从而严格行使和切实担当国有企业所有者监督国有企业营运权能与职责，并竭诚辅助和服从同为国有企业所有者成员，与其共担国有企业营运风险的经营者工作，勤勉发奋投入群体协同的创造性劳动。这是一家之言，可供对此问题有兴趣者研究讨论。

本书作者指出，为突破国有企业现代企业制度创新硬壳，在混合所有制成为我国基本经济制度重要实现形式的趋势下，实现国资流转顺畅，促使人力资本这一活的生产要素在不同属性企业之间自由流动，似可尝试实施国有企业员工市场化竞争上岗劳作，并实行国有企业所有者权责履职绩效动态考评中的"末尾淘汰制"。或在不同属性企业与员工之间的"双向选择"中，实行员工竞争上岗任职的"优者胜"。从而在国资流转顺畅和放大国资功能的同时，突出显现同为社会主义劳动者和具有创造性潜能的不同企业员工，平等竞争上岗就业和促进国有企业高效营运发展。作者认为，这样做可以彰显社会主义基本经济制度与市场经济有机结合的巨大经济社会效应。

为加强顶层设计和"摸着石头过河"相结合，提供尽可能妥善可行的理性思维建议，作者通过对诸多国有企业体制改革创新实践的实地调查访谈，证实了新生制度的建立和运行，受制于传统陈旧思想观念的制约。与优良传统有着不可割裂血脉关联的先进文化价值取向的确立与传播，还要凭借制度的先行创建完善，从而促使人们形成完全不同于既往的人格精神面貌，形成制度与文化之间的密切关联和互动关系。作者由此得出了对我国国有企业管理体制和现代企业制度创新，有着学术研究和实践探索参考借鉴意义的结论。

其一，为实现国有企业所有者人格化到位，使国资拥有与持有人存亡与共的强烈保值增值"活的灵魂"。作者并未将国有企业出资人，依旧含糊默认为难以区别其公益或营利属性的行政机构，或像逆反当年农村包产到户，将其相对笼统地归属于难以向个体落实的"集体经济人"，而是将其定位于构成企业或团队的最小决策行动单位，并在整体上是不可分割的国有企业员工个人。同时，作者亦立足于经济学研究，必须要先决性判别界定何为人的交易理智特性，认为作为共同拥有财产权益的所有国有企业员工，同样是谋求个人利益最大化的"经济人"。当然，又不可混同于西方私有制企业的是，由于我国国有企业员工整体性占有国有企业产权，并且在协同共谋福利中，深刻认识到自身未来与他人收益及整体发展的密切关联，因而能够理智把握求取个人收益最大化的正确路径取向。而不像西方产权私有制企业的所有者，常会在唯利是图、欺瞒哄骗，甚而是在钻营倒把和巧取豪夺中陷入损人害己的"怪圈"。由此，即应当对亚当·斯密关于"经济人"理性的假说，进行社会发展实践中的再认识。显然，在产权私有制占主导地位，人与人之间存在着难以逾越的利益对立和鸿沟，尤其是存在着资本雇佣驱使劳动所带来的政治、经济不平等和弱肉强食的激烈竞争条件下，很难想象人们在刻意谋求和维护自身生存，或盲目追逐利润、无意顾忌他人，以求一己暴富的过程中，会产生忘我利他的思想观念。以致使这样历史条件下的人的理性，难以规避地处于狭隘、短视的低层次。

在现代企业两权分离条件下，如果没有出资人就不可能存在代理经营者。以致在所有者有偿让渡产权和严密监控下，逐步形成了影响和推动现代经济高效发展的，职业化竞争担负企业经营职能的企业家与企业家精神。由此，作者把我国国有企业员工民主参与企业营运管理看成涌现于他们之中，或深受群体价值取向熏染并与他们真诚相处，从而由衷代表员工利益和高度集中群体智慧，具有超前改革创新魄力的社会主义企业家产生的深厚土壤。同时作者认为，如果以企业家精神而不是以企业家才能来诠释企业家概念，不仅深刻体现出为承担创新职能的企业家才能的稀缺，更人格化地凸显决定企业家才能的企业家精神，是最为珍贵的稀缺资源。所谓企业家精神，在本质上集中体现为富有市场开拓和科技与管理有机融合创新灵感，并且具有高度事业心和责任感的自觉性。

其二，基于区别传统产权私有制的我国国有企业所有者人格化，必然包含有人的思想观念转化和道德情愫提高。作者在制度与文化之间关系的探讨中，又引入了道德，并且深入剖析三者之间的有机互动关联。认为虽然道德观念的转化需要社会制度的演变，但是制度的有效运行又依赖一定道德理念驱使下，人们的自律行为来弥补其局限和不足。虽然那种高尚道德情操和事业心、责任感的产生，基于崇高理想和价值追求的内在驱动，但是先进思想文化的传扬，又要以人们道德观念转化和道德行为的改善，即以我国新型市场体制创建完善中，充分理性"经济人"的成长为重要体现和支撑。因而在三者的相互关联中，在实施起先决性作用的国有企业管理体制和现代企业制度创新时，不应忘记更为深层次的在党风转换和党的引领示范带动下，当前那种与我国传统文化中不良倾向有着千丝万缕的联系，为时代变换所不容的陈俗社会风气的转化提升，从而使人的道德向善，在国有企业深化改革中起到重要的作用。

其三，为使当家做主人的民众在具有民主选举权的同时，不可或缺地拥有民主参与决策、管理和监督权，深入强化国家治理结构现代化中人民代表大会的作用，深刻体现党的理论创新中最具价值的思想理论结晶"人民本体论"。作者大胆建议是否可尝试由基层做起，即在我国体制转轨中已形成"经理行政指挥、党委保障监督、职工民主管理"三位一体国有企业领导体制，使国有企业职代会成为权力机构的同时，在当前深化改革中严格行使其应有权能的基础上，经由所有国有企业员工民主推荐评议和平等竞争选聘，组建形成同样为权力机构的地方与全国职代会，并最终使各级职代会成为地方和全国人大依法确认的下属机构。依此，地方和中央国资委的构建及其成员尤其是负责人的确认，也应参照国有企业法人治理结构的形成，在参考各级政府所推荐的人选，并且经由相应层级职代会的推举、评议和提名，最后在公正平等的竞争中选拔任命。其所有成员的收益理应与行政人员有别，皆应与国资局部和整体营运成效挂钩，从而使各级国资委不再兼任运动员与裁判员，顺应市场主体确立的逻辑，成为由平等竞争市场机制裁决取舍的经济组织。使各级国资委成为我国国有企业管理体制，亦即在国有企业所有者人格化依然扩展至全国国有经济整体的前提下，国有企业法人治理结构的有机组成部分，使我国国有经济成为充溢市场竞争活力的经济发展主导力量。因此，所谓的国有企业所有者人格化，其本质正是在所有国有企业员工应有权益的市场化兑现，即本与国资委成员同为一体的所有国有企业员工，基于对自身命运与国有企业未来不可分割，而严格履行所有者权能和忘我投身生产营销劳作，逐步成长为有力支撑和推动我国社会主义市场经济繁荣强盛的充分理性的"经济人"。

　　我非常乐于给本书写序，尽管我认为作者的一些构想仍需作出更为充分的论证。当然，如果作者能够有对与其研究密切相关的同类或近似企业的跟踪调研，将会使其论述和构想更有说服力，甚至具有实践价值。因此，希望作者今后能够拿出更为深刻的研究成果。

张卓元

二〇一四年十一月于北京

目　录

第一章　国有企业改革：支撑我国体制创新的中流砥柱…………… 1

  第一节　由兴盛走向衰退的西方和苏东国有经济………………… 1

  第二节　西方和苏东国有经济衰退缘由及我国国有企业的
     特殊重要地位……………………………………………… 11

  第三节　我国国有企业改制存在的突出问题……………………… 24

  第四节　立足东西方比较研究，探索富企强国之路……………… 33

第二章　我国国有企业现代企业制度构建和管理体制创新…………… 40

  第一节　企业的产生及其形态演变………………………………… 40

  第二节　企业本质探讨……………………………………………… 45

  第三节　人的理性转化与我国国有企业员工所有者权益市场化
     兑现中的博弈分析………………………………………… 55

  第四节　基于制度与文化互动关联的我国国有企业现代
     企业制度和管理体制创新………………………………… 71

**第三章　东西方传统文化比较及制约我国体制创新的
   传统观念考察**……………………………………………………… 81

  第一节　东西方传统文化渊源及相互差异的比较研究…………… 81

  第二节　影响和制约我国国有企业管理体制创新变革的传统
     文化考察维度确立………………………………………… 89

  第三节　与我国传统文化密切关联的国有企业管理体制创新
     成效考察及调查问卷设计………………………………… 95

  第四节　基于调研数据分析的我国传统文化与国有企业管理
     体制创新成效关联求证…………………………………… 103

第四章　各国市场体制比较 … 117

第一节　国有企业监管模式与不同市场体制的关联 … 117
第二节　美国自由主义市场经济模式 … 118
第三节　德国"社会市场经济"的市场体制 … 122
第四节　日本"政府导向型"的市场经济模式 … 126
第五节　俄罗斯与东欧国家的私有化与市场经济体制改革 … 129
第六节　国外市场体制确立中值得借鉴的重要经验与启示 … 133

第五章　现代企业产权制度的国际比较与我国国有企业所有者人格化 … 138

第一节　契约解构、产权制度安排与我国国有企业改革 … 138
第二节　美国公司制企业产权制度特征 … 145
第三节　日本公司制企业产权制度特征 … 153
第四节　我国国有企业深化改革攻坚：基于权力制衡的国有企业所有者人格化塑造 … 164

第六章　各国公司治理结构及我国国有企业治理创新 … 178

第一节　美国公司治理中的国家立法和"个人主财产权"意识导向 … 180
第二节　日本公司制企业的主银行制度 … 183
第三节　德国公司治理中的"双重董事会"制和"全能银行"核心地位 … 186
第四节　各国公司治理结构的比较与发展趋势 … 188
第五节　博采众长和继承传统的我国国有企业治理结构创新 … 193

第七章　企业家成长机制构造与社会主义企业家的造就 … 216

第一节　企业职业化经营及以企业家精神界定的企业家概念 … 216
第二节　企业家成长机制及其运行的前提与基础 … 222
第三节　企业家成长机制运行的环境约束 … 227
第四节　我国社会主义企业家的培育与造就 … 241

第八章 国资授权经营与国有控股公司运营管理 ········· 249
    第一节　国外国资管理体制比较分析 ················· 250
    第二节　国有控股公司特性与经营定位 ················ 254
    第三节　结构调整与国有控股公司改革 ················ 257
    第四节　成功案例：上海仪电国资改革 15 年 ············· 271

主要参考文献 ······································ 278
后记 ·· 287

第一章 国有企业改革：支撑我国体制创新的中流砥柱

第一节 由兴盛走向衰退的西方和苏东国有经济

在寻根溯源的学术研究中，常被称为"官办事业"的国有企业自古有之。它伴随国家这种行政地域建制的产生而崭露头角①，随着社会经济的衍生进化而演变，及至当今世界上几乎所有的国家都有国有企业。这说明它作为社会生产中特有的经济单元或经营组织机构，在各国皆有其生存和发展的必要。同时，亦如任何事物的存在都要历经不同的兴衰际遇和寿命周期一样，国有企业也不例外。考察世界各国国有企业的发展史，不仅可以看到它们有着久远不息的生命延续，早在17—18世纪工业革命时期，即以机器大生产的方式在西欧老牌资本主义国家横空出世。而且在几经抑扬波动之后，又特别经历了两次世界大战至20世纪80年代前后，耐人寻味或值得深入探讨发掘其内在原因的大起大落。

一 国有企业在世界经济发展中曾有着久远的存续兴衰史

作为西方经济学支柱的价格理论，其核心或立说根基，是强调财产权益有明晰归属的个人所有，即从亚当·斯密《国富论》中"人的理性本是自私"的基本设想或假定出发，把确有切身意愿和实际行为能力的个人，在自主交换私有产权和资源稀缺有限条件下刻意求取自身收益最大化的利己动机，看作推动社会经济发展的基本原动力。这样，在市场价格这只"看不见的手"的导向操纵下，本为谋求自利或自身产品价值得以兑

---

① 早在两千多年前的西周，我国就已出现了为数众多的官营手工业作坊。

现的初衷，反而会有效促进社会共同利益的发展。然而，在产权私有、自由竞争和价格自发调节的西方市场经济体系中，却很早存在着另一种产权归属或资源营运模式，甚至有着不同经营目的的国有企业。

具有相对营运规模的西方国有企业问世，最早可追溯到几个世纪以前。如英国早在1657年即由政府出面创建了属于国有企业性质的世界第一家现代邮政局。① 法国于1810年成立的烟草专卖局，也是以国家行政机构的组织形式出现。这在西方资本主义诸国竭力实施自由竞争的经济政策，政府对经济几乎不进行任何干预的情况下并不多见。作为老牌资本主义国家的国有企业，这样隶属辖制于国家行政机关的组织形式一直延续到第一次世界大战前后。

同样应引起注意的是，第一次世界大战期间出于国民经济军事化的需要，曾一度使资本主义国家加强对经济的干预，从而促使国有企业有了较快的发展。如美国政府在1915年获得了阿拉斯加北方铁路公司的股票所有权，在战时出于军事上的需要又先后创办了多家国有企业，并且将铁路、邮电和船运等部门置于国家的垄断经营之下。英国政府亦从1914年8月开始几乎把全部铁路以及大批重要企业收归国有或国营，形成了其历史上的第一次国有化浪潮。法国政府除在1870年颁布烟草、火柴的"国有制"法令外，又于1914年对酒精实行国家垄断，并在第一次世界大战期间倾巨资于公路、铁路、海港、水电、化学和制药行业以着力兴建国有企业。这样在战争中由国家集权兴办某些需要统一筹划运作的产业，不仅有效适应了战争时期的特殊需求，而且在一定程度上推动了这些领域企业的营运发展，显示了在价格自发性调节配置资源的市场经济体制下，政府实施适当干预的必要性和国有企业存在的相对优势。随着战争的结束，西方各主要资本主义国家又一次把强调产权私有和维护生产竞争中的"自由主义"作为体制重建的基本取向。所谓传统"正规"的市场经济模式被着意全面恢复，战时所实施的国家控制经济的大量举措均被弃置。如美国在战争刚刚停息不久，即对第一次世界大战中所建立的国有企业进行了清理，使之大部分回归私有。

第一次世界大战结束后英国变得十分虚弱，美国又恢复了它的孤立主

---

① 本节某些数据和资料，主要参考或转引自顾宝炎主编《国外国有企业的管理和改革》，中国人事出版社1999年版，第3—7页。

义政策。在西方资本主义经济失去"领头羊"的情况下,所谓"纯粹"和盲目的自由市场竞争直接造成了原本即踽踽行进的经济急剧混乱,导致了资本主义国家1929—1933年的经济大危机。在世界性危局中,犹如天塌地陷般的众多企业纷纷倒闭及大量失业者的如潮涌现,致使政府不得不积极参与市场体系的重建工作,力图使企业利润和工人收入恢复到正常水平。国家干预之风振荡着旧的资本主义自由市场体系。及至1929年经济危机爆发之后,美国联邦政府即对国民经济进行了全面干涉,先后建立了一大批国有企业。这一发生在美国第一次世界大战后的国有化浪潮首先是从金融领域开始,然后扩大到工业生产和流通分配。在某些欧洲国家特别是意大利、法国和葡萄牙等,亦把工业和农业生产置于政府的直接控制之下。如意大利政府为应对银行业危机,于1933年成立了国家工业复兴公司即伊里公司。法国在1936—1938年也酝酿实施了较大规模的国有化运动,分别将铁路、法兰西银行及某些军用品生产部门,置于国家的严格监控之中。还应提到的是仅在第二次世界大战期间,美国政府即利用预算建立了2600家国有企业。时至1945年年底,所有国有企业的资产总额按1958年价格核算已达17亿美元。

从对西方市场经济发达国家早期国有企业产生发展史的回溯分析可明确看出,国有企业之所以能够存续延伸的重要原因之一,即代替政府承担公共事业或公共基础设施、基础工业的建设职能,而战争则是推动国有企业强化的重要因素。与西方诸国相对应,立足于生产关系或产权制度的变革,探索开启企业营运和社会生产力发展新阶段的社会主义国家国有企业,其确立和繁衍的历史轨迹与前者有着明显的不同。

早在1917年年末到1918年年初的十月革命之后,苏维埃政权即将全俄银行收归国有,并且紧随其后实施了工业国有化。如列宁在俄共(布)"七大"宣布的共产党在经济方面的根本任务是:"彻底完成已经开始的对地主和资产阶级的剥夺,将所有工厂、铁路、银行、船舶及其他生产资料和流通手段变为苏维埃共和国的财产。"① 时至1918年年末,在工业国有化已基本完成的条件下,苏维埃成为集中调节整个国民经济的机关。它"组织计算,监督各大企业,把全部国家经济机构变成一架大机器,变成

---

① 列宁:《俄共(布)第七次代表大会关于党纲草案草稿》,《列宁全集》第34卷,人民出版社1985年版,第66页。

一个使亿万人都遵照一个计划工作的机体。"① 在此期间，于1918年秋发生的武装干涉和自卫军进攻，打断了俄德签订《布勒斯特和约》后短暂的和平建设。为保证战争的需要，按照军事化的原则改组整个国民经济，即以固定的收购价格对各产粮省农民实施余粮收集制，同时关闭市场和禁止粮食交易的"战时共产主义"，恰巧为工业领域高速建立严整的计划经济制度提供了机会。

1921年春召开的俄共（布）"十大"，标志着"新经济政策"的开始。随之而实施的废止余粮收集制和改行粮食税，实行商品交换和恢复商品流通，显现出高度集中的经济体制难以适应新经济政策带来的变化。如1923年俄共（布）"十二大"《关于工业的决议》指出："既然我们已经转而采取市场的经济形式，就一定要给各企业在市场上从事经济活动的自由。"② 党应当"学会使国家经济各部门之间，以及它们同市场之间的相互关系协调一致"，使国民经济各部门联结起来，并根据对经济行情的经常研究调节市场关系。③ 这样的政策方针变革，不仅使农业生产很快得到恢复，而且使战乱后的工业经济得到迅速调整发展。

然而，起始于1928年前后由斯大林主持领导的苏联经济，却与新经济政策所确立的基本原则大相径庭。1929年4月召开的全苏第十六次党代会提出，与苏联发展国民经济"一五"计划相适应的有关管理体制的基点，即实行高度集权中央的计划部署与领导。如斯大林在1927年联共（布）"十五大"所说："我们的计划不是臆测的计划，不是想当然的计划，而是指令性的计划。这种计划各领导机关必须执行，这种计划能决定我国经济在全国范围内将来发展的方向。"④ 由于整个经济生活和所有经济部门开始了直接的计划化，除集体农庄市场外，市场多半成了国家有计划组织起来的社会主义流通领域。在国家计划委员会逐步充实完善，完整

---

① 列宁：《在俄共（布）第七次代表大会的中央委员会政治报告》（1918年3月7日），《列宁全集》第34卷，人民出版社1985年版，第4—5页。
② 《苏联共产党代表大会、代表会议和中央全会决议汇编》第2分册，人民出版社1964年版，第260页。
③ 1924年俄共（布）第十三次代表会议《关于经济政策的当前任务的决议》：《苏联共产党代表大会、代表会议和中央全会决议汇编》第2分册，人民出版社1964年版，第485、391页。
④ 斯大林：《在联共（布）第十五次代表大会上中央委员会的政治报告（1927年12月3日）》，《斯大林全集》第10卷，人民出版社1954年版，第280页。

的计划经济体系最终得以严格确立过程中的国有企业，与古典社会主义经济模式下生产单位的显著区别，即在于前者实行经济核算，因而取得了"企业法人"的外衣，成为国家统一经营管制下的生产加工厂或严格执行国家计划的附属工具，亦即难以真正确认其企业属性的"企业"。这样的经济核算，实质上亦仅是与企业面向市场，相对独立自主经营脱钩的成本核算。因而所谓的"国有企业"，也仅仅只能是国家整体性"大企业"下属的生产环节或成本中心，而并非拥有企业本能或权限的投资中心和利润中心。尽管这样管理体制下的国有企业存在先天不足，市场需求缺失及有效成本核算或营运效益求取的支撑基点，但是，由于历史的局限或社会主义实践探索中认识的不足及在一定时期的特定条件下，如在苏联卫国战争中起到难以替代的作用和战后经济发展某些领域中取得相应突出的成就，以至于第二次世界大战后成为社会主义阵营各国相继效法的"标准化"样板。

二　第二次世界大战后经历了前所未有发展的资本主义国家国有企业

20世纪20年代末到30年代初的经济大萧条，促使西方主要资本主义国家不得不深入诘问反思，一向所恪守的传统自由主义市场体制中的固有积弊，开始在理性思维和实践探索中逐步强化政府对经济发展的必要干预。寻觅和谋求能够有效规避防范周期性危机爆发的新的经济运行模式①，强化具有重要影响制约作用的经济组织机构设立。英国自1945年开始即将一系列基础性工业和英格兰银行收归国有，20世纪50—70年代由政府出面建立了对国民经济有重大影响的国有企业，如工业复兴公司和国有企业管理局等。法国亦于1945年开始了风靡一时的国有化运动，将包括电力、煤气和煤炭等在内的能源部门，含32家保险公司的保险部门，拥有四家最大储蓄银行的金融部门及其他一些公司，如雷诺、伯利叶和法国航空公司等全部改由国家接管，从而使法国所有国有企业总产值一度达到全国工业总产值的1/5。意大利在第二次世界大战后同样积极发展国有企业。其重要举措有整顿和加强原有的伊里公司，组织管理石油部门的国有股份公司，设立国家参与部，将电话部门置于伊里公司的管理之下，同

---

① 凯恩斯在1936年出版的《就业、利息和货币通论》一书中，即摒弃了以前西方经济学关于自动恢复资本主义经济均衡机制的学说，提出了国家调节经济的主张，认为没有国家的积极干预，资本主义就会灭亡。"二战"后其理论不仅得到充分肯定，主要资本主义国家还将其经济理论的核心思想融入经济制度的转换重构之中。

时对电力工业实施国有化,建立制造业持股公司、工业管理和持股公司,并对石化工业大企业进行控股。一向青睐于自由市场经济体制的美国,虽然在第二次世界大战结束后大批清理了战时所建国有企业,但同时又继续创办了一些国有企业,并主要集中于基础设施部门和高技术产业。有资料表明,战后至20世纪70年代初,美国政府在工业和公用事业部门的投资按1947—1949年的不变价格计算,已达到1567.7亿美元,占同期国家投资总额的57.2%。作为第二次世界大战战败国的日本自20世纪50年代末开始经济高速发展,时至20世纪80年代初,其国有企业的经营规模和数量也有了十分突出的增长。仅中央政府设立的国有企业就从战争结束时的7家增加到70年代中期的114家。据1975年统计,日本中央和地方政府所属国有企业的净资产,占国内企业净资产总额的9.2%,在总的固定资产形成中占5.1%,在总就业人数中占4.7%。

第二次世界大战后,国有企业之所以能够在主要资本主义国家相对迅速扩张,形成了国有企业发展史中极为明显或抢眼的兴盛阶段,主要原因在以下几个方面。

首先,第二次世界大战期间,西方国家经济,尤其是作为其重要基础或支柱的私有经济遭到极为严重的破坏。战后初期,西方国家普遍存在着资本短缺、物价飞涨和生产萎缩现象,大批中小企业纷纷倒闭破产,经济陷入瘫痪状态。私有经济的低迷衰退和不景气,使得完全依靠私人资本进行大规模技术更新和扩产投资的策略无法实施。这就促使西方各国政府不得不担负起恢复与发展社会经济的双重重任,由"政府出面、财政出钱和社会出力"来着力兴办新的国有企业和扩大原有企业规模,以期达到在短期内迅速弥补战争创伤和启动经济的目的。

尤其应指出的是,战后以苏联为首的社会主义阵营迅猛崛起,体现出国家计划在导向、推动和统一组合调配资源,促进经济复苏和重化工业迅速发展中的重要作用。这对一向以维护"绝对自由竞争"为宗旨的西方国家市场体制的重建,无疑起到了反向借鉴作用。前美国总统罗斯福在阐述战后美国经济体制构架中的政府决策趋向时,就曾明确指出也要搞一些计划经济。

其次,战后特别是起始于20世纪50年代新的科学技术革命席卷欧美,随着以社会化和工业化为特征的科技革命深入发展,使得一系列新的社会性问题接踵而至。诸如何以大力发展科学研究和国民教育,优化市政建设和兴办福利事业，调整经济结构和完善经济政策，保护生态平衡和治理环境污染，缓和经济滞胀和缓解社会矛盾等。要综合性地有效解决这些问题，试图单纯依赖分散的社会力量显然是远非其力所能为或可望而不可即，必须要切实实施并相应强化国家对经济运行和社会生活的积极干预。同时，为推动科技革命深化发展的新技术部门和相应基础工业及设施的兴办，往往投资大、风险高和资金回收慢，在私有企业不愿或没有足够财力进入的情况下，其职能必然要由国家来承担。

最后，西方国家在战后为迅速恢复经济普遍采用了凯恩斯经济学理论，促使在实质上即所谓"计划经济＋资本主义"的凯恩斯主义成为西方经济理论和战后体制重建的核心指导理念。这似乎从根本上成为挽救资本主义周期性经济危机和发展资本主义市场经济的支柱和灵丹妙药。凯恩斯理论的一个重要主张是实施赤字财政，即通过国家消费和国家投资的增长，来促进国内市场和整个投资市场的有效扩张，以发展新兴工业并加快改造落后的地区和部门形成混合经济体系。另一个主张即行使政府对经济的积极干预，认为政府应该利用它在税收、开支和货币政策方面的巨大控制潜力，来消除资本主义自由市场经济发展中的不稳定性。

这样对于自身经济体制中的弊端带有反思和修正意向的新的西方经济理论确立，以及第二次世界大战后各主要资本主义国家大批国有企业的创办和兴建，亦即一度兴盛发展的西方国有化运动，曾有效地促进了西方经济从严重危机中的复苏和增长。

三 起始于20世纪80年代前后的东西方国有企业衰退和私有化浪潮

国有企业作为国家政府积极实施宏观经济调控政策的重要载体和凭借手段，曾有效促进了西方经济的增长。然而，在其运营发展中却越来越明显暴露出自身效率低下的弊端，以致造成政府对国有企业的财政补贴及由此带来的财政赤字日见增高。及至1970—1980年，由于欧美各国国有企业亏损日益严重，在社会经济的发展中形成了两大鲜明对比。即一方面是以各种方式灵活营运的非国有经济，尤其是民营跨国公司不断发展壮大；另一方面却是国有企业亏损数额的日益积累增多，以至于成为拖累财政增长的沉重负担。以英、法、意大利和联邦德国为例，可明显看到当时各国国有企业的严重亏损状况（见表1-1）。

特别值得提到的是法国老工业区，其国有经济的比重在传统工业中占有重要地位，然而洛林地区的国营钢铁公司却连年亏损。自1977年起，其债务额超过其营业额，1975—1982年间亏损累计达140亿法郎，全部要由国家财政来补贴。时至1987年在欧盟要求其所有成员国停止对国有企业一切财政资助的情况下，像洛林钢铁这样的企业就不可避免地陷入绝境，大批量地纷纷倒闭。

表1–1　20世纪70—80年代英、法、意、德等国国有企业亏损状况

国有企业亏损情况	财政补贴情况
A. 英国：英国钢铁公司1980年亏损6.12亿英镑。英国利兰汽车公司1981年全年亏损5.35亿英镑	A. 英国：对煤矿、铁路、钢铁三个部门国有企业的财政补贴1974—1975年度达6.29亿英镑，1979—1980年度扩大到18亿英镑，1984—1985年度扩大到40亿英镑，占全国财政1/5
B. 法国：1980年法国国有企业全年亏损36亿法郎，1984年猛增至370亿法郎，1985年更增至670亿法郎。亏损相当于国家商业利润的2/3	B. 法国：对国有企业补贴占财政赤字总额比重1985年高达50%。1981—1986年政府向国有企业投入近2000亿法郎，仅收回550亿法郎
C. 意大利：三家最大国有企业自1974年即开始亏损。1983年伊里公司亏损32500亿里拉，埃尼公司亏损1370亿里拉，埃菲姆公司亏损7700亿里拉	C. 意大利：1970—1982年，国家预算财政赤字与国内生产总值的比率由3.5%升至11.9%
D. 联邦德国：1985年各级财政债务总额达国民生产总值的55%，偿还债务利息开支占整个财政支出的13%。联邦铁路有700亿马克债务，费巴公司由于联邦财政困难而不断亏损	D. 联邦德国：1975—1985年，对国有企业补贴达66亿马克

由于国有企业总体经营绩效不佳，自20世纪80年代，世界各国开始对其经营规模和运行机制大动干戈，深化改革，所采取的措施主要集中在两个层次。一是缩小国有企业的总体布局范围并使其部门结构和规模合理化，即通过所谓的私有化运动来实现。二是对国有企业的经营管理制度实施变换再造，即通常所说的简政放权和政企分家。

英国首先出台的重要经济政策是将国有企业的部分资产出让给私营部门。1975年5月，以撒切尔夫人为首的保守党在大选中获胜，上台执政不久即提出了对国有企业进行大规模私有化改造的施政方略。从1981年开始，政府就将国有英国宇航公司和电报无线电公司等18家大公司的国有资产分别转卖给银行、私营企业、外国投资者和个人等。到1984年，英国的私有化进程又进一步加快，其国有的企业石油公司、美洲虎汽车公

司和英国电信公司等，相继被转让和出售公司股票。1986年和1987年以前，政府又依次卖掉了英国天然气公司、英国航空公司、英国机场管理局和罗尔斯·罗伊斯公司，以及英国石油公司剩余的股份。时至1988年实行私有化改造的主要国有企业已达28家，使原有国有企业的总资产减少了1/3以上。撒切尔夫人也因此而获得了极力鼓动国有企业私有化浪潮的"铁娘子"称号。

在英国开始推行私有化改造的第二年，美国亦卷入大规模的国有企业所有制变革之中。美国原来的国有企业本不发达，但这并未影响其深入进行国有企业私有化的力度。这突出表现在1982年里根政府决定，自1986年起连续用5年时间将联邦政府的5家电力机构、2个石油仓库和1条客运铁路，以及部分国有资产出售转让给私人经营。时至1986年，连续执政的里根政府再次提出了包括电力销售机构在内的12家国有企业私有化计划。同时于1987年又一次提出私有化计划，拟在1988—1992年减少总额高达247亿美元的国有资产。

法国政府于1986年9月开始出售国有企业股权，至1988年2月总共有31家国有企业被转为私有。意大利在1976年即着手进行国有企业的私有化改造，在1992—1993年间又着力对国有企业进行股份制改革，促使原有的国家铁路公司和全国电力公司等国有企业，转化为产权多元化的股份公司。日本政府于1981年开始私有化改革，首先对包括日本专卖公社、日本电信电话株式会社和日本国有铁道事业三家公司进行民营化改造。在民营化政策的影响下，日本国有企业的规模和结构发生了重要变化，尤其促使了国有企业比重的下降。时至1994年3月，地方所属的国有企业共有9686家，主要经营公共事业和基础设施。

在这里还可通过深入考察资本主义诸国具有重要代表意义的国有电信企业所有制的变化，即从这样的比较研究出发，以英、日、法、德等国国有电信企业的股份制改造和国家股权出让（见表1-2），窥见起始于20世纪80年代前后西方主要资本主义国家风靡一时的私有化运动，审视国有企业在近60年来所经历的又一次引人注目的大起大落。

应特别指出的是，曾经历了社会主义经济发展的辉煌，并曾取得了国家统一调配资源下集中发展重化工业突出成就的原社会主义阵营，至20世纪80年代末90年代初，由于苏东国家急剧的政局突变，造成了社会经济发展的剧烈动荡和下滑。为迅速摆脱经济危机和尽快实现企业产权归属

表1-2 20世纪50—90年代英国、日本、法国、德国电信企业所有制的变化

国家	所有制的变化过程
英国	1969年英国电信（BT）由政府直接经营的国有事业单位变为独立的国有企业法人 1984年BT改制为股份公司，出让50.2%的股份 1991年BT出让全部股份，仅保留黄金股
日本	1951年日本电报电话公司（旧NTT）由政府直属的国有事业机构变为国有特殊法人 1985年NTT改制为日本电报电话股份公司（新NTT） 1986年NTT出让34.5%的国家股
法国	1991年由政府（邮电部）直接经营的电信业转变为独立的国有法人法国电信（FT） 1996年FT改制为股份公司
德国	1990年由政府（邮电部）直接经营的电信业转变为独立的国有法人德国电信（DT） 1995年DT改制为股份公司 1996年DT股票上市，出售25%的国家股份

资料来源：江小涓等：《体制转轨中的增长、绩效与产业组织变化》，上海三联书店1999年版。原始资料来源 W. Adam, The Structure of American Industry（Macmillan, 1996, New York）、南部鹤彦：《电信经济学》（日本经济新闻社1996年版）、林敏彦编：《公共规制和产业讲座（3）电信》（NTT1994年版）、日本情报通信研究所有关文章、邮电部规划院：《德、法电信体制改革考察》（1998）、来国柱：《世界电信改革与发展综述》（《中国通信》1998年第1期）、赵小凡：《美国新电信法及其影响》（《中国通信》1998年第1期）等文献。

由社会公有向私有化的转变，以俄罗斯为突出代表，采取了一系列"休克式"的经济转轨战略。其主要举措包括以下三个方面：其一，政府竭力构建由市场因素决定的价格体制，停止国家对价格变动的计划性调控。削减乃至全部取消国家对于亏损企业的财政性补贴，促使进出口贸易进一步自由化。其二，取消对私营活动的各种限制。其三，通过国有资本的私有化和对现有国有企业实行严格控制，约束和限制国有企业的经营发展规模。这十分明显是以企业产权的私有取向，来取代原有生产资源的国有化整体营运战略，实现社会主义国家经济制度的全盘资本主义私有化。据俄罗斯国家统计局统计，至1994年8月，已完成产权归属转化的企业总数接近9万家。其中工业领域中完成转制企业的比重达到70%。约1.9万家原国有大型企业，在急剧发展的苏东国家私有化浪潮中改变了所有制的性质。

第二节 西方和苏东国有经济衰退缘由及我国国有企业的特殊重要地位

一 西方和苏东国有经济由兴盛走向衰退原因的探讨分析

纵观世界经济发展史，特别是第二次世界大战之后到目前，其总的运行变化趋向是从国有经济的一度时兴繁衍到衰逝，回归至私有经济在当前的历史条件下，依然显示出其所拥有的诸多竞争优势而风行于西方和苏东国家的局面。这样的运作走向和态势，不仅体现在西方发达资本主义国家，尤其是作为其市场体制典型代表的美国，依其特殊的经济运行内在机制，引致企业经营成效进一步提升和新的经济形态出现，而且也反映出各社会主义国家，特别是以苏联和中国为代表的计划经济体制面临效率普遍低下和资源浪费严重的严峻挑战。以至于在苏东诸国政治体制发生急剧的"西化"演变之后，一些仍然坚持生产资料公有制的国家，也不得不深入进行社会主义新型市场经济体制的探索构建。

显然，这种世界范围内的经济运行方式大回转，必然有其深刻的内在原因和客观规律。深入探讨分析这一趋势形成的历史背景和现实基础，并且由此而进行东西方国家之间的深层纵横向比较研究，对于我们明晰把握世界经济发展应然趋向和妥善确立我国体制改革与国有企业长远发展战略，有着极为重要的社会实践意义。当然，若从相对直接的原因上看，这种经济运行方式大回转的缘由主要在以下几个方面。

首先，是第二次世界大战结束后西方经济发展中频繁出现的停滞膨胀现象，与各国在这一时期所着力推行的国有经济策略紧密相关。因此，西方经济学家们认为"滞胀"是一种货币现象，是长期持续的赤字财政和通货膨胀政策的必然结果。事实也的确如此。西方国家在发展国有经济的过程中，曾经着力以扩大政府采购与投资、举办公共工程、增加福利开支、扩大消费信贷和抵押信贷等手段来扩充市场需求，借此刺激经济的发展。与此同时，各主要资本主义国家均形成了一种近似"高压经济"的运行模式，亦即长期推行高投资、高就业率和高固定资产更新率政策，构成了很少松弛的强制性经济驱赶机制。这种措施的实施，不仅引出了巨额的财政赤字和通货膨胀，而且还从资本市场上掠走了大量资金，严重挤占了私有企业的资本来源，使得资本供应更加紧张。其直接后果是借贷利率不断提升，并连同其他因素合力抬高了资本的使用成本，大大降低了资本投入的最终收益。

西方经济频繁出现的"滞胀"宣告凯恩斯主义破产，新自由主义思潮逐渐取而代之占据了统治地位。西方各国为了反停滞膨胀和保持旺盛的国际竞争能力，就必然会对其所依赖和实行的经济理论与经济政策做相应变通。这尤其是在国有企业越来越成为国家财政的沉重包袱，对国有企业的巨额财政补贴成为导致财政赤字和通货膨胀重要原因的情况下，私有化战略即自然被列为经济体制再造的最佳选择方案。

其次，是在经济全球化和市场竞争国际化已成为当今世界经济发展潮流或主旋律的前提下，西方各国都将科技研发和参与国际竞争列为政府干预经济的主要指标，这亦成为导致其为强化基础工业建设而积极发展国有经济的政策转向直接原因。日趋激烈和迅猛的国际竞争与科技革命对社会经济生活的深刻影响，突出表现为生产形式多层化、产品多样化、市场多元化和企业营运目标国际化趋向。为促使经济结构适应国际竞争的需要，势必要深化改造传统工业指导思想和生产组织管理形式，改变大规模的单一生产体系，实行小批量、多品种和专业化的"柔性"生产体系，同时亦在管理上做到精简管理层级与分散经营权，实行灵活易变的竞争策略。显然，这在客观上依赖于自由平等竞争和随机应对需求变换的企业自主决策，在西方主要体现为产权私有条件下的企业能动调配资源。

在以私有制为主体和私有经济为主导的西方发达市场经济国家，国有企业的存在，是为前者和社会经济的发展提供服务与补充的辅助性经济组织。因而，在西方诸国医治好战争创伤，其基础工业、设施和科学研究、教育等"垫底"产业与事业，在国家政府倾注资金和统筹组合下取得相应发展，尤其是在国有企业缺乏内生求利动力和效率普遍低下，成为国家财政沉重负担的情况下，不可避免地要形成第二次世界大战后一度兴盛和波及东西方各国的国有化浪潮反向逆转，亦即国有企业在诸多领域要退居"下手"地让位于具有相对竞争优势的私有企业。

第三，若相对深入地分析其内在深层缘由，理应是在传统产权私有的久远影响下，人们在自身的"理性"思维中积淀形成的，如亚当·斯密所揭示的"原本"刻意谋私的行为意向。① 甚至如新制度经济学所说,人们在谋取个人利益最大化的过程中,常会采用隐蔽微妙的手段和耍弄狡黠伎俩,存在着为达到狭隘自利目的而不择手段的机会主义倾向。这样为着牟取一己私利的强烈行为驱动,在市场价格这只"看不见的手"的导向、制约和评判中,又迫使人们为确保个人收益的最大化而着力筹谋策划如何应对满足他人的需要。这就使建立在产权私有制基础上的西方经济,在一定的历史条件下确有其存续扩张和不断取得相对突出成效的现实基础或内生机理。以比尔·盖茨为代言人的知识经济形态的出现,即体现出"把个人智慧变成个人财富"的产权私有分配机制,在一定历史阶段对于社会经济发展所起到重要的促进作用。

这样,在并非心甘情愿地被迫利他中刻意谋求个人收益的最大化,以及与这样的"经济人理性"或行为价值取向密切关联的西方产权私有制②,在一定历史时期所起到的促使社会经济发展不可忽视的重要作用,亦深刻印证了比较经济体制学家青木昌彦论断的科学性。即任何制度的建立都是为协调出发于个人利益的行为,并且只有依靠这种基于一定社会观念和价值取向的自利行为才能得到维持,从而使其成为一种自我约束系统。③ 由此来看,无论是对于西方各国,还是对苏联和我国等社会主义国家的国有企业来说,其所谓的产权公有或整体归属于代表所有社会成员权益的国家,由于在客观上并未最终落实兑现于确有自身意愿和行为能力去追求利润最大化的个人,亦即由衷代表国资保值增值意志,与国资休戚与共的人格化主体或殚精竭虑促使国资繁衍扩张的"活的灵魂"。这就使国有企业的高效营运发展,在客观上成为一种失却现实人支撑或实际动力源泉的假想空论。

显然,要从根本上改变国有企业长期效率低下的被动局面,唯有明晰确认公有产权中个人的应有权益或相应份额,使每一产权公有成员真正拥有参与国资营运监管和盈余索取权能及未来收益预期,并且通过资本主义

---

① 对于亚当·斯密有关人的"理性"假说或"经济人理性"假定,是否具有绝对意义上的永恒性和普遍性,本书将在第二章第三节做具体的探讨分析。

② 诺贝尔经济学奖获得者道格拉斯·C.诺斯,在1981年出版的《经济史中的结构与变迁》一书中指出"制度是一个社会的游戏规则,更规范地说,它们是为决定人们的相互关系而人为设定的一些制约。制度构造了人们在政治、社会或经济方面发生交换的激励结构"。由此可见,在一定社会制度的制约促进下,必将形成与之相适应的社会风俗习惯和思想文化观念。

③ 青木昌彦:《比较制度分析》,周黎安译,上海远东出版社2001年版,第11—16页。鉴于制度与文化存在着不可分割的内在关联,本书将在第二章第四节对两者关系进行深入探讨。

产权私有向社会主义公有制深刻转换的历史实践,来有力推动人们思想意识的深层转换。确立在求取共同富裕的诚挚交往和互利合作中,获得个人收益最大化的正确价值理念,促使以社会主义产权公有和国有经济占据主体导向地位的新兴市场经济体制,成为充分体现于所有社会主义劳动者自觉行为意愿的自我维护系统。

二 我国传统国营企业体制形成和运行的既往回顾

我国传统社会主义国营企业模式亦是从苏联引入。早在全国解放前夕,东北地区批量建立的公营企业,即深入学习效仿苏联经验的产物。甚至当时的东北中长铁路管理局,亦直接由苏联人员担任主要管理干部,并且按照苏联国营企业的方式编制生产财务计划,实施他们的经济核算条例和各种专业管理规则。随着全国其他地区的政治、经济逐渐稳定发展,东北的学习引进成果逐步为全国国营企业采纳推广。

由于实行苏联式的国有企业管理,要求建立与之密切配合的严格计划管理体制,1950年3月我国中央人民政府政务院发布了《关于统一国家财政经济工作的决定》,决定为统一财政经济工作实施统一全国财政收支、统一全国物资调配和统一全国现金管理。虽然这些统一措施对当时建立全国统一经济是必要的,但在公有制经济的基础上极易统一到无所不包的程度。时至1956年,苏联式高度集中的计划经济管理方式在我国基本确立。① 尽管在"一五"期间和苏联的援助下,我国以远超西方主要资本主义国家的速度迅速建立起了前所未有的新兴工业部门,及一大批新的钢铁、煤炭、电力、机械、有色金属和化工企业,初步奠定了工业化的坚实基础和工业布局的基本框架,在一定历史阶段或从深层意义上充分显示出了社会主义制度的优越性,但亦难免暴露出这种捆绑企业手脚和束缚市场供需有机互动发展的僵化管理体制弊病。以致在传统国营企业体制中的所谓"企业",实际上并不拥有自己的独立财产,并非相对独立的经济实体,而只是一个仅能进行成本核算的基层生产单位,是上级行政机关的附属物。因为它无必要也不可能根据自身利益和市场变化做出资源最优组合决策,这就在客观上造成了制约我国社会经济持续高效发展的深层体制障碍。如毛泽东1956年在《论十大关系》的报告中所告诫,不要照搬苏联

---

① 1956年,我国对农业、手工业和资本主义工商业的社会主义改造已基本完成。社会主义公有制企业产值占工业总产值的99.8%,职工人数占99.4%。这为高度集中计划管理体制的全面建立提供了物质基础。

的做法，要调动中央、地方、企业和个人的积极性。自1958年起，我国即开始了国有企业管理方式改革的漫长历史进程。

当然，这样的改革长期以来始终是在集中计划经济体制不变的框架之下进行，仅只是对既成体系的修补和完善。虽然在1978年后作为我国经济体制改革中心环节的国有企业改革，又逐步经历了"放权让利"、经济责任制、利改税、"企业承包制"和涉及产权制度改革的股份制改造与现代企业制度创建等不同阶段，然而时至今日，困扰我国国有企业改革难以取得突破性进展的疑惑，仍然是如何基于西方与我国市场经济体制本质性区别的对比分析，明晰确认我国国有企业在国民经济发展中与西方国有企业差异显豁的特有地位、作用和改革取向。如何通过深入探讨把握产生发源于西方，在其固有属性上凸显为利用市场价格自主交换私有产权特质，凭借确有自身愿望和行为能力的"理性经济人"强烈自利动机和自由竞争优胜劣汰机制，有效地推动社会资源合理配置和共同利益发展的市场经济成因，促使我国国有企业在产权关系变革和管理体制创新，亦即在切实兑现国有企业公有产权中每一员工个人的应有权益，体现出国有资产并非空泛虚浮地归属于国家机构或全民所有①，在严格落实现代公司治理中国有企业的相对独立经营自主权政府不得随意干涉，以使国有企业确切拥有平等竞争求胜应变生机，在兼容保障员工个人、国有企业团队、行业局部，乃至制约国民经济发展全局的国有经济整体收益增长，以及各层面和所有员工对应选择忘我利他"黄金原则"的市场化博弈中，促使我国国有企业超脱传统产权私有制压抑劳动者创新智慧，转化为每一国有企业员工的强烈自励能愿行为，从而使由这样有着强烈求利愿望和团队整体意识的员工组合而成的我国国有企业，成为新兴社会主义市场经济体制中富有强势繁衍扩张活力的新生市场主体，最终实现社会主义基本制度与市场经济的有机融合。

显然，这样的产权关系变革和管理体制创新的最终成功或实际成效的取得，从根本上依赖深层制约人类行为的思想文化观念的转化。依赖我国

---

① 马克思、恩格斯在《共产党宣言》中指出："把资本变为属于社会全体成员的公共财产，这并不是把个人财产变为社会财产。这里所改变的只是财产的社会性质。"这样的社会变革"并不剥夺任何人占有社会产品的权力，它只剥夺利用这种占有去奴役他人劳动的权力"。"代替那存在着阶级和阶级对立的资产阶级旧社会的，将是这样一个联合体，在那里，每个人的自由发展是一切人的自由发展的条件"。（参见《马克思恩格斯选集》第一卷，人民出版社1972年版，第266、267、273页）。在我国，与民营企业所有制并不相同的国有企业，不可推卸地担负有实现这样目标的重要职责。

国有企业产权的共同占有者，或如马克思、恩格斯所说的"自由人联合体"中的所有国有企业员工，深切认识到个人收益的增长与谋求共同富裕，劳动者的地位和命运与国有企业强盛发展不可分割的内在联系，从而发自内心意愿地把自身未来，寄托于我国国有企业必将破除西方私有制经济基于人的狭隘利己和相互争斗倾轧，造成社会经济发展陷入难以超脱的"囚徒困境"，积聚形成其所不可比拟竞争优势的社会发展演进实践。

三 国有企业在我国基本制度确立、国民经济发展和体制改革创新中所占有的特殊重要地位与作用

我国国有企业兴建代表着一种新的社会制度确立，决定着我国基本制度的生成和传承。尽管它像世界各国国有企业同样历经了诸多困顿波折，并且至今仍处于难以求得超越西方私企高成效的艰辛探索盘桓之中。但是，其推动社会经济发展的重要历史作用依然不容小觑，在客观上不容置疑地成为我国社会主义市场经济体制创建繁衍的决定性因素或中坚力量。这正是因其与资本主义私有制企业及西方国有企业相比，有着截然不同的重要地位与作用，主要表现在以下几个方面：

（一）作为国民经济的重要支柱，仍然对我国经济发展和工业化进程发挥着决定性作用

在现代社会，工业是国民经济的支柱，工业化是经济现代化的前奏。在改革开放前我国工业经济建设主要是由国有企业承担，改革开放后国有企业在一些有关国计民生重点行业及科技开发和管理创新中仍占有较大优势。从一系列统计资料来看，国有经济仍然是国民经济的主体力量，在一定程度上显示着我国的经济实力。与其他不同经济成分相比，在各类企业中国有及国有控股企业不仅在销售收入和资产总额上占有重要比重，而且如表1-3所示，在上缴税金和吸纳从业人员上也有着突出的贡献。从表中可明确看到，随着社会经济发展和体制改革的日益深化，我国国有企业依然担负着改革社会成本和自身历史负担。同时，在其他经济成分相对迅速发展的情况下，仍不断提升和增强着自身实力。其中亦包含1978—1980年扩大经营自主权的改革，调动了国有企业生产经营的积极性，使企业经济效益明显回升。1998—2000年国有企业改革脱困的三年攻坚，扭转了全面亏损的局面，使国有经济开始走上持续快速发展的轨道。党的十六大之后，新的国资管理体制使其保值增值责任相应逐层到位，激励约束机制的逐步完善，促进了国有企业营运质量和经济效益的显著提高。

表 1-3 改革开放 30 年我国国有及国有控股企业的主要经济指标

年份	销售收入		资产总额		上缴税金		从业人员	
	亿元	比重（%）	亿元	比重（%）	亿元	比重（%）	万人	比重（%）
1978	—	—	3272	92.0	282	89.0	3041	60.7
1979	—	—	3487	—	302	—	3693	77.2
1980	3608	80.9	3664	86.6	322	87.3	3246	58.0
1981	—	—	3873	—	344	—	3372	76.5
1982	—	—	4146	—	375	—	3630	76.5
1983	—	—	4452	—	392	—	3771	76.1
1984	—	—	4755	—	446	—	—	—
1985	5865	66.5	5604	76.0	596	77.2	3814	45.7
1986	—	—	4544	83.9	652	82.7	3954	68.4
1987	—	—	5242	82.6	727	81.8	4086	68.4
1988	—	—	6040	81.4	883	80.3	4229	68.7
1989	—	—	7033	—	1030	—	—	—
1990	11718	57.1	8088	70.6	1115	73.0	390	37.7
1991	13934	67.6	9507	79.1	1259	79.1	4472	68.3
1992	16693	64.5	10983	77.8	1409	77.0	1828	40.4
1993	22643	59.5	12618	61.7	1634	70.4	4498	67.9
1994	22090	52.1	38477	61.5	736	69.0	4369	66.4
1995	30483	38.8	55438	65.9	2993	64.5	5432	36.9
1996	27164	46.9	52757	58.6	1416	57.17	4278	66.3
1997	33983	32.6	70192	60.5	3272	55.2	4326	30.9
1998	33566	29.1	74916	63.4	3277	51.6	3748	24.5
1999	35951	51.5	80472	68.8	2019	65.0	3395	58.5
2000	42203	50.2	84014	66.6	2320	63.0	2096	51.1
2001	44443	47.4	87902	64.9	2408	59.9	2675	49.2
2002	47844	36.7	89094	60.9	2580	53.2	1546	41.4
2003	58027	40.5	94520	56.0	3025	55.1	2163	37.6
2004	71431	38.0	109708	56.2	3514	54.9	1973	32.4
2005	85574	34.4	117630	48.0	4098	48.1	1874	27.1
2006	101404	32.3	135153	46.4	4930	46.0	1804	24.5
2007	122617	30.7	158188	44.8	5951	43.6	1743	22.1

资料来源：《中国统计年鉴》（1980—2008），其中的空白数据难以获取。

在这里若作国际比较,从不同国家的有关统计资料来看,时值20世纪80年代,外国国有企业在非农业经济中所占的比重(包括职工人数、投资额、增加值三项指标系数的算术平均数),法国为22.9%,联邦德国为14%,意大利为20%,英国为16.7%。日本国有企业固定资产占全部企业总固定资产的比重为14.4%,美国国有企业的国民收入占整个国民收入的比重为1.3%。1979—1991年间,意大利的国有企业产值占其GDP的14.8%,法国国有企业产值占GDP的10.5%,而美国国有企业仅占其GDP的1.2%。来自世界银行的数据表明,1990年美国的市场化程度最高,其国有企业仅占GDP的1.2%,印度和意大利的国有企业,分别占GDP的12.5%和14.5%,中国国有企业占GDP的比重却达到了40%。根据国际货币基金组织有关统计,20世纪70年代在不包括美国在内的近50个混合经济国家中,国有企业生产总值的比例平均为9.5%。英国、法国和瑞典三国在国有企业就业的人数仅分别占总就业人数的8.1%、7%和7%。从以上数据亦可明确看到,无论是从数量上还是从就业人员的比例上,我国国有企业都显著高于国外国有企业。

据我国财政部于2008年发布的《关于2007年度企业财务会计决算工作情况的通报》可以看到,2007年我国国有企业的总体数量虽在减少,但其效益却大幅提高。截至2007年年底,国有企业总数为11.2万户,比上年净减少4153家,减幅达3.8%。资产总额(合并)34.7万亿元,增长25.2%。实现利润总额1.7万亿元,增长43%,大大高于2006年27.3%和"十五"期间年均27.6%的增速,实现利润呈跳跃式超高速增长。实际上缴税金总额为1.7万亿元,较上年增加3443亿元,增长24.6%,占全国财政收入的34%。[①]

(二)依然是推动我国科技研发创新的核心力量和基础产业及基础设施的主要供给者

经历了新中国成立以来数十年的社会主义建设,我国国有企业已逐步积累起了高、精、尖工业技术攻关,以及相应科技研究的雄厚实力。在目前人类社会进入21世纪,我国工业化已转向以信息化为主导和具有高科技含量的新型工业化条件下,国有企业仍然是推动我国科学技术

---

① 有关数据见国家财政部2008年9月9日发:财企〔2008〕172号《关于2007年度企业财务会计决算工作情况的通报》。

发展的核心骨干力量，成为支撑我国经济高速增长和持续繁荣的稳固基石。虽然在社会主义初级阶段并存的多种经济成分都要走新型工业化道路，并且将成为我国经济建设中的一支生力军。但是，在充分肯定非公有制经济对于新型工业化作用的同时，更应该看到公有制性质的国有企业不可忽视的带动作用。与非公有制企业相比，已积聚了深厚基础的我国国有企业，依然在诸多技术研发与管理创新领域中占有较大优势。仅就宝钢、鞍钢、首钢和武钢等十家国有特大型钢铁企业来看，不仅在钢铁产量上占全国总产量的一半以上，而且也是我国生产高档次、高附加值钢铁产品的主要基地。在一些竞争性行业，国有及国有控股企业亦占有举足轻重的显著地位。除电视机外，我国家用洗衣机和房间空调等家电产品的产量也位居世界前列，其中国有及国有控股企业是大多数产业的"排头兵"。

我国国有企业不仅是推动工业经济发展的主体和骨干力量，更重要的亦成为基础产业和基础设施的主要供给者。特别是经过改革开放30多年的大规模投资建设①，国有企业亦在不断强化和扩展自身实力过程中，有力促进了基础产业和基础设施生产能力与水平的大幅提升，为国民经济发展和人民生活水平提高提供了强有力支持。曾经是国民经济"瓶颈"的基础产业生产能力和基础设施服务水平有了明显提高，从而使我国经济发展潜力不断增强。尤其应该指出的是，我国信息通信和邮政业实现了跨越式发展，成为国民经济的支柱和先导产业。1979—2007年，我国邮政和电信业累计完成投资20581亿元，年均增长16%。实施和告竣"金卡"和"金税"等一批国家重点信息化建设工程，同时坚持以竞争机制促进发展和不断增强企业核心竞争力，逐步形成了管理先进、服务一流、规模效益和具有国际竞争实力的特大型通信集团公司。目前已建成了覆盖全国、通达世界、技术先进和业务全面的国家信息通信基础网络。网络规模和用户数量均居全球第一，发展速度也位居世界前茅。邮政业务种类齐全，网点分布广泛。1978—2007年，全国局用电话交换机容量由406万门升至5.1亿门，增长125倍。邮政业务总量从34亿元增加到19805亿元，增长580倍。

---

① 改革开放30年来，我国基础产业及基础设施建设投资快速增长。1979—2007年，全国基础产业和基础设施方面的投资累计达到297985亿元，占同期全社会投资的38.4%，年均增长19.9%，比同期国民经济年均增幅高4.2个百分点。

(三) 为我国体制转轨、对外开放和改善其他所有制企业的发展环境，及对一系列重大改革创新的引发推动作出了突出贡献

自 1978 年我国确立改革开放的基本国策以来，如果从直观、外显或一定时期内的突出表现上来看，创造我国经济持续高速增长奇迹的主要因素在于非国有经济成分的日益成长壮大。然而，在诸多非国有经济取得辉煌成就的背后，却是国有企业创造和提供的良好运营发展环境并承担着极为高昂的改革成本。由长期计划经济所遗留下来的沉重历史包袱，不可避免地主要由国有企业背负。相对于其他所有制企业，国有企业所负担的退休职工及其工资福利、就业压力和税负水平等，都十分明显地处于高位（见表 1-4）。

表 1-4　　　　　我国不同经济类型工业企业负担比较

比较指标	国有企业	外商投资企业	私营企业
每个企业平均负债（万元）	43217	8178	1757
职工平均工资（元/年·人）	26620	27942	—
万元产值就业人数	0.015	0.018	0.024
产值税率（%）	4.973	2.364	2.870

资料来源：根据《中国统计年鉴》(2007) 相关资料综合整理。

尤其应指出的是，由于我国国有企业改革无前章可循，因而无论在理论上还是实践中都充满巨大挑战。然而，正是这样的挑战引发了改革进程中的一系列创新，取得了丰厚的成果，为有中国特色社会主义道路的探索和理论体系构架做出了突出贡献。[①] 这在一方面，包括国有企业改革为我国社会主义市场体制创建提供了重大的理论创新契机。因为国有企业改革的每一步推进，几乎都伴随着广泛而激烈的理论争议，要求对不断提出的崭新而复杂的理论和实践命题，做出相对科学合理或确切行之有效的理性分析解答。这就促使学术和业界紧密结合改革实践，在对于公有制的理论认识上，如公有制与社会生产力发展的关系、公有制在社会经济生活中的地位和作用、公有制与市场经济的关系等，以及对企业制度理论和经济管

---

① 此处参考谢鲁江等《国有企业改革 30 年——走向市场经济的中国国有企业》，湖南人民出版社 2008 年版，第 11—13 页。

理体制、经济运行体制等的理论探索研究上,都全力以赴取得了重大突破。几乎国有企业改革所涉及的各个领域和遇到的各种问题,都成为理论创新的发源地。另一方面,亦包括以国有企业改革为开启的我国新的社会实践所带来的一系列制度创新和组织创新。这不仅表现在国有企业改革成为对传统计划经济体制的颠覆。如在体制转轨中所确立和实行的市场竞争机制、要素分配和资产经营等,都是传统体制所没有的制度创新。而且也表现在对传统市场体制的颠覆。因为我国国有企业改革的目的,是要实现社会主义公有制与市场经济的有机融合,而世界上延续至今的市场体制都是建立在产权私有制的基础之上。同时,表现在国有企业改革引发了一系列重大组织创新。如对国有企业的公司化改造、设立国资营运监管机构和包含有"老三会"在内的我国公司制企业特有管理体制构建等,使之成为既适于我国国情,又与国际惯例接轨的新型经济组织或市场主体。并且促使各种市场和社会中介组织、各种市场交易组织发育健全和规范化运作,使之不仅成为国有企业改革的配套环节和手段,也成为市场经济体制运行的有效组织扶持。

(四)我国国有企业作为社会主义制度的经济基础,有着与资本主义国有企业的本质区别并引导我国经济和社会的发展

目前世界上的社会主义国家只是极少数,完全是一种新型社会制度创建发展的不懈探索,并且也只有在产权关系或生产资料所有制发生深刻变革的国有企业确立的前提下,才能得以存续和拥有自身发展的经济基础。尽管在我国社会主义初级阶段存在着多种经济成分,但是对经济社会发展趋向起决定性作用的仍然是占据主导地位的国有企业。亦即在人类社会由资本主义向社会主义转化的历史进步,具体到我国还包含由社会主义初级阶段向更高级阶段的过渡,在客观上必然依赖国有企业的强盛繁衍壮大。这就使我国经济运行机制或管理体制构建与西方的根本区别,即在于我们所依据的基本前提,是以生产资料社会主义劳动者共同占有为特征的国有经济,在各类经济成分中占据其应有的分量和比重,从而能以足够的实力制约和导向经济社会的发展,显示出新兴产权关系解放生产力和推动历史演进的宏远发展前景和深层积聚能量。并非像西方国家以私有制经济为根基,其国有企业的存在从根本上是为维护和保障私有经济的发展和协助政府调节经济运行,因而不可避免地存在着阻碍生产力大幅提升的生产社会化与生产资料私人占有之间的固有矛盾。

在我国体制改革创新的探索研究中，一种颇有影响力的观点认为，由于世界各国国有企业普遍效率低下，并因其性能仅是为社会经济发展兴办基础产业设施，是为协助政府弥补市场失灵的特设工具，所以理应从一般竞争领域中退出，将其并不具备高效营运能力和相对竞争优势的行业全盘让位于非国有企业。若从一定视角、维度或层面上看，这样的分析确实反映了世界各国国有企业的"另类"性重要作用和营运成效实况。然而，这样的论断却从根本上忽略了我国与西方国有企业内在属性上的本质区别，无视我国国有企业不仅担负有与西方国有企业相类似服务于社会经济建设的一般职能，而且，作为新型社会制度创建发展的根基，承担着西方国有企业所绝不可能拥有的，在变革生产关系和解放生产力中推动经济社会发展的重大历史使命。为深刻揭示我国国有企业并非像西方国有企业以服务和维护私有制经济为本职，在反逆传统产权私有和摒弃资本雇佣驱使他人劳动中形成自身独有特质，并与新型社会制度创建密切关联、不可分割的科学依据，我国学者陈佳贵等曾经依照马克思主义经典作家的分析，即在资本主义社会固有矛盾日益尖锐的情况下，资本主义市场经济必然要向社会主义计划经济转变的论述，指出这就使计划经济的历史必然性，成为绝不可与西方国有企业同日而语的社会主义国有企业确立的应然逻辑，而社会主义国有企业的衍生发展亦成为计划经济形成延续的现实基础。作为计划经济的立足之基或中坚力量，我国国有企业理应成为一种普遍实行的一般企业制度形式，成为克服资本主义私有制与生产社会化矛盾和实现共产主义理想的创造性产物。①

为深入比较不同经济制度下的国有企业"制度逻辑"，陈佳贵等亦从资源配置方式、企业基本性质、制度逻辑基础和主要功能及经济地位等方面，对传统计划经济与西方市场经济中的国有企业进行了对比分析。② 这样的研究深刻体现出人类在开创新型社会制度的不懈探索中，针对资本主义生产方式所难以解脱的社会基本矛盾和既往逻辑推理，以及计划体制在特定历史时期所起到的重要作用，似乎难以避免地要做出构建社会主义计划经济，并以国有企业为现实经济基础的选择。时至当今，虽然经我国和其他国家多年的社会主义建设实践和世界经济发展，

---

① 参见陈佳贵、金碚、黄速建主编《中国国有企业改革与发展研究》，经济管理出版社2000年版，第81—84页。

② 同上书，第82—83页。

已深切证实捆绑企业手脚和缺乏相应活力的计划经济体制,并非像预先设想的那样持续有力推动社会生产力再提升,我国已按照实践是检验真理唯一标准的决策依傍,依然开启了探索求取社会主义公有制与市场经济有机融合的改革开放新阶段。然而,同样以社会经济基础而存在的我国国有企业,其导向经济社会发展的主体地位并未有丝毫改变。相反,正是依赖着既借鉴西方又与西方国有企业有着本质区别的我国国有企业现代企业制度创新,才使具有中国特色的社会主义市场经济体制创建拥有了自身的新生市场主体。这就使立足于我国国有企业特有属性地位及其作用充分发挥的经济体制转轨,在客观上已成为一种历史趋势和逻辑必然。① 凭借着产权关系变革和有机融入市场经济体制来焕发自身强劲活力的国有企业,在现实中依然成为我国经济体制改革创新的中流砥柱。值此,即有必要参照和对应陈佳贵等的研究,进一步深入进行具有不同社会经济制度,而又同为市场经济国家的我国与西方国有企业"制度逻辑"的对比分析(见表1-5)。

表1-5　我国与西方不同经济制度下的国有企业"制度逻辑"对比

	资源配置方式	基本性质	制度逻辑基础	主要功能	经济地位
社会主义市场经济中的国有企业	有效宏观调控下的市场配置	社会主义产权公有或"自由人联合体"确立的重要基础	在实现社会主义劳动者与生产资料直接结合中强势促进社会生产力发展	创新市场主体实现社会主义公有制与市场经济有机结合	作为导向经济社会发展新生主体而普遍存在的一般企业
资本主义市场经济中的国有企业	政府常被动补救的市场配置	为维护资本主义私有制而实施政府干预经济的工具	难以根除私有制与生产社会化矛盾的有限弥补市场失灵和规避周期性危机	为实现资本主义社会既定发展目标而着力服务私有经济	作为经济发展辅助性手段仅存在于特定领域的特殊企业

---

① 斯大林在《伟大的十月社会主义革命二十五周年》的讲话中亦曾深刻指出:"事物本身的逻辑胜过任何其他逻辑。"(转引自《人民日报》1977年11月1日编辑部文章)。

第三节　我国国有企业改制存在的突出问题

国有企业是我国新型社会制度创建和经济管理体制创新不可或缺的立足基石，在推动我国经济社会发展中曾发挥出巨大作用。但是随着时间的推移，传统国有企业管理体制中的弊端日益显露，由计划体制所带来的问题越积越多，以致严重束缚和阻碍了国有企业的生存发展及自身潜能和优势的发掘提升。目前，我国经济体制改革的深化推进，多种经济成分并存亦即市场竞争的日趋激烈，致使国有企业改制所存在的各种问题更加凸显。

一　多种经济成分并存格局的形成对国有企业发展提出了严峻挑战，在推动生产力发展中理应有更大优势的国有企业为何在平等竞争的市场机制中应对如此欠佳

改革开放 30 多年来我国工业企业的所有制结构发生了深刻变化，多种经济成分并存的格局业已形成，为我国社会主义市场经济体系的发展完善创造了十分有利的可喜局面，不仅为国有企业发展带来了机遇，更形成了极为严峻的挑战。有关资料见表 1-6 和表 1-7。

表 1-6　　　　　　　2007 年我国工业企业主要指标

经济类型	企业数（个）	工业总产值（亿元）	工业增加值（亿元）	资产合计（亿元）
总计	301722	603894.95	173086.35	564875.42
国有及国有控股工业企业	20680	119685.65	39970.46	158187.87
私营工业企业	177080	94023.28	26382.18	53304.95
大中型工业企业	36506	262556.71	74603.99	257015.56
外商投资和港澳台投资工业企业	67456	127629.31	32129.72	96367.04

资料来源：《中国统计年鉴》（2008）。

如表 1-7 所示，从我国对国有经济的固定资产投资看，1980—2007 年，其投资总额虽然逐年增加，然而就全社会固定资产投资总额的比率观

表1-7　　全社会固定资产投资统计（按经济类型分）　　单位：亿元、%

年份	合计	国有经济	百分比	集体经济	百分比	个体经济	百分比	其他	百分比
1980	910.9	745.9	81.89	46.0	5.05	119.0	13.06	—	—
1981	961.0	667.5	69.46	115.2	11.99	178.3	18.55	—	—
1982	1230.4	845.3	68.70	174.3	14.17	210.8	17.13	—	—
1983	1430.1	952.0	66.57	156.3	10.93	321.8	22.50	—	—
1984	1832.9	1185.2	64.66	238.7	13.02	409.0	22.31	—	—
1985	2543.2	1680.5	66.08	327.5	12.88	535.2	21.04	—	—
1986	3120.6	2079.4	66.63	391.8	12.56	649.4	20.81	—	—
1987	3791.7	2448.8	64.58	547.0	14.43	795.9	20.99	—	—
1988	4753.8	3020.0	63.53	711.7	14.97	1022.1	21.50	—	—
1989	4410.4	2808.2	63.67	570.0	12.92	1032.3	23.40	—	—
1990	4517.0	2986.3	66.11	529.5	11.72	1001.2	22.17	—	—
1991	5594.5	3713.8	66.38	697.8	12.47	1182.9	21.14	—	—
1992	8080.1	5498.7	68.05	1359.4	16.82	1222.0	15.12	—	—
1993	13072.3	7925.9	60.63	2317.3	17.73	1476.2	11.29	1352.9	10.35
1994	17042.1	9615.0	56.42	2758.9	16.19	1970.6	11.56	2697.6	15.83
1995	20019.3	10898.2	54.44	3289.4	16.43	2560.2	12.79	3271.5	16.34
1996	22913.5	12006.2	52.40	3651.5	15.94	3211.2	14.01	4044.6	17.65
1997	24941.1	13091.7	52.49	3850.9	15.44	3429.4	13.75	4569.1	18.32
1998	28406.2	15369.3	54.10	4192.2	14.76	3744.4	13.18	5100.3	17.95
1999	29854.7	15947.8	53.41	4338.6	14.53	4195.7	14.05	5372.7	18.00
2000	32917.7	16504.4	50.13	4801.5	14.59	4709.4	14.31	6902.0	20.97
2001	37213.5	17607.0	47.31	5278.6	14.18	5429.6	14.59	8898.4	23.91
2002	43499.9	18877.4	43.40	5987.4	13.76	6519.2	14.99	12115.9	27.85
2003	55566.6	21661.0	38.98	8009.5	14.41	7720.1	13.89	18176.0	32.72
2004	70477.4	25027.6	35.51	9965.7	14.14	9880.6	14.02	25603.5	36.33
2005	88773.6	29666.9	33.42	11969.6	13.48	13890.6	15.65	33246.5	37.45
2006	109998.2	32963.4	29.97	3604.1	3.28	5163.9	4.69	68266.8	62.02
2007	137323.9	38706.3	28.19	4637.4	3.38	6058.7	4.41	87921.4	64.02

资料来源：《中国统计年鉴》（1981—2008）。

察，其所占社会投资总额比重却逐年下降。该项比重从 1980 年的 81.89%一路下滑，一直降至 2007 年的 28.19%。如果从其他经济成分的固定资产投资状况来看，其投资总额占社会总量的比重则是从 1993 年的 10.35%不断快速攀升，直至 2007 年达到 64.02%。

二 面对激烈的市场竞争，国有企业营运成效和财务状况存在着不尽如人意的诸多问题

如果从工业总产值上看，在改革开放前国有企业相对于其他经济成分，无论绝对金额或所占比重均占有绝对优势，但自改革开放后其所占比重却一路下滑。如表 1-8 所示，1980—2007 年其所占比重由 75.98%一

表 1-8　　　　　　　工业总产值统计　　　单位：亿元（人民币）、%

年份	合计	国有经济	百分比	集体经济	百分比	个体经济	百分比	其他	百分比
1980	5154.00	3916.00	75.98	1213.00	23.54	1.00	0.02	24.00	0.47
1985	9716.00	6302.00	64.86	3117.00	32.08	180.00	1.85	117.00	1.21
1990	23924.00	13064.00	54.60	8523.00	35.62	1290.00	5.39	1048.00	4.38
1991	26625.00	14955.00	56.67	8783.00	32.99	1287.00	4.83	1600.00	6.01
1992	34599.00	17824.00	51.52	12135.00	35.07	2006.00	5.80	2634.00	7.61
1993	48402.00	22725.00	46.95	16464.00	34.02	3861.00	7.98	5352.00	11.06
1994	70179.00	26201.00	37.33	26475.00	37.72	7082.00	10.09	10421.00	14.85
1995	91895.00	31220.00	33.97	33623.00	36.59	11821.00	12.86	15231.00	16.57
1996	99595.00	28361.00	28.48	39632.00	39.39	15420.00	15.48	16582.00	16.65
1997	113733.00	29028.00	25.52	43347.00	38.11	20376.00	17.92	20982.00	18.45
1998	119048.00	33621.00	28.24	45730.00	38.41	20372.00	17.11	27270.00	22.90
1999	126111.00	35571.00	28.20	44607.00	35.37	22928.00	18.18	32962.00	26.14
2000	85673.66	20156.29	23.53	11907.92	13.90	5220.36	6.09	48389.09	56.48
2001	95448.98	17229.19	18.05	10052.49	10.53	8760.89	9.18	59406.41	62.24
2002	110776.88	17271.09	15.60	9618.95	8.68	12950.86	11.69	70935.98	64.03
2003	142271.22	18479.40	13.00	9458.43	6.65	20980.23	14.75	93353.16	65.61
2004	222315.93	23519.12	10.58	9819.04	4.42	49705.23	22.36	139272.54	62.65
2005	247711.67	40527.90	16.36	10080.87	4.07	46363.82	18.72	150739.08	66.16
2006	316588.96	30728.16	9.71	9174.85	2.90	67239.81	21.24	209446.11	66.16
2007	405177.00	36387.00	8.98	10170.00	2.51	94023.00	23.21	264597.00	65.30

资料来源：《中国统计年鉴》（1981—2008）。

直滑落至 8.98%。相应非国有经济却从 0.49% 上升至 88.51%，大幅超过国有企业。这样格局的形成，虽与国有企业承担高额改革成本及背负沉重历史包袱有关，但深究内在原因，还是在于国有企业运营管理机制不活和发展动力不足造成长期亏损所致。从另一方面看，国有企业负债在改革开放后逐年递增。过高的负债已成为制约国有企业改革发展的重要"瓶颈"。这样的债务问题突出表现在国有企业资产负债率过高，存在大量不良债务以及国有企业亏损严重和新的债务不断形成两个方面。由此可明确看到，党的十八届三中全会所指出的以混合所有制作为我国基本经济制度重要实现形式，确为借助非国有经济力量搞活国有企业和放大国资功能，推动我国各种经济成分在优势互补和角力互融中高效快速发展的趋向。下面对目前国有企业存在的诸多问题做概要的阐述。

（一）国有资产负债问题

根据国家经贸委对全国 30.2 万户国有企业进行清户核资的结果，1995 年，国有企业资产总额为 74721 亿元，负债总额为 51762 亿元，所有者权益为 22959 亿元，资产负债率为 69.3%。若扣除资产损失和潜亏挂账 6696.7 亿元，实际的资产负债率高达 76.1%。从不良债务看，资产负债率在 100% 的企业中有 6.1 万户国有企业的损失挂账大于所有者权益，实际上处于资不抵债状态。两者合计共达 11.2 万户，占总数的 37.2%。1996 年年底，国家国资管理局再次对国有企业进行清户核资。由于该次核资将国有土地估价和国家资产评估因素等纳入调查，这样的核准结果是国有企业总资产达 110290.5 亿元，负债总额为 67041.8 亿元，所有者权益为 43248.7 亿元，资产负债率仅为 60.8%。从不良债务比重看，在 67041.8 亿元负债中，大约有 25% 的负债表现为不良负债。其结构分布是，金融机构不良负债 11000 多亿元，工商企业的不良债务 11000 多亿元，企业间的不良债务 3000 多亿元，对各级财政的欠款 1300 多亿元，对本企业职工和企业发行长期债券的不良债务 1000 多亿元。总负债虽然下降了近 10 个百分点，然而这并非因企业经营状况好转所致，而是因为国有土地估价和国家资产负债率的重估、企业之间拖欠的"应收账款"，以及待处理的资产损失和待付费记入了资产方，从而导致国有企业负债率数量表现为下降。

据国家财政部《关于 2007 年度企业财务会计决算工作情况的通报》，2007 年，国有企业资产总额（合并）34.7 万亿元，增长 25.2%。负债总额（合并）20.2万亿元，增长28%。所有者权益14.5万亿元，增长47.5%。剔除因实施新会计准则增加的少数股东权益，同比增长19.3%。国有资产总量11.2万亿元，增长16.7%。如果以我国东、中、西部若干省份为抽样考察对象，其国有企业2007年的负债情况可见表1-9。

表1-9　　　　2007年我国四省国有企业负债情况　　　　单位：亿元

	浙江	江苏	山西	陕西
国有企业资产总额	4765.88	7000.51	6565.8	5877.15
负债总额	2803	4129.77	4441.92	3366.36
负债率（%）	58.81	58.99	67.65	57.28

资料来源：《中国统计年鉴》（2008）。

另据国家国资管理局于2007年底的统计调查，从总体上看我国东、中、西部各大城市国有企业的资产负债率皆在58%以上。国外国有企业负债率在50%—60%之间，我国民营企业资产负债也基本处于这一水平。这样，由于我国国有企业在营运成效相对低回的情况下承担着较高的负债率，这就直接影响了企业市场竞争力的提升。

（二）国有企业亏损问题

如果从改革起步的1978年为考察始点，时至2006年年底，我国国有独立核算工业企业的亏损情况如表1-10所示。

表1-10　　1978—2006年我国国有独立核算工业企业亏损情况

年份	亏损额（亿元）	亏损面（%）	亏损率（%）
1978	42.06	19.30	7.63
1979	36.38	17.64	6.07
1980	34.30	19.17	5.53
1981	45.96	22.90	7.34
1982	47.57	20.78	7.37
1983	32.11	12.75	4.77
1984	26.67	10.20	3.63
1985	32.44	9.66	4.21
1986	54.49	13.07	7.32
1987	61.04	13.00	7.20

续表

年份	亏损额（亿元）	亏损面（%）	亏损率（%）
1988	81.92	10.91	8.41
1989	180.19	16.03	19.52
1990	348.76	27.55	47.33
1991	367.00	25.84	47.71
1992	369.27	23.36	40.83
1993	452.64	28.78	35.64
1994	482.59	30.89	36.79
1995	639.57	33.53	43.87
1996	726.69	37.70	63.51
1997	634.96	46.68	73.78
1998	959.61	43.09	68.81
1999	721.27	41.09	49.13
2000	467.22	36.36	65.20
2001	674.12	35.78	28.80
2002	423.90	37.29	50.93
2003	433.84	38.19	41.65
2004	451.48	38.25	27.61
2005	379.22	37.28	17.56
2006	367.96	35.92	13.66

资料来源：1978—1997年数据来自房维中、吴家骏《工业企业亏损调查研究》，1998年。其余数据来自1998—2007各年《中国统计年鉴》。

由表1-10可看出，以国有独立核算的工业企业为代表，我国国有企业的亏损状况曾经十分明显地经历过两大阶段，即曾历经1978—1988年与1989—1996年两个有所区别的亏损发展趋向。在前一阶段国有企业亏损额较小亏损率亦相对较低，在后一阶段由于亏损额明显增大，亏损率也相应增高。当然，自1996年后国有企业亏损额又呈现波动性总体下降趋势。其中，1998年的亏损额达到自1978年改革开放以来的历史最高点。如果从我国国有企业改革的不同阶段来考察，亦可明显看到在国有企业进入承包经营责任制，以及随后推进的现代企业制度创新之后，其亏损额及亏损率比改革前的10年期间平均递增了9倍左右。可见，包括我国目前仍在着力进行的既要符合自身国情，又与国际惯例接轨的现代企业制度创建和国有企业管理体制改革，由于并未能从根本上实施国有企业内在营运机制，尤其是涉及产权制度的深层变革与创新，因而难以有力地推动国有企业形成高效发展局面。这就需要对国有企业改革所存在的诸多问题，进行深入反思和探讨分析。

三 我国国有企业管理体制改革中所存在的各种带有根本性的问题

作为现代市场交易中产销营运的经济组织或市场主体的企业，为谋取自身生存发展的基本目标，理应是在满足不同社会需要的过程中获取自身利润，国有企业同样不例外。然而，习惯于在传统计划体制下运作的我国国有企业，由于其内在运行机制的非市场化组合，导致了对日益深化进行的市场体制变革不相适应，并突出地表现为营运成效不佳和难以扭转的亏损局面。如果深层发掘其内在原因，显然在于我国目前所进行的国有企业管理体制改革和现代企业制度创新，仍然存在诸多尚未深入解决的根本性问题。

（一）作为我国国有企业管理体制改革和现代企业制度创新的重要环节，国有企业财产所有者虚置和人格化到位问题仍未从根本上得到解决

现代企业理论研究早已深刻证明，在"两权"相对分离的条件下，作为企业委托—代理经营中的经营者或企业家，客观上是一定产权关系的产物。如果没有这样的产权关系即与经营者相互制衡的企业财产所有者，就不可能有真正含义的企业家。[①] 然而，在我国由于政企分开难以确切兑现和诸多国有企业的国资投资主体缺位，使得企业董事会和经营者层与股东大会之间的权益制衡关系形同虚设或并未得到相应规范。在名义上归属于社会主义劳动者或所有国有企业员工共同占有的国有企业产权，实际上在每一员工身上并未有所体现。国有企业员工仍然主要以自身劳动所得的工资为生，而并未成为国有企业产权共有者，这就很难从根本上促使他们自觉能动地深切关注和严密监察国资营运绩效。使得我国国有企业"两权"制衡的法人治理结构设立，先决性缺失出于自身未来和国有企业兴

---

① 我国学者张维迎甚至明确指出，在所有权与经营权相对分离的股份制企业，既要从事资本经营又要从事管理经营的企业家职能相对分解。然而无论是股东还是职业经理，单独来看都不是完整意义的企业家，他们只有作为一个整体才能发挥企业家职能。股东即便不直接从事管理经营，也要从事资本经营活动。其承担企业风险并不是被动的，他要严格筛选资产代表和把握企业投资方向。（参见张维迎《企业理论与中国有企业改革》，北京大学出版社1999年版，第2—3页。）

衰休戚与共的谋利求生本能，而倾力参与监管推动国有企业经营成效提升，从根本上代表国资保值增值意志或"资本活的灵魂"的人格化对象。

与现代企业"两权"制衡机制有效构建的客观要求相反，目前我国国有企业产权仍然是抽象归属于所谓的行政机构，而并非归属于确有强烈求利欲望和体现国资增值本能的个人所组成的经济组织或市场主体。国有股东的实际权力分散在政府各机关，所有行政部门都可以国资所有者的身份干预企业，却又都不对自身行为承担任何责任。许多改制国有企业的董事会成员和总经理，仍由上级党委组织部门任命或政府委派。董事会实际上还是对有关政府主管负责，而不能确保国资保值增值监管职能的严格履行。这就很难言及真正含义所有者的存在，使我国国有企业相比于西方发达市场经济国家起主导作用的私有制企业，从根本上失去了凭借自身谋利求生竞争优势而存续发展的经济组织所不可缺少的利益驱动。如何区别于西方经济立足财产权益有着明晰归属的私有制，在强化自利性和平等竞争价格导向机制中形成促进社会经济发展的内生动力，促使我国社会主义劳动者的共有产权在每一国有企业员工身上有所体现，同时又不致因狭隘利己而引发危害国有企业整体发展的小集团主义和变相私有化，亦即如马克思所说的在财产社会性质改变的基础上"重建个人所有制"[①]，仍然是制约我国国有企业改革的"瓶颈"，成为国有企业产权归属由虚浮空泛转向清晰到位，从而引发出新型产权关系确立和现代企业制度创建中巨大体制效应的重要关隘。

（二）在我国国有企业改制过程中设立的股东大会、董事会和监事会，与早已存在于国有企业的党委会、职代会和工会，仍然没有构建依法协同有序运作的相应程式

为使我国国有企业所创建的具有自身特色的现代公司制，既能与国际惯例接轨又严格顺应社会主义产权公有的特定要求，在其权力制衡体系的构架中确切实现新、老"三会"的有机融合[②]，已成为必然的改革趋向和尚未深入解决的突出问题。然而从目前来看，在不少改制国有企业中党委

[①] 马克思：《资本论》第一卷，人民出版社1975年版，第832页。
[②] 在我国体制转轨中确立的"经理行政指挥，党委保障监督，职工民主管理"国有企业领导体制，已成为适应我国国情和具有中国特色的重要制度创新成果。1990年党的十三届七中全会亦对国有企业领导体制明确提出了"充分发挥企业党组织的政治核心作用，坚持和完善厂长（经理）负责制，全心全意依靠工人阶级"的"三句话"方针。这显然需要明晰确认和切实保障国有企业党委会、职代会及工会的应有地位与职能。

会职权与股东大会、董事会职权相互冲突，职代会和工会作为国有企业员工民主参与管理的权力机构，亦未能找到充分发挥其积极作用的有效途径。由于相互利益和目标的不尽一致，以及职能权力界定中的不甚清晰规范，使得一些改制国有企业新、老"三会"之间的矛盾和冲突不断，成为制约企业经营成效提升的重要因素。

应特别指出的是，作为监察企业营运，在现代企业"两权"制衡体制构建运行中不可或缺的监事会职能，在我国国有企业并未真正落到实处。许多改制国有企业的监事会，其组成人员和工作规范均不健全，监事会在公司治理结构中的法律地位并未得到相应确立。许多监事会成员包括股东代表和职工代表，基本上既无有效监督的能力也无严格督察的动机。特别是没有可以凭借的严格法定权利和相应操作规程，来对企业决策者和经理人行为实施有效监督，以致使其监督职能形同虚设。同时，作为所有国有企业员工代表的监事会成员，理应从社会主义劳动者的整体利益出发关注国资营运总体成效，在刻意谋求共同富裕和国有经济的强盛发展中实现企业和个人收益的最大化，而绝不能以本企业和个人的狭小私利，来损害国有企业发展全局。为此，如何在依法设置每一国有企业营运监察机构及其相应权责的同时，有效构建设立关涉国有企业行业、地方和全国整体营运绩效监管的，各层级监事会组织机构间的纵横向严密督察机制，亦成为我国体制改革创新的待解难题和抑制隘口。

(三) 作为我国国有企业现代企业制度创建和管理体制创新领军人物的社会主义企业家队伍的形成，还存在诸多体制缺陷

首先，是尚未有效构建起新型产权关系确立所应有的社会主义企业家成长激励机制。国有企业的董事会成员和经理人，往往是凭借自己的廉正自律甚至道德良知去工作。他们在着力改革创新中所承担的风险压力与自身行为的被认可和未来收益的不对称，亦深层影响到员工团队整合创新能量的调动激发。

其次，是尚未形成对国有企业经营者行为的严格监察约束机制。若单纯从表面上看，某些经营者的收入并不很高。但在深层面上却存在着弄虚作假和化公为私的不良倾向，存在着被西方学者所称的"非正式的私有化"。由于在职消费现象严重，以致造成国资损失浪费惊人。

再次，是因改制后的国有企业有了更多的经营自主决策权，但却并未由此而建立相应的企业家决策风险机制，以致在高额资金决策项目失误的

情况下，决策者和经营者却并不承担应有的责任。尤其重要的是，由于目前我国的企业家市场尚未形成和完善，诸多国有企业经营者并不是通过相应的优胜劣汰市场竞争而产生，仍然简单沿袭着传统的行政任命方式。这就难以避免地使某些经理人，抱持以华而不实的业绩邀宠官僚主义上级的行政仕途动机，而不是以顶风冒险和扎实有效的企业市场化营运，谋求国资的不断增值扩张。

此外，产权过分集中及国有独资公司比重偏高，致使国资在客观上仍然沿袭传统计划体制下的集中产权，而不是体制转轨所要求的产权相对分散，很难在市场经济体制产权社会化和分散化条件下，实现不同经济主体和权益所有者之间的相互制约推动，从而产生交易的必要性与现实性，促使国资在寻求焕发自身生机活力的平等交易流动中，实现投资结构优化和保值增值。当然，若深入分析其内在原因，亦在于我国国有企业改制是在传统计划体制的基础上进行。即改为股份制的国有企业在税收、信贷、兼并、地产评估和土地使用权等政策上都难以享受到各项应有优惠待遇，以致使一些国有企业不愿走股份改制之路，从而使国有独资公司比重偏高和公司制国有企业的产权过分集中。即使已转为股份制公司的国有企业，国有股和国有法人股仍处于绝对控制地位。以致使诸多国有企业虽已建立了公司治理结构，实际上仍以旧体制下的做法运作企业，深刻显现出以混合所有制作为我国基本经济制度重要实现形式的必要。

第四节 立足东西方比较研究，探索富企强国之路

一 为创建有中国特色的社会主义市场经济，需要充分借鉴和吸收东西方的有益经验与失败教训

人类历史的发展深刻验证了市场体制是推动社会财富高效率增长的重要杠杆力臂，这亦为我国在坚持对外全面开放前提下构建市场经济体制的改革趋向提供了有力佐证和实践参照。然而，作为试图调解和"缓冲"资本主义固有矛盾工具的凯恩斯主义，恰是在西方经济体制中引入了计划调节方式。尤其是继日本崛起之后，韩国、新加坡和中国台湾、中国香港等地区经济发展成就的取得即"东亚奇迹"的出现，亦深刻地体现出在

市场经济条件下政府介入经济活动的必要。其成功的原因，正是在于立足本地传统，在兼收并蓄的过程中创建符合自身经济发展逻辑的经济管理体制。由此相对应地看，20世纪80年代以来，苏联和东欧社会主义国家在其政治剧变后，由于把新自由主义学派关于市场经济的理论描述视为市场体制的唯一模式，忽视了本国体制构建所依存的经济、制度、历史、文化和价值观等前提变量，从而导致经济发展的几度"休克"和阵痛跌宕，亦为我国改革路径的理性选择提供了具有警示意义的借鉴，成为我国深察各国经验教训，求取体制创新变革突出成效的重要保证。

日本近代著名的启蒙思想家福泽谕吉，曾在1874年写了一部至今发人深思的名著《劝学篇》。其中说"看到西方创造了比日本好得多的文明，就把西方的一切都看作是好的，竭力效仿，而把日本的传统一概抛却，不加辨别，实在是'东施效颦'。现在我们正处在混杂纷乱之中，必须把东西方的事物仔细比较，信其可信，疑其可疑，取其可取，舍其可舍。虽然疑信取舍得宜并非易事，而我辈学者责无旁贷。"由此来看，我国经济管理体制的创新构建亦必须要立足自身传统和国情，批判吸收东西方国家既有普遍意义和参考价值，又出自各国实际和各具特色，不可简单照搬套用的既往经验。亦即一方面，我们应当看到包括一整套管理方法和规范的市场经济体制，确为人类社会在久远实践中所共同创造的可信可取的重要文明成果，因而不应片面地认定它具有资本主义属性而将其拒之门外。另一方面，又应从我国市场体制创新所凭依的经济基础即生产资料社会主义公有制出发，质疑和摒弃西方经济学关于"利用市场价格来自愿交换私有产权即市场经济本质"的解说，在新型市场体制创建和新生市场主体的确立中求取正确解答。一方面，要确保我国国有企业产权从根本上归属于全体社会主义劳动者共同拥有，而绝不能将国有资产分割剥离到个人或像苏东国家全面实施私有化。另一方面，又要批判性借鉴西方发达市场经济国家立足财产权益有着明晰归属的私有制，在激发强化确有由衷意愿和实际行为能力的个人，刻意求取自身收益最大化动机的基础上，形成推动经济发展原生动力的经验，促使归属于所有国有企业员工共同占有的我国国有企业财产权益，在每一员工身上有所体现即使其享有相应份额。从而使国资所有者和国有企业成为由强烈谋利求效愿望的个人有机整合，并借此赋予自身特有竞争优势，成为具有长远发展活力的市场主体，而不是将国有企业产权抽象虚浮地归属于并非营利性经济组织的国家行政机关。这就需要我们深入进行东西方各国市场经济和国有企业管理体制的比较研究,从中汲取有益经验和重要启示。

二 以借鉴吸收他国经验为目的的比较经济体制研究,是推动我国创建具有自身特色国有企业管理体制的重要手段

毛泽东说:"对于某一现象的领域所特有的某一种矛盾的研究,就构成某一门科学的对象。"① 产生于20世纪二三十年代的西方比较经济体制学,即运用多种对比分析的思维方法和手段,对构建于不同社会制度和传统文化背景下的各国经济体制进行全面或多维度的比较研究,以探讨和揭示其生成、运行及发展的内在规律。其主要内容大致可分为两大部分。一是研究有关经济制度的理论。包括经济制度的一般性定义与分类,经济制度的多样化模式及特征,以及对经济制度的评价标准等。二是研究不同经济制度的实际情况。包括对资本主义国家和社会主义国家的经济运行实况、客观存在问题和主要经济政策等,做出系统深入的阐述论证和对比分析,其核心问题是研究社会资源的有效配置。

作为西方比较经济体制学理论基础的西方经济学,在本质上是一种为资本主义辩护的意识形态。它从亚当·斯密的人性假设出发,把人在一定历史阶段难以规避的拥有狭隘利己的动机,看成亘古至今永恒不变的本能,看作促进经济社会发展的不可或缺的动力。然而,如果对客观历史做深入分析,即可明确看到所谓人的理性,只能是一定社会制度和文化传统制约熏染下的产物,因而必然要随着社会形态的发展演进,充实进新的内涵与特质。联系到比较体制学家青木昌彦所说,任何制度的建立都是为协调出发于个人利益的行为,并且只有依靠一定社会观念下的自利行为才能得到维持的论断,更可使人深切领悟到建立在产权私有基础上的西方经济,之所以显示出不可低估的体制效率,正是因为在历时久远的生产资料私有制及相应意识形态的深刻影响下,已深入人心,成为传统思维定式。并且这样的思想观念,亦绝非简单花费一朝一夕之功便可根除转化。一旦人们在"财产社会性质的改变"中确立了生产资料社会主义公有制,亦即实现了我国国有企业员工与生产资料的直接相结合,在行使作为整体而存在的国资所有者各项应有权能的历史实践中,深刻认识到自身利益与他人收效不可分割的内在关联,便会自觉转

---

① 《毛泽东选集》第一卷,人民出版社1991年版,第309页。

向在真诚忘我利他中实现个人收益的最大化,在刻意谋取共同富裕的投入中,求得社会物质财富的丰厚充溢及劳动者精神面貌的焕然风发。使得我们所着力创建的根植于生产资料社会主义公有制的新兴市场体制,成为所有国有企业员工发自内心强烈意愿的自我维持系统。显然,我们只有遵从社会历史发展脉络和深入进行多维度比较研究,才能正确把握和确立我国体制创新的目标和立足起点。

三 为探索富企强国之路,进行东西方市场经济和国有企业管理体制比较研究的逻辑思维框架

如同马克思所说,看起来极为相似的事情,但在不同的历史环境中出现就引起了完全不同的结果。如果把这些过程中的每一个都分别加以研究,然后再把它们加以比较,我们就很容易地找到理解这种现象的钥匙。① 比较研究法最大的特点,即在于它通过对不同事物或存在于不同条件下类似现象的深入对比分析,引出对客观事物内在规律的揭示和把握。这样的特点或优势突出表现在三个方面。

其一,它是从特殊性到特殊性的逻辑分析过程。即把具有突出代表意义的典型现象及其特定制约因素,与其他典型现象及其依存背景进行关联对应的相互对比。其二,它是抽象思维与形象思维的有机互动融合。即把对客观事物外表现象的深入全面和系统考察,与对客观事物内在规律的探讨揭示及验证分析紧密联结在一起。亦即通过对现象的考察来抽象概括规律,反过来又通过对概括性结论的演绎或具体化,来解释现象并验证结论的科学性。其三,由于以上特点反映了具有普遍意义的人类思维的科学规律,因而其研究结果往往具有较大的可信度与创见性。马克思的鸿篇巨制《资本论》之所以能够深刻揭示资本主义产生、发展和必将灭亡的内在规律,列宁的《帝国主义是资本主义的最高阶段》之所以能够深入阐明帝国主义的基本特征和历史地位,也都是大量运用了比较研究法的结果。

为此,我们借鉴马克思立足于对构成社会财富的基本元素即商品内在属性的深入剖析,来深刻揭示资本主义经济肇始于生产的社会化和生产资料的私人占有及对劳动者创造剩余价值的疯狂掠夺,从而存在着难以解脱规避的固有矛盾和最终必然结局的科学论证,在本书研究中亦从我国国有企业在传统计划经济体制下所有者人格化缺位,因而从根本上失去了构成

---

① 马克思:《马克思恩格斯全集》第19卷,人民出版社1963年版,第131页。

企业的先决性重要因素，有悖于社会生产和市场经济形成的基本单元即企业原本应有属性的突出问题分析起始①，在深入探讨企业内在本质的基础上，通过对东西方市场经济和国有企业管理体制构建，在不同文化传统和基本经济制度制约下的客观应然趋向的比较研究，探索构建适于我国国情，即富有中国特色的现代企业制度和国有企业营运管理体制，形成如图1-1所示的逻辑思维框架。

在图1-1中作为逻辑思维和探索研究的重要环节，并与创建有中国特色社会主义市场经济不可分割的我国国有企业管理体制沿革和现代企业制度创新，在客观上应包含密切关联的产权制度、分配制度、竞争制度、组织制度和管理制度等在内的系统全面的制度创新。

其一，产权制度。显然它是正确妥善界定国家、企业和员工之间的各方应有权益，构建社会主义新型产权关系的重要法制规范保障。作为我国社会主义经济基础确立的决定性因素即国有企业产权制度，在实际上是上述其他所有制度构建形成的前提、基准或出发点，亦即其他制度均是为保证国有企业产权制度在市场经济条件下的有效实施运行而存在。

其二，分配制度。如西方经济学在探讨研究产权归属的重要性和实质时所指出，产权在客观上是帮助人们形成对自己经济行为或投入的预期。我国国有企业产权是否最终归属于包含有个人相应权益的所有国有企业员工整体，即要看在国有企业分配制度的构建中，国家、企业和员工是否能够依法享有国资经营剩余的各自应得份额，从而体现他们真正拥有国有企业产权即对国有企业财产"动态占有"。

其三，竞争制度。就像企业经营者为求取优势资源高绩效搭配必须要竞聘筛选生产者，由于所有者对经营者的选任监督从总体上决定企业成败，其财产归属或量化界定的"身价"也同样要经受市场机制的无情判决。因而，拥有多种身份的国有企业员工作为产权公有者成员的各项权益，理应与其竞争上岗就业和获取劳动报酬的工作权，密切关联地实施各项职能履行成效考核较量中优胜者入围的市场化兑现。

---

① 亦如日本东京大学理论经济学家小宫隆太郎，在对中日两国有企业作深入对比研究后所得出的结论："我的印象是，中国不存在企业，或者几乎不存在企业。"（小宫隆太郎：《竞争的市场机制和企业的作用》，提供给1985年5月在冲绳召开的"中日经济学术讨论会"论文。中译文参见吴家骏、汪海波编《经济理论与经济政策》，经济管理出版社1986年版，第328—379页。）

其四，组织制度。显然它是确保各项制度得以有效贯彻执行，权责利落实到各部门和岗位员工的国有企业内在制衡体系构建。

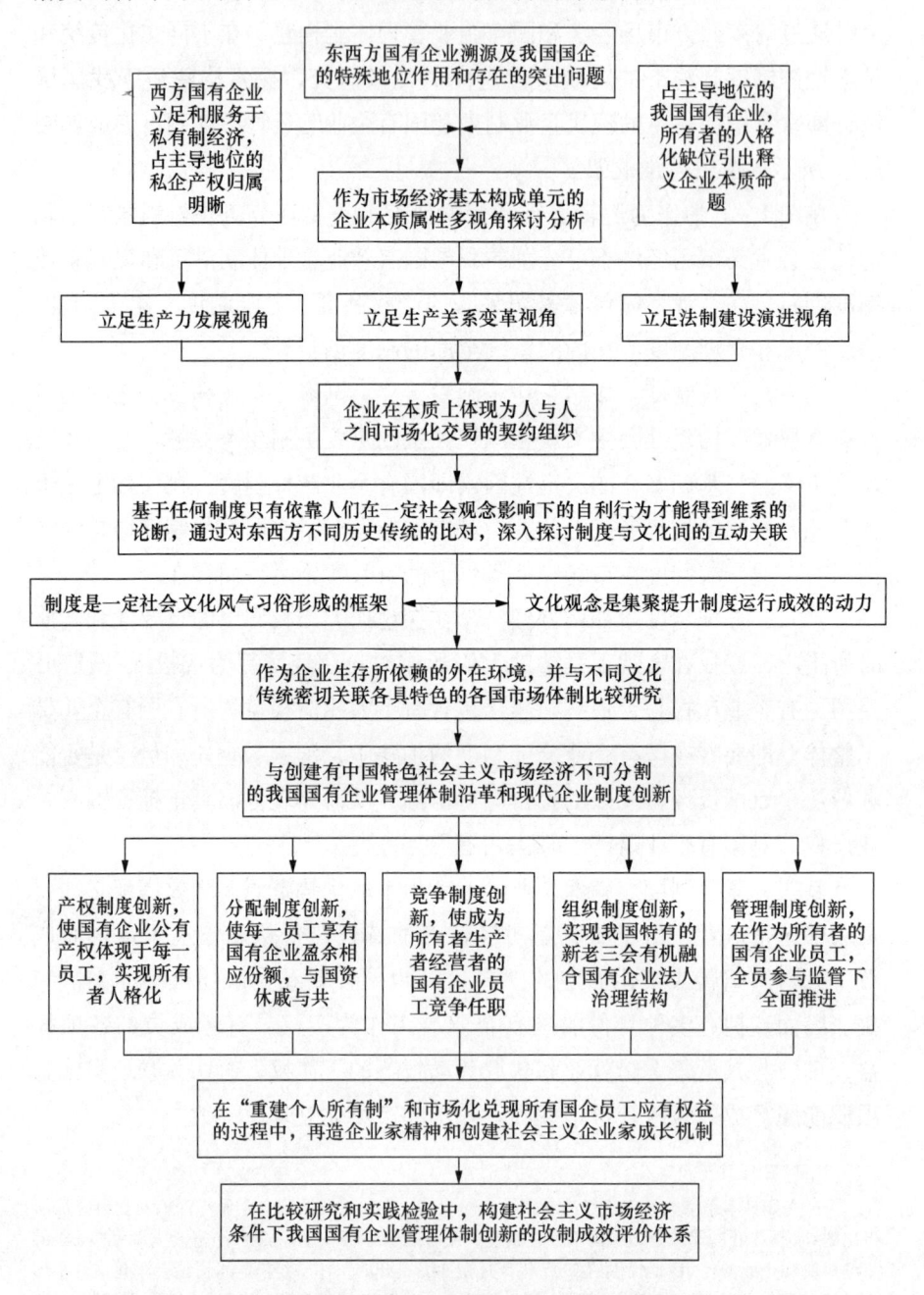

```
┌─────────────────┐    ┌─────────────────────┐    ┌─────────────────┐
│ 西方国有企业     │    │ 东西方国有企业溯源及我国国企 │    │ 占主导地位的     │
│ 立足和服务于     │◄───│ 的特殊地位作用和存在的突出问题│───►│ 我国国有企业，   │
│ 私有制经济，     │    └──────────┬──────────┘    │ 所有者的人格     │
│ 占主导地位的     │               ▼               │ 化缺位引出释     │
│ 私企产权归属     │    ┌─────────────────────┐    │ 义企业本质命     │
│ 明晰             │    │ 作为市场经济基本构成单元的   │    │ 题               │
└─────────────────┘    │ 企业本质属性多视角探讨分析   │    └─────────────────┘
                       └──────────┬──────────┘
              ┌───────────────────┼───────────────────┐
              ▼                   ▼                   ▼
     ┌─────────────┐     ┌───────────────┐     ┌─────────────────┐
     │立足生产力发展视角│  │立足生产关系变革视角│  │立足法制建设演进视角│
     └─────────────┘     └───────────────┘     └─────────────────┘
                                  ▼
                       ┌─────────────────────┐
                       │ 企业在本质上体现为人与人 │
                       │ 之间市场化交易的契约组织 │
                       └──────────┬──────────┘
                                  ▼
          ┌──────────────────────────────────────────┐
          │基于任何制度只有依靠人们在一定社会观念影响下的自利行为才能得到维系的│
          │论断，通过对东西方不同历史传统的比对，深入探讨制度与文化间的互动关联│
          └──────────────────┬───────────────────────┘
              ┌──────────────┴──────────────┐
              ▼                             ▼
   ┌─────────────────────────┐   ┌─────────────────────────┐
   │制度是一定社会文化风气习俗形成的框架│   │文化观念是集聚提升制度运行成效的动力│
   └─────────────────────────┘   └─────────────────────────┘
                                  ▼
                       ┌─────────────────────┐
                       │作为企业生存所依赖的外在环境，│
                       │并与不同文化密切关联各具特色的各国市场体制比较研究│
                       └──────────┬──────────┘
                                  ▼
                       ┌─────────────────────┐
                       │与创建有中国特色社会主义市场经济不可分割│
                       │的我国国有企业管理体制沿革和现代企业制度创新│
                       └──────────┬──────────┘
    ┌─────────┬─────────┬─────────┼─────────┬─────────┐
    ▼         ▼         ▼         ▼         ▼
┌────────┐┌────────┐┌────────┐┌────────┐┌────────┐
│产权制度创新，││分配制度创新，││竞争制度创││组织制度创新，││管理制度创新，│
│使国有企业公有││使每一员工享有││新，使成为││实现我国特有的││在作为所有者的│
│产权体现于每一││国有企业盈余相││所有者生产││新老三会有机融││国有企业员工，│
│员工，实现所有││应份额，与国资││者经营者的││合国有企业法人││全员参与监管下│
│者人格化      ││休戚与共      ││国有企业员││治理结构      ││全面推进      │
│              ││              ││工竞争任职││              ││              │
└────────┘└────────┘└────────┘└────────┘└────────┘
                                  ▼
                       ┌─────────────────────┐
                       │在"重建个人所有制"和市场化兑现所有国企员工应有权益│
                       │的过程中，再造企业家精神和创建社会主义企业家成长机制│
                       └──────────┬──────────┘
                                  ▼
                       ┌─────────────────────┐
                       │在比较研究和实践检验中，构建社会主义市场经济│
                       │条件下我国国有企业管理体制创新的改制成效评价体系│
                       └─────────────────────┘
```

图1-1 东西方市场经济和国有企业管理体制比较研究的逻辑思维框架

其五，管理制度。即包含国有企业战略、决策、信息、人才、技术、财务、分配、人事和文化营建等在内的现代企业管理制度集合，在客观上是产权、分配、竞争和组织制度在国有企业实际营运管理过程中的落实、细化或"动态实现"。本书所涉及的国有控股公司和国资授权经营，即属于国资营运管理模式或管理制度创新探讨。同时，由于在现代企业"两权分离"中与我国国有企业所有者人格化到位相互对应密切关联，亦即社会主义企业家的批量产出或培育造就在我国体制创新中具有突出意义，因而有关社会主义企业家成长机制的构建形成亦成为本书研究的重要环节。

第二章 我国国有企业现代企业制度构建和管理体制创新

第一节 企业的产生及其形态演变

一般来说,企业尤其是现代公司制企业产生于资本主义生产方式。它在客观上成为与资本主义生产密切关联,并随着产权私有制条件下交换关系的演进,亦即市场经济的发展所形成的生产组织形式。因此可将企业形态的演变划分为古典和现代企业两大阶段。并且在此划分框架内,应从由生产工具所决定的生产力、生产关系或交换关系即市场体系的发育完善,以及企业这一生产组织方式的法律形式或法制建设的演进等密切关联不可分割的三个层面或视角,来深入考察企业组织形态的演进变换。

一 古典企业阶段

古典企业是所有权与经营权合一的业主制和合伙制企业。在第二次社会分工,即手工业从农业中分离出来之后,便形成了古典企业的原始形态,即家庭手工业和工场手工业。继而随着机器设备介入企业生产过程,即产生了比工场手工业更为发达的工厂制古典企业。

(一) 家庭手工业

家庭手工业是古典企业形成的渊源,同时也是古典企业的原始形态之一。它的出现不仅受生产力发展水平的制约,而且由扩大到家庭的产权个人所有的"自利"意愿来推动。其约定俗成的管理方式和聚合力,亦由家庭或家族的血亲、姻亲及长幼、贡献序列来决定。这在特定条件下有其必然的效力功能和历史局限性。

在商品经济发展初期,由于在狭小市场交易中利用价格机制的费用几乎不存在,加之自然经济的强势影响和生产力发展水平有限,因而此时的商品生产一般以家庭为单位。在这样的原始企业形态中，所有参与生产的家庭成员皆对自身劳动力拥有独立产权，并以家庭作为维系相互关系的纽带。处于统管地位的家庭或家族成员控制着整个生产过程，所有成员为自身生存和维系企业存续而努力投身劳作，因而使这种家庭或家族式生产组织，成为缓解商品生产匮乏的重要经济单位。当然，尤其需要指出的是，在这样的生产组织方式之中，人的劳动技巧和熟练程度完全依附于家庭成员个人。这就使投入企业的生产资料，必然要受制于家庭成员个人的能力、经验和技艺。再加上家庭手工业作坊中的所有者兼生产者，仅拥有数量极为有限的本金，从而使这种原始企业形态无法摆脱生产规模扩大和工艺效能提升的自然局限，致使家庭手工业很难适应社会生产力持续发展的客观需要。

（二）工场手工业

14—15世纪，伴随着大量手工业者的分化与破产，亦即资本的日趋集中和劳动力商品化，资本主义萌芽开始出现。尤其是在15世纪和16世纪地理大发现后海外殖民地的急剧扩张和西欧大城市飞速发展，一些在长期经营中积累了大量资本的商人、手工业者和土地贵族，竞相购买织机等生产手段，把那些失去生产资料的手工业者和丧失土地的农民集中起来进行生产，使得多数的家庭手工业开始向分散或集中的工场手工业发展，从而成为最早的业主制企业。保障这种生产组织形式得以维系的社会制约手段，仍然是约定俗成的惯例。但若从法律形态上考察，即可称之为自然人企业、个人企业或独资企业。这是因为手工工场的财产，主要是由单个的私人财产所构成。由于作为企业产权所有者的工场主，统揽企业经营和收益分配等诸多事务的裁决处置权，并在获取营运收益的同时承担企业风险，因而使他们面对企业经营的不确定性，要比其他任何人都刻苦和勤奋，同时能够客观评价自身能力，在充分把握信息的条件下妥善决策和精心谋划实施。因为任何敷衍和大意，都有可能使他们失去自己的财产，甚至背上沉重的债务包袱。

作为早期的企业组织形式，手工工场的运作和工场主的经营管理活动，仍然缺乏正式的规范文本或企业制度，更多地依赖于工场主的直接、口头命令和指挥调度。然而，正是这样的弱肉强食或优胜劣汰的企业形态演化变革，在客观上促使社会生产资料由依附于家庭成员个人的有限技能和家庭作业的狭小天地，转变为依从和立足于具有相对资本集中优势和社会性招募协同劳动雇员的手工工场，从而为社会生产力提升和市场交换的发展，提供了相对广阔的场域。特别在随后出现的合伙制企业，由于生产资料转而依附于联合携手的个人，更使生产规模的扩大摆脱了个人财力不足的局限。当然，如果进一步从法律形式上分析，即可看到作为自然人企业，无论是业主制还是合伙制企业，其所有者对外均负有无限责任。合伙制企业虽然不同于业主制企业，是由合伙人共筹资金组建并共负偿债责任，故其筹资和偿债能力有所提高，然而当企业出现资不抵债，其他合伙人无力偿还本应承担的那部分债务亏补时，合伙人即必须用自己的财产予以补足，这就明显增加了企业的经营风险。同时由于合伙人进入或退出企业，带有自然人的主观随意性。因而当企业主无意经营或死亡时，即宣判了完全依附于业主的企业死期。这就使古典企业很难长久营运存续。

（三）工厂制企业

作为工厂制企业的雏形即集中的制造厂[①]早在14世纪的欧洲即已出现。时至18世纪末19世纪初，随着资本主义制度的确立和工业革命爆发，技术革新的浪潮席卷了所有手工工场，几乎每天都有新的工艺和品种问世。这就使生产过程越发需要机器装置的介入，从而促使以大规模机器生产为主要特征的工厂制企业产生，形成了古典企业的发达形态。

如果从生产关系角度考察，工厂制企业同样是由产权归属于企业主的雇佣关系来维系和推动。特别是在机器设备替代原有的简单手工劳动工具，企业固定资本大幅度提升，同时由于生产规模扩大和生产速度加快，亦使企业流动资本大幅度增长的情况下，除了自身劳动力将一无所有的企业雇员，越来越不可能像积累了雄厚资本的企业主，拥有企业产权和操办企业营运管理事宜。只能通过让渡自身劳动力的方式进入企业谋生，并且在接受雇主监督和指派调配之下，参与企业分工协作。如果从法律形式上看，工厂制企业与手工工场一样均属业主制或合伙制企业，亦即自然人企业。虽然企业规模的扩大使得企业抵御风险的能力大为提高，但企业主仍然要对企业经营承担无限责任。因此，以机器生产为主要特征的工厂制企业，在本质上仅是手工工场规模扩大之后的生产组织

---

① 所谓集中的制造厂，是指不同的生产工序集合于同一场所，如水力炼铁炉、啤酒制造、制革和玻璃制造等即是如此。

形式。

二 现代企业阶段

随着技术进步和经济发展，企业生产经营越来越要求冲破狭小地区的限制。然而，由于个人或少数合伙人资产的有限性和相互协商的交易费用，以及承担无限责任的风险和企业经营的随意性与不稳定性等因素，决定了业主制和合伙制企业无法解决企业营运规模扩张与古典企业制度之间的内在矛盾。显然，这样的矛盾只有通过企业组织形式向更高层次的演进才能得以有效解决。

（一）现代企业

19世纪40年代是企业发展史上的"分水岭"。引发于1941年列车相撞事故的美国铁路公司体制深化改革再造，使其成为第一家建立了现代企业制度的企业。[1] 如果按照美国著名经济学钱德勒（D. Chandler）的简约概括，所谓现代企业，即是"由一组支薪的中、高层经理人员所管理的多单位企业"。他在对美国现代企业组织成长的历史进行细致分析后亦曾指出，现代企业在1840年的美国尚不存在。但是到第二次世界大战期间，这类企业已在美国经济的许多部门，成为占据优势的企业组织形态。"一种机构能在如此短促的时间内变得如此重要，而且如此普及，这在世界史上实属罕见。"[2]

当然，要深刻把握和界定现代企业，势必要从生产力发展和生产关系变革，以及保障企业正常营运的法制建设演进等不同视角，进行多维度或多层面的深入探讨分析。这些有待于立足现代企业视角，对企业内涵本质的深化探索研究。在这里有必要对公司制企业的沿革和现代公司的产生进行概要陈述。

（二）现代公司

截然不同于业主制和合伙制企业制度的公司制企业，亦可译为法人制厂商。其萌芽或雏形可追溯到15世纪，当时地中海沿岸城市的航海贸易已相当发达。当贸易所要求的资本规模超过了血缘家庭所能承担的范围时，一种叫康枚达的契约组织应运而生。康枚达通常是一次性的合资契约。它规定签约的一方把金钱或商品托付给另一方，后者受托从事航海贸

---

[1] 杨浩编著：《现代企业理论与运行》，上海财经大学出版社2004年版，第4页。
[2] 小艾尔弗雷德·D. 钱德勒：《看得见的手——美国有企业的管理革命》，商务印书馆1987年版，第3页。

易活动。营运所得利润由双方按契约分享，委托人的责任仅以所出财务为限。以后这种组织形式又被应用于陆上的商业活动。

16世纪以后，国际贸易的发展迫切需要一些大型贸易企业。在西欧各国重商主义政府支持下，建立了一批特许的合股贸易公司。英国在1554—1680年间建立了49家这样的企业，荷兰也广泛建立了特许贸易公司。17世纪上半叶，英国确立了特许贸易公司是独立法人，具有与自然人相同的民法能力的观点，从而把它与作为自然人的个人业主制和合伙制企业区别开来。这样的特许贸易公司已具有某些近代公司特征，但由于其建立依赖于政府的政治权力，以向政府提供贷款或其他服务换取贸易垄断权，因而还不能被认为是现代意义上的公司。17世纪下半叶，英国产生了稳定的合股公司组织，股本变成长期投资，股权只能转让而不能退还，企业定期发放股利，同时出现了股票交易买卖的市场。

18世纪发展起来的不同于以往特许贸易公司的合股公司，是近代公司的前身。尽管这样的合股公司在18世纪中期至19世纪中期100年左右的时间内，在法律上被当作合伙企业，并不完全具备法人企业的诸多优点，但由于具有易于筹集资金和所有权益转让，经营具有连续性和由所有者代理人管理企业等优点，而深受投资者的欢迎。这就促使国家立法向赋予它法人地位的方向演变。1825年英国不再禁止创办民间合股公司。1843年英国议会授权君主向合股公司发放特许证书，在事实上承认了它的法人地位。1837年美国康涅狄格州颁布了第一部一般公司法，规定了标准的公司注册程序。1844年英国议会也通过了公司法，规定不必先获特许，只要通过简单程序即可建立公司。1856年英国议会又确认注册公司对其债务仅负有限的赔偿责任。这样就确立了公司制度的基本框架。

19世纪后半期，公司制企业组织方式首先在银行、交通运输和一些公用事业部门得到迅速发展。当时，英国和美国大规模的运河与铁路建设，就是依靠组建公司筹集大量资金完成的。以后公司制又在各制造业中得到迅速推广。到了20世纪初，这样的企业组织形式已成为各主要资本主义国家制造业、采掘业、运输业、公用事业和银行、保险业的主要企业形态。同时在现代生产不断发展，公司规模日益扩大和营运业务愈见复杂的情况下，大公司的高层经理人员由支薪雇员担任的情况变得越来越普遍。这些高层经理人员往往不是公司股东，只是由于其经营管理能力而被代表所有者的董事会聘用。这就促使公司制企业逐步由旧时的"企业主企业"演化为现代的"经理人员企业"①,实现了企业所有权与经营管理权的相对分离。所谓现代企业制度,也正是这样在发达市场经济中发展和形成的现代公司制度。

第二节 企业本质探讨

企业是近代以来社会经济生活中最普遍的现象和最典型的组织形式,也是现代社会富有强势生存发展活力的经济行为主体,在市场经济体系中处于中枢地位。亦如管理学大师彼得·德鲁克所指出,由市场经济所造就的充满各种机构的现代多元社会,其各项重要的社会任务都已交付给"强有力和有成就的自治"单元——各种大的社会组织来承担。"从经济商品和服务的提供到卫生保健,从社会安全和福利到教育,从新知识的探求到自然环境的保护,都是这样。"②

耐人寻味的是,长期以来,企业并没有在西方传统微观经济学研究中找到自己的定位仅是被看作一个要素搭配投入的生产函数,亦即必然有着其既定的谋求产出或利润最大化行为特征的经济单元,并不去深入探讨分析它为什么会具有这样的行为,从而使企业内部结构的解剖释疑,成为传统经济学研究存而不论的"黑箱"。明显突兀地存在着仅从要素投入产出的纯技术层面,亦即所谓"协作的生产力"视角,而并非从与生产力发展密切关联的生产关系变革和法制建设演进等不同维度考察分析企业,进而从现代市场构建形成中企业所必然拥有的,作为特定市场竞争交易主体的凸显特征出发,来深入把握其内涵本质的突出问题。特别是在现代经济学研究已将探讨揭示社会经济现象内生缘由的研究对象,由原本笼统抽象的家庭和企业,科学恰当地转向和定位于构成家庭与企业的最小行动单

---

① 小艾尔·弗雷德·D. 钱德勒:《看得见的手——美国有企业的管理革命》,商务印书馆,1987年版,第1—12、571—591页。
② 彼得·F. 德鲁克:《管理——任务、责任、实践》,孙耀君等译,中国社会科学出版社1987年版,第1—2页。

位——个人的情况下①，对于企业属性把握要义地深切明晰解说，亦要出发于企业作为社会组织机构所必然要具备的，人类社会性交往协同即市场化交易组合的重要特质。从而立足现代管理和现代企业理论研究的重心是人而不是物，是交换而不是生产的逻辑思维基点，把现代企业看成是现实人即个人与个人之间市场化交易的契约组织，认同常被简约称道的"企业即人"的假说。当然这样的科学认知或论断的取得，依赖于全方位多视角地从生产力发展、生产关系变革和法制建设演进等不同维度层面，亦即在对传统"生产函数"之说与作为"契约组织"探讨分析的比较研究中形成和确立。

一 仅从单一的生产力发展视角，既往作为"生产函数"的企业本质解说

如果单纯从生产力发展和推动社会生产单位演变进化的纯技术因素上看，所谓企业，应该是指社会生产力发展到近现代水平，专业化分工和社会化协作高度发展的产物。是由取代家庭经济、手工作坊和工场手工业，把近现代科技充分运用于大机器生产的社会经济组织。从西方发达国家看，其特征是资本所有者招聘大量雇员，掌握运用近现代科技和各种生产手段，在深化发展的社会分工中协同劳动，从而极大地提高了生产效率。因此，传统微观经济学把企业看成一个生产函数，亦即强调在技术进步的推动下，企业各种可能的投入组合向各种可能的产出组合有效转化。像这样从生产力发展和技术进步决定下，投入与产出转换关系的角度来考察研究和界定企业，无疑是对现代企业营运成效提升的有益启示。然而，如果仅是单一片面地从研究对象的行为特征出发，把企业看成既定的谋求产出或利润最大化的经济单元，而不去深究它为什么会有这样的行为，探讨从根本上制约和决定其营运实效的内部构成，无疑是经济学研究的一大缺憾。

传统微观经济学的研究对象，是在市场机制下单个经济单位的经济行为，亦即市场、企业和个人之间的相互关系。对于企业的认识是在传统企业理论基础上的延续和发展。因而，学术上通常把微观经济学正统中对企业的看法称为新古典企业理论。该理论把企业整体作为一个生产单元和经

---

① 哈佛大学教授莱宾斯坦，在其所提出的 X—效率理论中的五项基本假设（Leibenstein, H. "On the Basic Proposition of X - Efficiency Theory", *American Economic Review*, 68, 1978）中指出：现代经济学研究对象的恰当单位，不应是笼统的家庭和企业，而应是构成它们的最小行动单位——个人。家庭和企业是由个人组成的，所以，只有个人才是社会活动的基本决策单位。

济决策单位，其功能是将各种生产要素，即人财物力等调配投入运营并转化为一定产出。这种转化过程可以用各种函数来表示，如生产函数和成本函数。进而通过对生产函数和成本函数的研究，得出企业的产量变动规律和成本变化趋势。如果再加上市场需求条件，即可得出企业利润最大化的产量解和价格解。显然，其研究的重点仅只是如何以一定的投入获得最大产出，或者以最少的投入获得一定收益回报。而且，该理论把企业作为一个参与市场竞争的主体，分析企业在完全竞争、垄断竞争、寡头垄断和完全垄断等不同类型市场条件下的生产决策与价格决策，以此推断市场均衡产量和均衡价格水平。此外，由于新古典经济学把价格机制看作是经济调节和资源配置的唯一机理，所以无论是"局部均衡"理论还是"一般均衡"理论，都是研究市场交易的理论，其主题是探讨分析价格机制的有效性。同时，由于其理论基础是一系列严格苛刻的假定，诸如完全理性的经济人、稳定既有的偏好、健全完备的市场及并不存在外部性等。因而在这样的前提下，企业本身只不过是一个"将相关因素纳入相关数学模型中去运算的既定算式"，不过是一个消耗各种生产要素的生产集。而且这个生产集，是由那种对生产计划和各生产要素的边际产出，都具有完全信息的管理者来统一组合调度。企业的管理者同时亦是所有者，即必然会刻意谋取所有者福利，追求企业利润与市场价值净现值的最大化。

新古典企业理论虽已给我们深入理解企业内涵提供了诸多方便，但由于该理论仅研究了企业构成的技术关系，而并没有深入探讨有关企业为什么存在，企业的大小由什么因素决定，以及企业内部如何联手组合营运等涉及企业内在本质属性的问题，从而也就无法解释企业的生产结构及利益结构。因此可以说，新古典企业理论中的企业仅仅是"古典环境"中的生产函数或技术关联协作体。这种企业理论，完全抽象掉了企业内部各生产要素素质和生产能力的差异，甚至说也完全抽象或纯物质化地看待组成企业的唯一具有自主能动发展活力的要素——人，忽略了人与人之间的社会性交往联结即市场化交易合作关系，对于生产力发展和企业营运成效提升的重要制约推动作用，从而形成了对企业内涵本质剖析认知的肤浅、片面和"见物不见人"的曲解误断。

二 基于生产关系变革和法制建设演进等不同维度，对作为"契约组织"的企业本质进行深入探讨

如果从与生产力发展密切关联互动的生产关系变革和社会资源配置方

式的转换演进上看，现代企业应是资本主义雇佣劳动制度确立、商品经济高度发展和市场规模不断扩大的产物，是以更低的交易成本，即在运用市场价格机制时更低的花费来替代市场的一种资源配置方式。在商品经济发展初期，无论是原始的物物交换还是以货币为媒介的商品交换，由于市场相对狭小，利用价格机制的费用几乎不存在，这时的商品生产一般以家庭为单位。随着商品经济的发展和市场规模扩大，生产者在了解有关价格信息、进行讨价还价谈判和签订履行合同等方面的费用明显增大。这时生产者采用把生产要素集合在一个经济单位中的生产方式以降低交易成本，这种经济单位即是企业。当这样的经济组织发展到以现代公司为代表，即以充分体现"经理革命"和"两权"相对分离的产权制度为基础和核心的企业组织营运方式时，就形成了从生产关系或产权关系视角来考察的现代企业。

当然，如果进一步从与生产力发展和生产关系变革不可分割的上层建筑，即从保障企业正常营运的法制建设演进上看，现代公司制企业又是依法建立，并享有独立民事权利和承担民事责任的法人实体，从根本上区别于作为自然人的个体业主制和合伙制企业。日益健全的法制体系，保障了企业法人财产的相对独立和神圣不可侵犯。企业的投资者只能在市场交易中转让手中的股权，宣布自己不属于该企业，而不能中途撤走投资，把企业当成可随意处置的家产。这就从根本上保证了企业营运的连续性，促使企业在长远的战略经营中，形成持续优化管理和谋取丰厚收益的强烈冲动。

如阿尔钦和德姆塞茨所指出，在团队协作生产中，一个经济组织的生产函数，绝不是各个单个投入要素生产函数的简单加总[①]，绝不可能离开企业存在的利益关联组合，即制度因素的制约作用。在以往20多年间主流经济学中发展极为迅速的现代企业理论，也正是关于企业组织结构和制度安排的研究。它把现代企业看成个人之间产权交易的合作组织，是由一系列契约组成的网络，并着重研究交易参与人如何形成契约以规范和协调相互之间的利益关系，从而开启了紧扣现代企业制度创建发展的一系列有关人的问题的深入探讨。如谁应该是企业的委托人，谁是企业代理；如何

---

① A. 阿尔钦、H. 德姆塞茨：《生产、信息费用与经济组织》，《财产制度与制度变迁——产权学派与新制度学派译文集》，上海三联书店1991年版，第62—63页。

把最有才能的人选拔到最需要才能的岗位上,如何选择经营者;什么样的制度安排才能有效激励和控制代理人的行为,怎样通过人的积极性调动来最大限度地发挥制度的杆杠效应等,这就从根本上把握了激发企业开拓创新动力和促使生产力持续提升发展的关键核心要诀。

正如彼得·德鲁克《后资本主义社会》(1993)一书对于人类面临新的知识社会所遇到的,从工业革命和生产力革命到管理革命巨大挑战的分析。德鲁克在赋予知识以全新内涵过程中,将人类知识的运用投向分为三个不同的发展阶段。[①]

第一阶段,人类知识被应用于具有划时代意义的工具创新和产品制造。对于这样的特定历史阶段,耐人寻味的是,德鲁克并未因生产工具变革是生产力发展的重要标志和主导因素,而依照常言说由此引发了生产力革命。仅只是说,这是以机器大生产方式代替了传统手工业生产,形成了经济形态演变中的工业革命。

第二阶段,人类知识被应用于提高劳动成效的作业研究和工作中各要素的有机组合调配。如果按照惯常的推理,这样的人类知识投向转换,似乎又应明确界定为以泰罗制的产生为标志的管理革命爆发。然而,在这里同样发人深思的是,与对第一阶段的分析密切关联,德鲁克指出这才是真正意义上的生产力革命。因为,正是以科学管理为代表的管理理论的广泛运用,才促使人类社会的生产能力大幅度提升,完成了知识应用方式的又一次飞跃。这不禁使人联想到邓小平关于科学技术是第一生产力的论断。由此,我们理应明晰形成这样的认知,即唯有立足和不断深化以人的劳动工作成效提升为核心的生产要素整合,亦即科学管理的探索创新,才能确切把握最大限度激发汇聚社会生产力发展能量的要领和契机。甚至可以进一步说,与诸多门类科学技术发展不可分割的管理科学和管理技术,应当是第一生产力中的第一生产力。我国在当前深化改革中强化制度创新释放制度红利,正是抓住了推动经济高效发展中的鼻子。

第三阶段,即知识投向人类自身再造。如他在《后资本主义社会》中所说,"知识正在被系统地、有目的地用来界定需要什么新知识,它是否可行以及为使知识产生效益需做些什么"。显然在这里,能够促使知识持续创新,并且从中引发巨大经济社会效应的灵动本源或载体,唯独在于

[①] 彼得·德鲁克:《后资本主义社会》,上海译文出版社2008年版,第31—45页。

人。这无疑是在明确告诉我们,要形成真正意义上的管理革命,唯有深层着手于生产力各要素中的关键核心要素——人来做文章。为充分发掘人在推动知识创新发展中的不可估量潜能,势必要促使传统管理由起初的"见物不见人"和仍然把一线员工看成被动服从管理的客体,转而视为能动参与管理创新和企业流程再造的中坚力量,即由所谓的"以人为中心"转向"以人为本",以员工为企业主体和主人翁。[①] 把为人服务作为现代管理的基本出发点和目的,以人的自主全面发展,作为促进社会生产力持续提升的首要先决条件和生产最终期。显然,促使管理这样变革跃进的重要动力之源,理应存在或根生于我国生产资料社会主义公有制确立,亦即国有企业产权最终归属于所有员工共同占有的现代企业制度创建之中。

这就要求我们通过国有企业管理体制的深化改革,在确切落实兑现每一国有企业员工的应有权益,促使国有企业成为充溢着个性灵气和汇聚团队整合能量有机体的过程中,调动所有员工发自内心意愿的开拓创新能动性。甚至要求我们要从根本上摒弃西方人力资源管理中,那种单纯的定量考察核算和强制设定各种约束压力,把人当作纯粹的物质欲求对象而一味实施物质刺激的偏颇之举。在一系列管理观念、管理制度和管理方式的深切转换中,实现现代管理的东方回归。当然,对于这样管理变革的深化研究,又需要深入进行有关企业本质、企业中人与人之间的市场化交易关系,以及人在传统观念影响下所形成的所谓"固有理性"的探讨分析,从而为市场化兑现我国国有企业员工应有权益的探讨论证,奠定切合实际的逻辑思维根基。

三 对于企业在本质上是个人之间市场化交易契约组织的进一步分析

(一) 对于企业本质的深入细化剖解

现代企业理论的基本命题是将企业理解为个人之间产权交易的契约组织。如果基于经济学理性经济人刻意谋求个人利益最大化的假定,我们可进一步说企业在本质上,是由抱有自身应有权益和各项投入预期可得最终落实兑现强烈行为动机的不同要素所有者,通过产权交易而形成的一种"契约关系"或"契约网络",是一种节约交易费用的制度设置或契约安排。若要对这些作为交易行为主体的要素所有者进行角色定位,即可看到相对于企业而言的要素所有者,包括人力资本提供者和非人力资本提供者

[①] 并非像在如何正确看待人的问题上存在着突出缺陷的泰罗制,把劳工看成仅有物质欲求和被动地听从调配奖罚的"会说话的机器人"。

在内的不同要素提供者。其中,前者可划分为经营劳动和生产劳动提供者。后者又可划分为可供企业永久使用的股权资本提供者,即企业所有者或股东,以及可供企业在一定期间内使用而到期必须偿还的债权资本提供者,即企业债权人。① 这些人力资本和非人力资本,在作为生产要素投入企业后即成为企业资产,接受企业的统一调度和支配。在明确划分各类不同要素提供者基础上,企业即可描绘出作为企业参与者的股权资本提供者、债权资本提供者、经营劳动提供者、生产劳动提供者,以及同企业进行资产与服务交换活动的原材料提供者和产出品与服务消费者之间,经由产权交易而形成的契约关系网络,如图 2-1 所示。

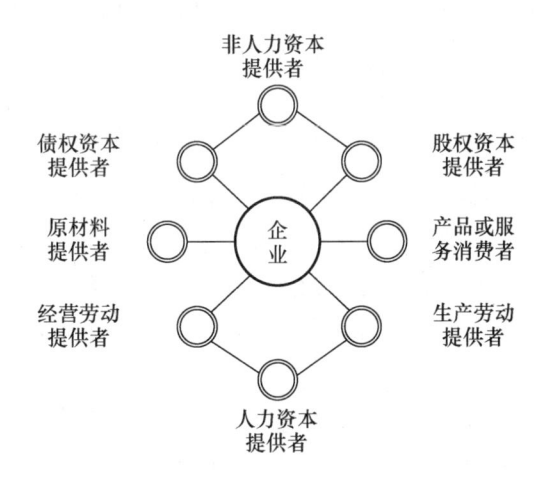

图 2-1 作为契约关系联结点的企业

尤其要指出的是,作为企业参与人,各要素提供者必须对自己投入企业的要素拥有明确产权,就像奴隶没有自身劳动力的所有权,就不可能与他人签约一样。当奴隶可与他人签约时,即表明"奴隶"在客观上已拥有自身劳动力的相应权益。② 因此可以说,这样明晰、特定的产权归属,正是企业得以存在的前提。由于企业是由不同财产所有者组成,因而,如果没有包括人力资本归属和非人力资本归属在内的个人财产所有权,也就不可能有真正意义上的企业。这就等于十分明确地要求我们,在我国社会

---

① 谢德仁:《企业的性质:要素使用权交易合约之履行过程》,《经济研究》2002 年第 4 期。
② 张维迎:《所有制、治理结构及委托—代理关系》,《经济研究》1996 年第 9 期。

主义市场经济体系构建和国有企业管理体制的改革创新之中,势必要首先从根本上确立所有国有企业员工的应有权益,促使国有企业产权所有者人格化到位,才能使国有企业真正成为如马克思所说的"财产社会性质的改变"和"重建个人所有制"条件下的经济实体。否则,由我们所设立的作为社会主义经济基础的国有企业,到底是什么样的社会组织就很难让人想象和释疑。正如日本经济学家小宫隆太郎在20世纪80年代考察我国企业后所发出的感叹,惊呼"我的印象是中国不存在企业"。

(二) 对企业的有机构成要素——个人的考察

企业作为个人之间产权交易的契约组织,由刻意谋求自身丰厚收益和遵循相应行为规范的要素提供者所组成。因而,在对企业本质属性的探讨论证中,离不开对组成企业的人的理性的深入推断,以及人与人之间相互关系的考察分析。

根据以往数十年中迅速发展的委托—代理理论,以所有权与经营权相对分离为重要特征的现代企业契约关系,在广义上可理解为作为初级委托人的企业所有者,委托经营者实施企业经营管理。继而由经营者作为次级委托人,选择生产者或员工进行企业研发和生产活动。若从经济学角度来看,由于每一当事人都是具有有限理性的经济人,均有自身的个人效用最大化目标,因而,在企业契约关系的构建形成中,相互之间的利益摩擦冲突在所难免。这样再加上信息不对称和契约不完备等因素,委托人即不得不对代理人的机会主义行为后果承担相应风险。这就使对代理人行为约束激励机制的构建设立及其人格理性转化,成为现代企业深化研究中迫切需要妥善解决的重要课题。

在要素提供者中,作为人力资本提供者的员工,通过签订相应劳动投入回报契约后进入企业,参加团队联合生产。此时,如阿尔钦和德姆塞茨所指出,由于分解联合产出和准确度量每一成员贡献的困难,亦即试图通过精确完美计量每一员工的劳动成效,来使之难以获得相应的报酬,使得团队联合生产中的某些员工难免出于狭隘自利的个人理性而取向偷懒作假或"搭便车"行为。在这里尤其还应指出的是,因为人力资本所具有的"所有权限于体现它的人"[①] 这一特性,即人的健康、体力、经验、生产

---

① S. Rosen, 1985, "The Theory of Equalizing Differences", In *Handbook of Labor Economics*, ed. O. Ashenfelter and R. Layard, Amsterdam: North Holland.

知识、技能和其他精神存量的所有权，只能不可分割地属于其载体。所以，在违背市场自由交易法则的法权和其他制度安排，导致员工人力资本发生权益归属含混残缺的情况下，产权的所有者就有可能将自身相应的人力资产"关闭"起来，从而使这种资产在企业中似乎并不存在。因此，为有效维护和充分激发所有企业员工的积极性，就必须要促使现代管理探索研究的重心转移至如何引发调动员工自觉能动投身工作的"激励"之上，而不是单纯依赖计量、监督和处罚之下的"挤榨"。[1]

同样是人力资本提供者的经营者，在接受委托后所履行的是包含"计量、监督和激励"等在内的企业经营管理职能，这就使他在产权交易中处于中心签约人地位。由于现代科技迅猛发展和市场需求变化，致使企业营运充满了各种不确定性。这样，在事先签订的契约不可能明晰预测未来和确立相应职责的情况下，经营者积极应对各种可能出现险情困局的自觉能动性，即对企业的生存发展至关重要。然而，在现代企业"两权"相对分离，存在着委托人与代理人之间责任不对等、激励不相容和信息不对称等突出矛盾，尤其是代理契约难以完备，难以高额成本清晰度量代理人的实际能力、行为偏好和企业多投入联合产出成效的前提下，与所有者具有不同效用函数的经营者，往往会背离资本最大化增值的委托人预期，以尽可能少的自身投入和风险规避，谋求最大化的个人收益。一旦企业决策失误和破产，以注入企业的资本来抵偿债务和亏空的唯有企业所有者。特别是由于经营者主要是运用各种管理思维与方法进行非程序化的工作，这就使如何给予他们以足够激励或诱掖驱动的企业机制构建，亦即如何促使经营者在权益制衡鞭策和自身理性或思想观念的深切转化提升中，发自内心意愿地将自身未来"绑定"于企业长远发展的契约设计，成为从根本上涉及产权关系变革演进的我国国有企业管理体制创新，迫切需要解决的关键问题。

作为非人力资本提供者的企业财产所有者，同样是有着深刻经济学内涵的市场交易主体。由于非人力资本的相对稀缺和不可替代，使得身为企业物质资本产权主体的所有者，在与组成企业的其他各要素所有者签订契约的过程中拥有强势谈判力，并且因此而拥有或分享到相对大份额的

---

[1] 周其仁：《产权与制度变迁——中国改革的经验研究》，社会科学文献出版社2002年版，第81—93页。

"剩余索取权"或"剩余控制权"。相比于提供人力资本的企业经营者和生产者，企业财产所有者虽然并不直接从事企业经营和生产劳动，①却凭借企业产权的终极所有而获得丰厚投资回报。同时，以自己投入企业的资金份额承担企业经营风险。在这里，经营者的道德风险和机会主义倾向，使得同样拥有经济人行为范式的所有者，对于经理人的选聘监督和约束激励权能的行使，成为有效规避企业风险和不断提高营运成效的重要保障。即在现代企业"两权"分离和经营者权力不断增大的条件下，唯有不断强化和深化所有者对企业营运和经营者行为的各项监控权能，才能确保称职合格人才担负企业经营职能，促使经营者在恪守职责和勇于开拓创新的企业营运实践中，成为为企业和社会创造丰厚财富的企业家。然而，反思时至今日的我国国有企业管理体制改革，在实际上却恰恰与这种客观要求相悖。即在国有企业委托—代理关系的构建中，往往先决性地背离委托人所应具有的经济人理性本能，而以并没有强烈的营利动机，在本质上属公益组织的政府机构来行使国有企业营运监管职能。本应归属于所有国有企业员工共同占有的国有企业产权，在每一员工身上并未有所体现。所有国有企业员工仅是凭自己的劳动所得即工资吃饭，因而并无那种基于自身命运与国有企业未来休戚相关所抱有的，竭力谋求国资强势增值扩张的迫切意愿。这就使作为经济性组织的我国国有企业，从根本上失去了维护保障自身生存发展所不可或缺的理性经济人求利驱动。

当然，为在我国国有企业管理体制的改革创新中确切落实兑现每一员工在共同占有国有企业产权前提下的个人应有权益，亦要通过有效构建确立兼顾员工个人、国有企业集体、行业或地方局部及国家整体各方权益，既充分体现个人、集体和地方的相对独立自主从而激扬个人才智，又有力促进所有国有企业成员协同互利发展和聚合团队创新能量的制度安排，来促使国有企业求胜图强本能人格化兑现生发于每一员工，促使所有国有企业成员在个人与企业、企业与国家之间，对应选择"黄金原则"和突破西方私有制企业的"囚徒困境"，焕发出新型产权关系推动生产力飞跃发展活力。显然，这亦从根本上依赖包括经营者在内的，所有国有企业成员在传统私有制观念影响下的狭隘自利理性的转化，依赖对这种人的自利"本性"

---

① 所有者也可能因直接从事经营管理活动，而成为企业契约中的人力资本提供者。在此将两种身份相对独立考察分析。

的由来及其在一定历史条件下所具有的相对客观现实性的认知。

第三节 人的理性转化与我国国有企业员工所有者权益市场化兑现中的博弈分析

一 人的自利"本性"与社会两难困境

(一) 亚当·斯密对于人的自利本性判断的客观性及其历史局限

由亚当·斯密在《国富论》中所提出的"经济人理性"假定,不仅是其经济理论演绎的基本前提,也是经济学诞生和逐步走向成熟的理论基础。该假定从人的自然属性出发,认为人的本性是自利的,个人对自身利益的追求是其从事各种经济活动的根本动因。由于这样的人性判断基于社会经济生活现实,所以在客观上具有其合理性。人们在日常经济活动中所表现出来的种种行为特征和为此而设定的各种行为规范,恰好是对这一判断是否属正论的真切写照。然而,作为社会性存续的人类又不可避免地存在有与其自然属性对应关联的社会属性。因而对于人类行为动机的抽象,必须同时考虑不同社会群体和个人所处的不同社会环境,以及人与人之间的相互影响和相互作用。由此可见,如果仅仅出发于人的自然属性而得出其本性判断,势必要有其难以推卸摆脱的局限性。

当然,在这里若基于市场经济运行的既往经验,人之常情似乎又必然在于利己。因为只有着意谋求个人利益,才能满足自身生存和发展需要。正如亚当·斯密在《国富论》中所指出:"一个人可能怀有高尚的仁爱情怀,但不等于说他就愿意以低于市价的价格出卖其商品,或以高于市价的价格购买商品。我们有饭吃或有酒饮,不是因为面包师或酿酒师的仁爱,而是出于他们的自利打算。"[1] 阿马蒂亚·森则断言:"如果不是自利在我们的选择中起了决定性作用,正常的经济交易活动就会停止。"[2] 恩格斯亦说过:在激烈竞争的旋涡中,每个人都必然力图抓住良机进行买卖,每个人都必然会成为投机家,也就是说,都企图不劳而获、损人利己、乘人之危、乘机发财。[3] 显然,在一定历史阶段和传统观念的深刻影响下,这

---

[1] 亚当·斯密:《国富论》,商务印书馆1972年版。
[2] 阿马蒂亚·森:《伦理学与经济学》,商务印书馆2000年版。
[3] 《马克思恩格斯选集》第一卷,人民出版社1972年版。

种情形并非为资本主义社会所独有,而是市场经济这一以经济行为主体的自主独立为前提,以价值规律为内在动力,以竞争机制为外在杠杆的经济形态的必然或常态。①

 同样为人所知的是,在经济领域中唯有切合市场需求的高效产出,才能得到社会认可并转化为社会劳动,从而经商品交换来实现其价值。在各种市场交易中,如果所有参与人都以罔顾自身效用维护社会公平和公益等道德评价为处事准则,虽然并不能决然认定这将无助于社会整体利益,但其中已明显欠缺推动社会迅速发展的效率考量。因为当提升道德品格素养成为人们责无旁贷的选项,同时亦截然摒除了那种为着自身收益最大化而刻意求胜图强的自利取向时,凭借优胜劣汰价格机制来推动社会经济高效增长的市场体制,即从根本上失去了其社会资源优化配置机能。显然,唯有当事人抱有为自身受益的强烈意愿而着力利他的行为动机从事经济活动时,才会把满足他人需求和自身工作绩效的提升优先放置第一位。因为这样确切适应社会需求的产出成效的高低,将直接决定其经济活动的成败和商品价值的实现。在这样行为目标的确立中,即明显包含相应道德准则的严格履行。正如亚当·斯密所说,这些在主观上本是出于自利动机的经济行为,反而在客观上有效推动了社会共同利益的发展。正是这种高效率个体经济活动的不断集聚,促成了社会资源优化配置的高效率,带来了社会财富的高速迅猛增长,从而也使个人的自利行为获得了相应的伦理道德价值。

 以上斯密所说显然引人深思。然而,在这里如果进一步深入考察人的社会属性,其著述中有关"人的自利本性"判断,又难以避免地凸显出历史局限。其原因有三。

 其一,人的自利行为的道德价值在客观上必然有其限度。因为它一旦越出一定范围和界限,就会损害他人和社会利益,即由所谓的损人利己及至损人害己。这又恰如亚当·斯密在其花费了毕生精力不断修订,同时又是第一本出版的重要著作《道德情操论》中所说,"社会不可能存在于随时准备互相伤害的那些人之间,那种伤害开始之时,就是互相怨恨与憎恶发生之时,所有维系社会的绳子就会被拉扯得四分五裂,而组成社会的各

---

① 宋开芝、王凤:《论"经济人"的理性精神》,《山西高等学校社会科学学报》2002年第14卷第10期。

个不同成员，也将因为他们的情感不调和所产生的激烈倾轧与对抗，而被逼得四处散落飘零"。① 这样由损人利己行为所造成的互相诋毁损伤，不仅扯断了社会成员之间的道德联结，而且阻滞了人们之间最基本的经济往来，损耗了他人利益和社会整体原本应有的产能和财富。

其二，所谓人的自利本性并不具有绝对意义上的永恒性和普遍性。② 相反，在社会生活现实中的利他主义行为亦大量存在。这正是因为时至今日，既没有证据表明追求自身利益最大化是对于人类行为的确切、完整描摹写真，也没有证据表明追求自身利益最大化必然导致帕累托最优。恰恰相反，导致帕累托次优结果的事例倒是俯拾皆是。甚至有大量的经验实据表明，责任感、忠诚和友善这些偏离所谓自利行为的伦理思量，反而是取得个人和集体成就的极为重要因素。以至于提出"每个人的行为都仅仅是由利己心所激发"，此乃"经济学的第一法则"的F.Y.埃奇沃思，也承认自利原则并不是一个非常现实的东西。事实上对于自身利益的追求，仅只是人类诸多动机中最为重要的动机之一。其他如公正、慈爱和公益精神等品质，亦居于相当重要地位。因此，如果把追求私利以外的其他动机均排除在外，我们将无法全面深刻理解人的理性。亦即理性的人类所必然要虑及的自身利益与他人效用，以及社会整体发展之间不可分割的内在联系。因而马歇尔在早先就不得不指出："无疑地即使现在人们也能做出利人的贡献，比他们通常所做的大得多。经济学家的最高目标，就是要发现这种潜在的社会资产，如何才能更快地得到发展，如何才能最明智地加以利用。"③

其三，仅从个人出发或罔顾他人的狭隘自利，无益于人类社会存续和经济长足发展。这是因为，人类面对自然，唯有通过相互之间的竞争互励合作和交往互助互动，才能实现对于自然的征服和占有，才有可能满足个人的需要。或者说个人谋求自利的预期目标，总是通过一定社会形态下与他人的利益交换才得以实现。亦如马克思所说，任何利己主义都是在社会中靠社会来活动的。可见它是以社会为前提，即以共同的目标、共同的需

---

① 亚当·斯密：《道德情操论》（中英双语典藏本），谢宗林译，中央编译出版社2009年版，第82页。

② 胡乐明：《"理性经济人"：意阈与批判》，《山东财政学院学报》2002年第3期。在这里还需要特别说明的是，对于亚当·斯密有关"理性经济人"或"经济人理性"的假定，是否难以避免地存在有其历史局限性和片面性，以及他所说的"理性经济人"是否确切具有或已做到了充分理智，本书将在第五章第四节做进一步的深入探讨分析。

③ 马歇尔：《经济学原理》，商务印书馆1964年版。

要、共同的生产资料等为前提的。① 也就是说，包括经济行为在内的人类活动，并非人与人之间互不相干和全然不受人的主观意志影响的纯粹自然现象，其本质上只能是作为社会关系的产物，或社会性存续的人类相互交往联结共生的社会实践。人们只有在一定社会制度框架内遵从诸项规则，并且在所处文化环境的影响制约下形成相应社会关系，首先实现人类对自然的共同占有，才有个人对经济活动成果的占有和个人利益的实现。这就使他人利益、社会利益与个人利益具有直接的同一性。如果没有基于一定的竞争合作关系和对自然的共同占有，个人的利益也就无从谈起。当然，要最终有效构建形成人与人之间的有机协同联结，就有必要深入分析剖解由传统狭隘自利观念所造成的，难以逾越破除的经济社会发展困局，深刻揭示和明晰把握如何促使人们在新型产权关系确立和社会主义市场经济体制创建的交往博弈中，实现推动社会经济高效稳定发展的人的理性的自觉能动转化。

二　在重复动态博弈中促使人的理性转化

（一）人的狭隘自利导致经济社会发展陷入两难困境

对于人类行为的特征，若从其动机或意念角度来看是自利的，即人们对于自身利益的最大满足和无止境追求，将是其从事各项活动的深层动力。如果从另一方面进一步考察分析，即可看出人们在对自身行为方式和策略的选择上，即在认识分析各种经济现象或问题时，往往会将自身行为最终定位于在众多利益相互比较后的选择。作为研究策略性行为的有效工具，博弈论能够相对深切再现和描述人与人之间的交往关系。因此，我们将引入哈维·莱宾雷本斯坦（Harvey Leibenstein）用来论述企业与员工对应选择"黄金原则"的博弈模型（见表2－1）②，来对应考察人的狭隘自利"本性"，如何导致企业低效率的两难困境最终结果。

如表2－1所示，在模型中作为博弈参与者的企业与员工都有两种选择，即黄金原则和个人最大化。对于员工而言，选择黄金原则即所有员工都为企业的最佳效益而竭尽心力，关心企业就像预期中企业对自己的关照，努力为企业工作就像为自己付出。选择个人最大化即员工仅仅出于自身收益最大化企望，在工作中逃避责任，尽可能少地为企业劳作。对于企

---

① 《马克思恩格斯选集》第一卷，人民出版社1972年版，第139页。
② 哈维·莱宾斯坦：《看不见的手中的囚徒两难：对企业内劳动生产率的分析》，参见《企业的经济性质》，上海财经大学出版社2000年版，第334—338页。

表 2–1　　企业与员工对应选择"黄金原则"的博弈分析模型

企业＼员工	黄金原则	个人最大化
黄金原则	4，4	1，5
个人最大化	5，1	2，2

业而言，选择黄金原则，即为员工提供与企业"可持续"利润相一致的最好工作条件、薪水和劳动保障，尽可能周全地为员工着想。选择个人最大化，即以企业花费最少的工作条件和员工薪酬，使得企业成本最小化，并迫使员工全力投身工作。在两种方案中，员工有一个占优策略即个人最大化。如果企业按照黄金原则行事，员工会因追求个人最大化而获得5个单位收益。如果企业追求个人最大化，员工也会因选择个人最大化而获得2个单位收益，这显然大于其若选择黄金原则所仅能得到的1个单位收益。因此，在这样人的狭隘自利本性既定的情势下，做出追求个人收益最大化的趋利避害选择，无疑对员工最为有利。反之，对企业的策略选择来说亦然。这就使双方都因顾忌对方的狭隘自利，而在各自应对策略的选择中达到纳什均衡。然而，这样的均衡结果，对于企业和员工而言都并非最优，而仅仅只能是"帕累托次优"，即仅是一个双方都出于自身意愿，却相差于或远差于其他某种抉择的后果。以致造成企业与员工难以协和的契约终结，导致一次性交易之后的交往合作不再。相反，与这样抉择截然不同的最终结果是，假如每人都选择对个人来说可能是最坏的策略，即不选择占优策略，双方的最终长远收益反而比都做占优选择要好。当然，这又只有当企业与员工都设法使对方相信，自己必然会做出对个人来说并非理性的选择时，他们才有望获得最优收益。这就使不同方案孰优孰劣的考虑，对于双方无疑都是一种困难博弈，使得他们都难以挣脱逃避地身处于西方经济学研究中所常提及的"囚徒困境"。

在"囚徒困境"这一类博弈中所达到的纳什均衡，显然仅只是帕累托次优。因为理性经济人的狭隘自利行为势必导致集体的非理性，这就使罔顾他人地狭隘谋求一己私利，在客观上成为一种陷阱，绝不可能在企业中形成足以达到高群体效率的内生机制和动力。博弈双方要想获得富有效率的合作成果，或帕累托改进中的均衡态势，就必须通过一系列契约规章的深层变革再造，甚至像我国在"财产社会性质的改变"中生产资料社会主义公有制的构建确立，来有效规避和根除那种在传统观念深刻影响下个人不顾整体和无视最终结局，破坏相互间有机协同互利的纠葛纷争混乱无序。促使每一员工在不断演进发展的人类社会实践中，逐步深切领悟自身未来与他人命运，求取共赢互利与个人收益最大化之间的内在联系，从而引发传统狭隘自利经济人理性的深刻转换，确立亚当·斯密早在其《道德情操论》中就已指出的，在确保公平竞赛原则和决不损害他人利益中利己，亦即在由衷地关注社会公平、福祉和他人收益中实现自身收益最大化的"在有我中利他"观念。通过将社会经济发展的成果真正分流到大众手中，来避免和消除威胁社会稳定的风险。① 当然，这就需要我们对人类社会的人际交往博弈实践进行深入的理性探讨分析。

（二）无限重复动态博弈与无名氏定理

以理性经济人假定为理论基石的西方经济学，试图揭示个人追求自身利益与增进社会共同利益之间的内在机理，努力寻求促使个人利益最大化与整体利益最大化有机连接的共赢方案。然而，源于传统产权私有制度安排的人的狭隘自利"本性"，又必然导致组织机构乃至社会整体的两难困局。当然，以上所说的对应选择黄金原则博弈模型，所描述的仅是一次性的静态博弈，即各参与人一次性地同时进行策略决策，或决策时间虽有先后之分，但后决策的参与者并不知道前一参与人的行动方案。博弈所达到的均衡结果是帕累托次优。虽然还存在达到帕累托改进的其他策略组合及收益如对应选择黄金原则的可能性，却由于各种不确定性的存在和相应保障机制的匮乏，故不能作为博弈的均衡结果来实现。

在现实社会中，为世人所见的往往是在博弈参与人之间所进行的重复博弈并非一次性。而且，这样的重复博弈又具有特定的动态特征，即每一参与人均可观察到其他参与者过去的策略选择，并可利用这些与博弈历史有关的信息进行现期决策。这就使重复动态博弈模型，对于现实生活中的真实博弈行为具有更为贴切的解释力。基于无限重复博弈存在有多种纳什

---

① 亚当·斯密：《道德情操论》（中英双语典藏本），谢宗林译，中央编译出版社2009年版，第80—84页。

均衡状态已由无名氏定理①(the Folk Theorem)证明,即在无限次的重复动态博弈中,如果博弈参与人有足够的耐心($\delta\to 1$),他就可能会为长远收益的获得而做短期牺牲,从而选择能够实现帕累托改进的其他策略。这样,在所有参与人之间的权益制衡机制和相应规范章程的制约保障下,即可使所有参与人所偏好的帕累托最优结果,在重复博弈的均衡中得以实现。借此,将该定理基本形式表述如下:

令 G 为一个 n 人的阶段博弈,$G(\infty, \delta)$ 是以 G 为阶段博弈的无限次重复博弈。其中,δ 为贴现因子($0 \leq \delta \leq 1$),而 a^N 是 G 的一个纳什均衡,$e=(e_1, e_2, \cdots, e_n)$ 为 a^N 决定的支付向量。$v=(v_1, v_2, \cdots, v_n)$ 是一任意可行的支付向量,V 是可行支付向量集合。那么,对于任何满足 $v_i > e_i$ 的 $v \in V(\forall i)$,存在一个 $\delta^* < 1$,使得对于所有的 $\delta \geq \delta^*$,$v=(v_1, v_2, \cdots, v_n)$ 是一个特定的子博弈精炼纳什均衡结果。在此,v 是对 a^N 的帕累托改进。由 a^N 决定的支付向量 $e=(e_1, e_2, \cdots, e_n)$ 是达到任何精炼均衡结果 v 的惩罚点或纳什威胁点。参与人正是由于害怕触发阶段博弈的纳什均衡而受到报复,才有了选择其他合作策略的积极性,并促使所有博弈参与者摆脱静态一次性博弈的两难困境。

接下来,要说明的是博弈参与人是如何在无限重复动态博弈过程中由于拥有足够的耐心($\delta \to 1$),而实现静态博弈中非最优纳什均衡的帕累托改进,从而获得稳定均衡结果。对于这种稳定均衡达成所采用的行为策略组合来说,在这里需要证实的是,无论是在何时,被其中哪一博弈参与人的偏离行为所损害,都将使所有参与人难以得到相应收益或无利可图。

假设在完全且完美信息的无限重复动态博弈 $G(\infty, \delta)$ 中,每个参与人 i 从可行策略集 A_i 中选择策略 a_i。每一参与人的支付函数 u_i,由所有参与人的策略所决定,即 $u_i = u_i(a_1, a_2, \cdots, a_n)$,其中 $i=1, \cdots, n$。设该博弈有唯一的静态纳什均衡 $(a_1^N, a_2^N, \cdots, a_n^N)$,并把帕累托最优结果记为 $(a_1^*, a_2^*, \cdots, a_n^*)$。这样,当每个参与人均选择 a_i^* 策略,即该博弈达到最优均衡时,若现期为 $t=1$,则参与人 i 的贴现支付为(或收益):

---

① 参考张维迎《博弈论与信息经济学》,上海三联书店、上海人民出版社 2004 年版,第 218—220 页;王国成《企业治理结构与企业家选择》,高明译,平新乔校,经济管理出版社 2002 年版,第 149—151 页;[美] 约翰·麦克米伦《国际经济学中的博弈论》,北京大学出版社 2004 年版,第 19—24 页。

$$\sum_{t=1}^{\infty} \delta_i^{t-1} u_i(a_1^*, \cdots, a_n^*) = \frac{1}{1-\delta_i} u_i(a_1^*, \cdots, a_n^*) \tag{2.1}$$

如果参与人 i 在时期 1，为图谋自身现期收益的最大化而选择狭隘自利的行为取向，我们即把这种偏离行为的策略选择记为 a_i^P。把他在时期 2 的策略选择记为 $a_i(a_i \in A_i)$。由于这样的偏离行为损害了其他博弈参与人的利益，所以其他参与人在时期 2，即会采取纳什威胁点上的策略来严厉惩罚报复参与人 i 的偏离行为。在这种情况下参与人 i 的贴现支付为：

$$u_i(a_1^*, \cdots, a_i^P, \cdots, a_n^*) + \sum_{t=2}^{\infty} \delta_i^{t-1} u_i(a_1^N, \cdots, a_i, \cdots, a_n^N)$$

$$= u_i(a_1^*, \cdots, a_i^P, \cdots, a_n^*) + \frac{\delta_i}{1-\delta_i} u_i(a_1^N, \cdots, a_i, \cdots, a_n^N) \tag{2.2}$$

显然在这里，当且仅当满足式（2.1）≥式（2.2），即参与人 i 采用不偏离行动策略的支付大于采用偏离行动策略的支付时，亦即在其抱有足够耐心（$\delta \to 1$）使得个人收益增长情况下，才可形成促使参与人 i 不偏离帕累托最优解的激励约束。由此令：

$$\frac{1}{1-\delta_i} u_i(a_1^*, \cdots, a_n^*) \geq u_i(a_1^*, \cdots, a_i^P, \cdots, a_n^*) + \frac{\delta_i}{1-\delta_i} u_i(a_1^N, \cdots, a_i, \cdots, a_n^N)$$

解得：$$\delta_i \geq \frac{u_i(a_1^*, \cdots, a_i^P, \cdots, a_n^*) - u_i(a_1^*, \cdots, a_n^*)}{u_i(a_1^*, \cdots, a_i^P, \cdots, a_n^*) - u_i(a_1^N, \cdots, a_i, \cdots, a_n^N)} \tag{2.3}$$

（2.3）式表明，只要参与人 i 对未来的博弈收益有足够耐心，即 δ_i 大于等于一个临界点 δ^*（该式右端项），在他对短期收益和长期收益进行理性权衡后，就会确知自己短视的偏离行为根本无利可图。并且会明确看到随着他对未来的耐心不断增强（$\delta \to 1$），未来收益的贴现值相对于短期收益将会越来越大，而采用狭隘自利的偏离行为将会越来越显现出得不偿失。当然与之相对，由那种虑及他人利益和共赢互惠的理性预期，并且符合集体理性的行动策略决策而达成的帕累托最优结果，即能够作为博弈的稳定均衡得以维持。此外，当无限重复动态博弈存在多种帕累托改进的可能时，即不必要仅只关注和强调帕累托最优结果。因为，相对于低效率的纳什均衡状态而言，能够使所有参与人更加偏好，并能有效增进共同利益的行动策略组合，均有可能促成博弈结果收敛于帕累托改进的稳定均衡。

至此，又需要回顾如图 2-1 所示的博弈分析模型，探讨如何通过一定条件的满足，来促使企业与员工对应选择"黄金原则"。假定企业与员工之间的博弈是无限次重复进行,并且双方都能够获悉对方以往的行动策略决策,因而能够形成无限重复动态博弈。如果双方持续性选择"黄金原则",则企业的贴现收益为:

$$\sum_{t=1}^{\infty} \delta^{t-1} \times 4 = \frac{4}{1-\delta}$$

如果考察另一种情形,即假设企业执意选择"个人最大化"策略,而员工在时期$1(t=1)$时选择"黄金原则",在获悉企业的行动策略之后,从时期2开始便以同样选择"个人最大化"策略作为报复。这样,企业的贴现收益则为:

$$5 + \sum_{t=2}^{\infty} \delta^{t-1} \times 2 = 5 + \frac{2\delta}{1-\delta}$$

可见能够促使企业不偏离帕累托最优解,即黄金原则选择的激励约束应当为:

$$\frac{4}{1-\delta} \geq 5 + \frac{2\delta}{1-\delta}$$

解得:$\delta \geq \frac{1}{3}$

这就十分明确显示出,若要求得企业的贴现因子$\delta \geq \frac{1}{3}$,原本并非理性或理性欠缺的充分理性决策,唯独存在于持之以恒地选择黄金原则。任何狭隘自利和无视他人收益的偏离行为,都将自食其果。当然,这种情形也同样适用于员工。而且,任意$k(k=1,2,\cdots)$次发生的偏离行为,都可以用上述推理加以论证。这就有力地证实了在企业与员工的无限重复动态博弈中,唯有双方对于未来都有足够耐心,使得满足双方共同利益的黄金原则成为各自偏好的行动策略,才能摆脱静态一次性博弈的"囚徒"两难困境,最终使社会性存在的所有博弈参与者成为主宰把握自身命运和人类未来的"自由人"。

上述分析表明,在无限时序上重复进行的博弈活动,不仅存在对低效率纳什均衡实施帕累托改进的可能性,而且,亦可能从中获得帕累托最优均衡结果,从而使博弈参与人获得更大的个人收益和集体收效。也就是说,个人对于自身利益的合理追求,未必会导致帕累托次优结果和两难困境。当然,这样的"合理"追求或"合理"自利,在客观上要求每一博弈参与者个人利益的实现,必须要以他人收益和集体共同利益的实现为不可分割的互动互利整体。参与博弈的个人在进行策略决策时,需要理性权衡自己不同的行动策略及相应收益,以求自身获利最大化。与此同时,需要参与人更多考虑的是,个人理性行为是否符合集体理性,是否契合同样受到共同理念导向的其他参与人的理性预期。显然,在现实社会人与人之间的重复博弈中,这样的合理追求在客观上就为实现帕累托改进,甚至获得帕累托最优结果提供了诸多可能性。这种可能性的存在,又反过来为促使人的理性从狭隘利己向合理自利逐步深层转化,提供了具有突出实践价值的可行实现途径。

(三) 通过必要条件具备和相应机制构建来促使人的理性转化

因为无限重复动态博弈能够满足参与人的更大利益,所以为人的理性转化提供了可能性。然而,这种可能性的最终兑现,又必然要依赖一系列必要条件的具备和相应机制的构建确立。特别是由于上述论证,是以重复性博弈的无限延续为假设前提。在现实中如果并不具备各种必要条件,势必会导致与参与人预期相反的后果。为此,就有必要首先假定在人的狭隘自利理性尚未确切转化的前提下,将会有何种情况发生和结果出现。

在这里设 G^m 为有限动态博弈(m 为正整数),并且具有唯一静态纳什均衡。显然,由于第 m 次博弈已是最后一次,所以参与人 i ($i=1$,…, n) 都知道其他参与者将无法对自己的这次行为选择进行报复。因而,出于最后要大捞一把的狭隘自利理性或损人利己"本能",参与人 i 会选择静态纳什均衡策略 a_i^N。如此再倒推至第 $m-1$ 次,虽然博弈仍将继续,但是,由于下次参与人 i 的选择难以避免地将是 a_i^N,所以,对于第 $m-1$ 次而言,还是选择 a_i^N 更为合算。这就又必然会导致静态纳什均衡的结果。依此倒推至博弈起始的第 1 次,毋庸置疑地将会发生同样的情形。这就使重复动态博弈在人的传统狭隘自利观念并未确切改变的情况下,必然又要回到静态一次性博弈的结局。

由于现实生活中的博弈很难满足"无限次"这一条件,所以,在人们依然守候狭隘自利陈旧观念的前提下,很难促使重复动态博弈实现不同于静态一次性博弈的质的飞跃。为使上述仅是停留在理论意义上的论证最终付诸社会实践,一种必然的历史趋向无疑应当是通过深刻体现人与人之间相互关系变革的制度创新和新兴文化价值观念的确立,促使所有博弈参与人真正理智清醒地选择"合理自利"的行为取向,且永不停滞地持续到有限重复博弈的终止。当然,这绝不可能一蹴而就,有必要强调以下问题。

其一，在无限重复动态博弈中，参与人 i 的耐心即 δ 值的大小，对于实现激励约束条件和帕累托改进结果尤为关键。因为如果一次性低效率纳什均衡策略选择的收益，相对于帕累托改进均衡策略选择的收益要大得多，以致在 δ 值很小的情况下，短视的博弈参与人就会因选择低效率纳什均衡策略有利可图而损害他人利益。因此，从强化激励机制的角度而言，为促使 δ 值足够趋向于1，不仅要从相应制度的构建设置上严格保障个人长期收益和认可个人贡献，而且要在相应文化观念的转换确立中，通过强化博弈群体的共有理念来增强个人参与长期博弈的信心和相互信任。甚至为使 δ 值不低于临界值 δ^*，又需要通过一定的制度或机制构建来提高重复博弈的退出成本，以防止那种"大捞一把走人"的短期行为。

此外，博弈参与人 δ 值的提高，又在一定程度上放宽了博弈次数的约束条件。正如罗伯特·艾克斯罗德（Robert Axelrod）在其重要著作《合作的演进》中所指出，即使在有限次的重复博弈中，如果参与者拥有足够的 δ 值，那么对于所有当事人而言，就不存在独立于对方策略的最优策略。因为只要参与人对其实施"以牙还牙"策略，即有可能使该重复博弈获得帕累托改进，甚至帕累托最优的均衡结果。假设某重复博弈有"合作"与"不合作"两种策略选择，则多阶段的以牙还牙策略，即可表述为某参与人在第一阶段实行合作策略，此后选择对方在上阶段实施的策略。于是，假定对方在第三阶段没有合作，那么，他将在第四阶段即采取以牙还牙的策略不予其合作，以惩罚对方的不合作行为并确保自身利益。此时，随着继续博弈概率的增大和彼此间的互信机制启动或"共同知识"[①] 的博弈氛围形成，即有可能使博弈各方走出一次性博弈的困境而趋于合作。

其二，对狭隘自利行为的严厉惩罚，是博弈得以重复进行并获得共赢结果的关键。产生于无限重复动态博弈的自发惩罚行为虽然能够有效遏制狭隘自利倾向，但是这种自发性惩罚不仅使博弈受害者代价高昂，而且在狭隘自利人无利可图时，亦使其收益减少并使共同利益受损。因此，作为重复博弈的各种备选方案，参与人亦可采取退出策略来惩罚狭隘自利行为。然而在很多类型的博弈如物品交换中，惩罚性的退出策略或不与他人交易的后果，往往使市场大门关闭。[②] 这样的结果显然不利于市场的培育

---

① 博弈理论家所说的"共同知识"，是指所有博弈参与人都打算合作，而且每个人都知道他人和被他人知晓自己参与博弈的行为选择，此时大家拥有共同的合作意愿。

② 青木昌彦：《比较制度分析》，周黎安译，上海远东出版社2001年版，第65页。

或长足发展。而且，参与人在与同属于一个部门的他人交往博弈中，即使在上级或管理人员尚未知晓的情况下发现了他人的偏离行为，该参与人鉴于若惩处对方，自己亦将难以避免地付出高昂代价，故也难以对其实施惩罚。这是因为该参与人如果选择退出策略，将会损失自身工资报酬。如果向上级举报使对方受罚，又会因其并未被解雇而导致双方人际关系破裂。

由以上分析可明确看到，在重复动态博弈参与人 i 的耐心即 δ 值难以增进强化，亦即深受传统私有制观念熏染影响的人的狭隘自利倾向不可能自行随即消除，同时，对于狭隘自利人的自发性惩罚又难以有效实施，甚至会导致"两败俱伤"的情况下，为确保实现重复博弈的帕累托改进，促使博弈重复进行并获得共赢结果，其根本性的求解出路，理应是通过传统产权私有制向社会主义产权公有制的转化，亦即在我国社会主义市场经济体制的创建确立中，通过所有国有企业员工应有权益的市场化兑现，即新型产权关系在新形势下的深层演进发展，来促使企业与员工发自内心意愿地选择"黄金原则"，成为国有企业产权共有者或"自由人联合体"中所有成员不可动摇的意念行为取向。

三 深化我国国有企业管理体制改革中所有国有企业员工应有权益的市场化兑现

作为现代企业产权关系的产物，拥有相对独立经营处置企业财产权力的经理人，却并不相对应地承担企业财产风险，因为他并不是企业产权的终极所有者。一旦企业决策失误和破产，以注入企业的资本来抵偿债务和填补亏空的是企业出资人。因而，起源于西方产权私有的"两权"相对分离，原生性地存在着委托人与代理人之间的责任不对等、激励不相容和信息不对称等突出矛盾。在代理契约难以完备，尤其是企业的营运成效，在客观上依赖于经营者积极应对各种变幻情势困局的自觉能动性，而其实际投入又往往难以清晰度量的情况下，与所有者具有不同效用函数的经营者，往往会背离资本盈余最大化的委托人预期，"理性"地以尽可能少地自身投入花费和风险规避，失却应有职能责任恪守地"巧取"最大化个人收益。甚至像我国国有企业的某些经营者，以"非正式的私有化"捞取十足的限制性财富或灰色收入。因此在现代企业监管体制的确立中，如果没有与经营者权力相制衡的所有者，亦即从根本上代表资本增值意志或"资本活的灵魂"的人格化对象，就绝不可能造就称职的经营者和真正含义的企业家。

在立足自身国情，因而必然拥有我国特色的深化改革和体制创新中，为创建富有成效的现代公司治理结构，北京大学教授林毅夫等提出解决以上三大矛盾的切入点，首先在于克服委托—代理中的信息不对称难题。[①] 即以外在于企业的充分竞争市场体系的发育健全，以逐利求效的要素、资本或股金在地区和产业间的自由流动，以彰显自身实力的产品性价比和平等自主的经理人市场角逐，为客观评价经营者才识、企业绩效和未来利润流的现值提供充分信息指标，从而为企业内与配置风险并存的激励机制[②] 构建，为求取委托—代理中的激励相容和责任对等提供可靠依据和支撑。这样的明晰论断，不仅深入契合我国筹建完善市场体系的改革取向，而且使人联想到英国经济学家史蒂夫·马丁和戴维·帕克以及澳大利亚教授杰克·泰滕郎等人，在20世纪90年代发展起来的竞争理论或竞争激发、竞争信息完善论基础上所提出的超产权理论认为，越是激烈的市场竞争越能有效促使经营者投入，因而弱化对职业经理人"产权刺激"下的"强竞争"，应成为求解委托—代理矛盾和提高公司绩效的主要手段。

然而，我国深化改革所面临的突出问题，却首先或根本上在于国有企业所有者的人格化缺位。亦即在"两权"制衡的国有企业法人治理结构设立中，先决性地缺失出于自身命运和国有企业未来存亡与共的谋利求生本能，深切关注和严密督察企业经营成效的市场化主体。同时，从西方发达市场经济国家至今仍然难以解脱的"两权"分离深层矛盾，即企业多投入联合产出中，难以深入防范的代理人规避责任和道德风险来看，要根除这种由社会"人为"因素所致，而并非"天然"苟合难免的隐患，其出路明显在于变革传统产权私人占有，即在平等竞争的市场主体中，构建确立产权公有者权能真正落实到所有应有人的不同属性、特质的新生企业。因而，如何立足我国国情地遵从市场经济衍生运行的内在规律，在切实兑现每一国有企业员工应有权益的前提下，体现出所谓的产权公有并非"戏说"虚构，而是充溢着个性人气和求胜活力，融合集聚所有成员意愿能量的有机实体；如何为社会主义企业家产生和超越西方的企业家精神发掘升华，提供深厚的社会基础与体制保障，从而在这样酝酿生发于我国的

---

① 林毅夫执笔，北京大学中国经济研究工作中心"发展战略研究"课题组：《中国国有企业改革的回顾与展望》，《经济研究参考》2001年第89期。

② Holmstrom, B., Milgrom, P., Multitask Principal – Agent Analyses: Incentive Contracts, Asset Ownership, and Job Design [J]. *Journal of Law, Economics, and Organization*, 1991 (7).

产权归属深切变换中，凸显现代企业制度强劲的内生再造实力，已在客观上成为亟待深入探讨和势在必行的深化改革体制创新趋向。其必要性和应有的实践探索设想，可概要简述于以下几个方面。

其一，依靠自由竞争价格机制调配社会资源的西方市场经济，并非立足于空泛虚浮的所谓"组织"，甚至还难以明晰确认其公益或营利、行政或经济属性的机构，而是依赖确有排他性求利动机和实际行为能力的产权私有者或个体，基于亚当·斯密所揭示的"原本"自利的经济人理性和"看不见的价格之手"导向裁决，在竭力谋取自身利益最大化和稀缺资源优胜劣汰积聚中，客观有效地促进了社会共同利益的发展。以至于传统思维认定，确保市场经济存续延伸的自身本质属性，即利用市场价格自愿交换私有产权。现代经济学亦在深入剖析新古典厂商理论"黑箱"中，把深化研究的对象单位由抽象笼统的组织，恰当定位于构成组织或家庭的最小行动单元个体，把企业定义为个人与个人之间产权交易的契约组合，以各人改善自身境遇的自然努力或"自利打算"，来探讨揭示经济运行的起点、动因和遵循法则。

显然，对于并不可能简单跨越式超脱前人和以往，唯有立足现实地深入把握传统积蓄变革源流，或在因势利导、因地制宜的批判继承中求得自身发展的人文社会科学和我国深化改革体制创新，势必要在"重建个人所有制"或"财产社会性质的改变"，亦即在把资本变为属于社会全体成员的公共财产，并不是把个人财产变为社会财产①的转化中，促使我国经济结构中占主导地位的国有经济成为"自由人联合体"中每一国有企业员工个人财产权能的有机整合，而不是抽象空泛地被难以催生平等自主自由竞争的"国家所有"替代。通过国有企业生产者及经营者与生产资料的直接相结合，开创资本归属于劳动者或"兼祧"成为所有者的生产者与经营者，最大限度地发掘提升创造性劳动投入与资本运营产出高效益互动增长的新起点，排他性地显示出产权公有摒弃财产私有化分割，以及资本雇佣驱使他人劳动抑制生产力发展的优越性。通过明晰地确认国有企业员工在个人财产社会化组合中的应有份额，并且以此为前提地有效构建员工个人、国有企业、行业或地方局部与国家整体之间，既相对独立自主能动和激扬个性才智，又协同互利发展和聚合团队创新能量的权力制

---

① 《马克思恩格斯选集》第一卷，人民出版社1972年版，第265—273页。

衡。规范化严整行使所有国有企业员工深入地督察国有企业营运，以及与携手共担财产风险相关联的剩余索取权限，脱钩于纯然行政任命地市场化竞争选拔自身代表，选聘和组成由衷关注资本增值扩张成效和员工受益全面发展的各级国资营运监管机构及代理人，从而使国有企业产权公有制在新型市场体制的创建中，获得既将国资求胜图强本能人格化落实于每一国有企业员工的自发谋利求效行为，又制度化严密防范惩戒任何悖逆整体意愿和滥用职权谋私不良倾向的生命力。促使国有企业员工即所有国有资产共有者成员，在个人与企业及企业与国家之间，对应选择"黄金原则"和国有企业突破"囚徒困境"的竞争优势积聚中，逐步领悟自身未来与他人命运，求取共同富裕与个人收益最大化之间的内在联系，从而引发传统狭隘自利经济人理性的深刻转换，使我国体制创新亦如青木昌彦所说，成为共有理念分享下的内生互动自我维持系统。[①]

其二，就像经营者为求取优势资源高绩效搭配必须要竞聘筛选生产者，由于所有者对经营者的选任监察，必将连带性地从总体上决定企业成败，其财产归属或量化界定的"身价"也同样要经受无情市场机制的再判决，因而兼有双重身份的国有企业员工，作为国有企业产权共有者成员的各项权益，理应与其竞争上岗就业和获取劳动报酬的工作权，密切关联地实施各项职能履行成效考核较量中优胜者入围的市场化兑现。就像为谋取可显扬自身胆识才智和优异业绩成效的职位，历经磨炼和角逐博弈，担负经营者职责并拥有相应股权收益的职业经理人。与其有机相关地高层位培育提升国有企业员工的从业道德和技能素养，从而实现全员职业化规范上岗和严谨行使所有者权能，必将促使承受双重压力的国有企业员工，以其严格服从统筹调度和勤奋高效创新作业、能动参与决策管理和竭诚携手监察企业经营的群体意愿，有效鞭策推动经营者将自身成长和未来预期，深层融入忘我求取企业发展和决定我国改制成效的国资优势汇聚中。显然这样的产权关系变革，其中亦包括国有企业全员平等竞争任职企业各级领导岗位和国资监管部门的机制构建，势必为来自一线员工或深入基层实践，由衷代表"财产社会性质改变"中的劳动者权益与员工同甘苦，高度集中群体智慧，因而拥有超前改革创新魄力的社会主义企业家涌现，营造我国体制创新中所特有的人才辈出源流和强势内生机理。

---

① 青木昌彦：《比较制度分析》，周黎安译，上海远东出版社2001年版，第11页。

当然，市场化兑现国有企业员工应有权益的难点在于逐步深入的改制探索试验中，如何妥善把握既与强化民主参与监管不可分割，充分体现国有企业员工作为财产共有者的应有地位和权能，又能激发其严格履行自身职责，倾注全力求取国资增值，把激烈市场竞争中个人收益的增长，由衷寄托于协力共谋国有企业高效营运实践的剩余索取适宜份额权重，以及在团队协同劳动和所有者权能的履行中，员工不同投入产出绩效的动态考评，与区分变量回报的方式、程序设计。同时其难点亦有，在混合所有制成为我国基本经济制度重要实现形式的趋势下，如何使国有企业员工可依法携带不可私分的自身股权在国有企业之间，甚至使不同属性企业员工可依法在国有企业与民企之间自主自由流动，以实现市场经济体制下企业与员工的双向选择。尤其是这样的疑难求解，盘桓阻滞在诸多国有企业经营状况不佳甚至是国资流失严重的情况下。为此一些经营形势较好的国有企业早在20世纪末，即尝试性地将按国家规定提取的工资、福利基金有限节余，作为区别于员工认购和"只分红、不交易"的内部职工股逐级分配下发。同时为避免股权授予中的平均主义、短期行为和福利化，在约期从严全面考评的基础上持续推行股权拥有的"末位淘汰"制。这样的浅尝初试，明显在一定程度上提高了员工的产销积极性及对企业营运成效的关注。然而，相比于我国将要在借鉴西方的基础上超越西方，在突破传统局限中营造既往成规范式难以比拟的体制创新效应目标，势必要在持久不懈求索和勇于剖解深化改革"硬壳"的体制深层变异中，促使置身于产销、管理创新一线并易深入考察企业营运实情，亦即作为国有企业产权公有者整体在企业内的忠实"职业化营运监管代理团队"的国有企业员工，对于经营者行为全方位、多层面地深入监察与竭诚辅助，实现脱胎于产权私有的现代企业"两权"相对分离下的"两权"有机融合。同时在国有企业员工应有权益的市场化竞争兑现，并与经营者携手共担企业营运财产风险，尽其所能地化解消除委托—代理三大矛盾的基础上，促使酝酿萌发于我国和借助并区别于起源西方的"经理革命"，亦即在涉及"财产社会性质的改变"中使之注入新鲜血液和生命力的我国国有企业"员工革命"，成为推动社会生产力跃上继往开来新层面的"天时、地利、人和"要素，成为历史发展的本源动因。

其三，作为人类行为内在制约导向因素的精神理念，历史性地蕴蓄萌生于人类在能动改造客观中不断提升自我的群体实践。尤其是在当前着意运用价格机制或"货币投票"手段配置社会资源,人们迫于自身收益的保障和"适者生存"的市场竞争压力,难以规避地经受传统私有观念的熏染,极易陷入狭隘自利怪圈或"金钱拜物教"的条件下,要在兼顾效率与公平和弥补市场失灵的真诚协同共谋富裕中,推动社会财富最大限度地高效积累增长,我国基于"财产社会性质的改变",即以国有经济强盛壮大为支柱的社会主义市场经济体制创新实践,无疑将促使所有国有企业员工,即与生产资料直接有机结合,从根本上拥有需求型制度创新重建自主权的整合性劳动者团队,在求取社会发展的基本物质财富集聚中超脱单纯的物质欲求,在富有实际成效地开拓创建未来和充分展现自身潜能才智中,进一步走向人性自觉或理性观念升华,从而形成有效解决经济问题的"超经济因素"能量汇聚,形成在推动经济发展中具有重要指导作用的企业家精神超前蕴藉迸发的广袤丰厚人际沃土。[1]

第四节 基于制度与文化互动关联的我国国有企业现代企业制度和管理体制创新

依照现代经济学对于经济人理性的推断可明确看到,社会经济生活中的个人在既定的局限条件下,总是刻意求取自身效用的最大化。同时,源于传统产权私有制和人的狭隘自利"本性",使得欺诈、偷懒和"搭便车"等机会主义行为的发生在所难免。从而在人与人之间的社会交往博弈中导致低效率的纳什均衡,以致造成经济和社会发展陷入两难困境。为摆脱这种局面,在于从根本上更新变革企业产权归属,通过以产权公有制为主体的社会主义市场经济体制确立和国有企业管理体制的深化改革创新,来促使人的狭隘自利理性产生历史性的逆转变换。正如青木昌彦所说[2],制度是博弈重复进行的主要方式。所有博弈参与人不仅受制于制度,而且也同时受益于制度制约。亦即制度不仅在总体上以共担的方式,通过协调人们的处事理念来控制参与人的行为决策趋向,同时在信息不完

---

[1] 对于这种超越以往狭隘自利传统观念,忘我求取企业绩效和长远发展的强烈事业心,甚至说既根植萌生于广大员工,又成为广大员工创新精神理念的集中代表,因而在企业营运成败中具有决定性作用的企业家即企业家精神概念,本书第七章第一节将进行相对深入的探讨。

[2] 青木昌彦:《比较制度分析》,周黎安译,上海远东出版社2001年版,第11—18页。

全和信息不对称的情况下，亦可帮助参与人节约决策所需的信息加工成本。然而，作为博弈均衡概要表征的制度，从来都难以孤立地存在并发挥作用。任何制度的建立，都必然要依赖个人理性前提下的自利行为，并且只有依靠这种基于一定社会文化观念下的自利行为才能得以维持运行，成为存在于所有博弈参与人意识之中的共有信念的自我维系系统。由此，就有必要深入探讨分析制度与文化之间的密切关联互动关系，以为我国国有企业管理体制改革和制度创新成效的求取，奠定科学逻辑思维和有益实践探索根基。

一　对制度与文化区别的探讨

西方学者辛格曾指出，文化在社会结构中固化为"制度化和标准的行为和思维模式，从而使这些规范的形式，在社会成员趋于遵从的隐性或显性规则上被社会所认可"。[①] 按这样的论说来理解制度与文化间的关系，即可认为我们所理解的包括习俗、惯例、法律和其他各种行为规约在内的广义的社会制度，与文化基本上是同构的。因而要区别制度与文化的各自规定性，关键是要在一定意义或层面上把文化视为一种观念性的或意识形态上的存在。同时把各种社会制度，视为一种人类生活中的社会实体存在，并且从某种程度上来说是可以被观察到的。相应对于文化而言，则只能从各种可观察到的存在实体、社会活动和社会现象中被感悟，或从文字语言中被解读出来。也就是说，文化是不可由直眼察看而得知，而只能是通过对蕴涵在各种社会活动和现象中的起因缘由的思忖揣摩来领悟的。因而，文化是各种社会制度的内在灵魂和导向，而社会制度则是一定社会文化价值观体系的重要载体。亦即在人与人之间的社会博弈活动中所表现出来的秩序，以及从各种博弈秩序中固化下来，或由博弈参与人在博弈前和重复博弈中，所理性制定和构建设立的各种博弈规则，即构成了我们所理解的制度。相对应在社会活动或人类交往博弈中所积淀下来的知识经验，以及在社会博弈中所产生的共有理念和符号体系，即构成了与制度相区别的文化。[②]

当然，如果从两者发挥作用的不同方式来看，制度作为博弈重复进行的共有理念的自我维持系统，在达到博弈均衡之后，它所包含的各种博弈

[①] Singer, M., 1968, "Culture", International Encyclopedia of Social Sciences, Vol. 3, p. 532.
[②] 参见韦森《文化与制序》，上海人民出版社 2003 年版。

规则和博弈秩序,即以外在的、强制性或刚性的作用方式制约博弈参与人的重复博弈行为。在重复博弈中所凝聚的共有理念或分享同守的知识、意义和符号体系即文化,则以内在的、导向性或柔性的作用方式来引领和推动博弈参与人的重复博弈行为。再者,若从两者发挥作用的实际效果来看,在促使个人理性与集体理性趋于一致的过程中,由于制度机械、强硬地强调惩罚和制约,因而虽然能在一定程度或底线上,相对有效规约博弈参与人按照博弈规则和博弈秩序交往博弈以不致越轨,但在激发博弈参与人自愿能动的主体意识方面却显得力不从心。与之相对应,文化则把握根本和富有弹性地强调价值导向作用,强调对博弈参与人的内在激励或应有意向的启示引发。因而新兴或先进的文化价值观念,不仅能够有效促使博弈参与人自觉遵从博弈规则,而且能够在精神意识层面,极大地激发调动起所有参与人自觉能动忘我的通力协作意愿。

二 制度与文化的互动关联

从以上对制度与文化区别的探讨分析可看到,在两者之间不容忽略地存在着双向互动关联。因为在人类社会交往博弈中,正是随着博弈的重复进行,参与人通过严格遵从带有强制性的各种博弈规则即制度,才逐渐形成了为博弈群体所共享的,用来预期和理解他人行为的博弈策略选择依凭,成为所有博弈参与人的共有理念或共享知识的群体文化。因而带有强制性规章制度的确立与推行,确为深含于组织机构运行之中的相应文化观念或风气习俗形成和传承的前提与框架。相对应的在博弈过程中所形成的共有理念或共享知识,又反过来作用于博弈规则的制定、维护和博弈再次均衡的达成。这就使一定制度的构建、维持和优化、发展,又必然要依赖于它所从属的文化价值观念或内在先行价值取向的引领和推动。任何社会制度或规约章程若要从其本质上看,只能是一定文化价值追求的实现方式。

如果要进一步分析两者之间的互动关联,更要辩证统一地看问题。若从一方面看,文化对于人类行为的价值导向作用,确切地体现为博弈参与人在重复博弈中,对于自身和他人行为即其策略选择的正确与错误,或孰优孰劣、何为妥善的价值评判。然而,又正是在这样的社会交往博弈中,随着越来越多的人着意遵循博弈规则或制度安排采取某种策略选择,以至达到相对稳定的博弈均衡状态,才会逐渐通过有关博弈共享知识的集聚,深深地印在人们的脑海中,从而形成所有博弈参与人把握知悉和理解认同他人行为,即其博弈策略选择所依傍的共有理念或共享知识,形成属于某一博弈群体或一定社会制度下的特有文化。至此,又可明确看到在以上探讨分析中包含着这样的论断,即一定强制性制度的确立与推行,必然是相应时兴、新潮或优异群体文化观念传播形成的前提和框架。因为一旦制度安排或博弈均衡发生变化,博弈参与者的行为策略选择也必将随之发生改变。随着更多的人选择不同的行为策略,即会引起参与者实际策略选择的争相变换并超出临界规模,从而使社会博弈秩序变异和交往博弈规则改换,带来基于新型制度确立运行所形成的相应文化观念或社会风气习俗的深刻转化。

在社会生活现实中,随着各种新异制度的确立、维护和发展,人类亦在传承、积淀和反省、推进着如何具有丰厚收益地进行交往博弈的共有理念或共享知识。这些共有理念或共享知识即文化,则在意识形态或思想观念上引导推动着博弈参与人,与处于同一社会系统的其他人交往博弈。因而,在对制度与文化之间互动关联的分析中,若要明晰确认和深层把握具有根本性制约、主导或推动作用的因素,显然其中为博弈群体默会和共享的文化价值观念,能够在内核或根本上维系和确保博弈规则深入人心,并成为所有参与者的自觉行为取向,从而使制度安排得以有效实施推进和重复博弈呈现稳定均衡状态。制度安排这种相对持久的稳定性的拥有,即可保证它能够经受得住正常的环境变化。当然,在制度安排顺应时代发展趋势发生变化,或从一种社会博弈均衡过渡到另一种均衡状态时,又难以避免地会遭到已深层刻印在人们头脑中的守旧观念的反作用力影响,也正是由于文化观念或社会习俗对于制度安排变换的这种反向扼制作用,使得博弈再次均衡的达成和制度变迁具有明显的路径依赖特征。亦即在人为构建设置或采用某种新的制度安排时,必然要考虑博弈群体原有思想观念和文化传统习俗的制约,必然要遵从或经由人类历史演进的依然应有过程和内在衍生规律,既积极、深入,又稳妥、有效地促使在传统产权私有的深远影响下,似乎已成"终结和定局"的陈旧社会风气和人际交往固有模式的根本转换,才能使得新兴文化观念与制度安排变易最终趋于耦合。我国当前进行的具有中国特色社会主义市场经济和国有企业管理体制的创新变革,正是要通过自身久远历史延续中所形成的传统文化观念,其中亦包含人的狭隘自利行为取向的深刻转化,来为新生制度的繁衍发展奠定深厚坚实的社会根基。显然,为此即要立足制度与文化之间的密切关联互动,通过对制约东西方各国体制演变背后的不同文化传统的深入比较研究，借由当今世界不同国家地域文化的交会互融来取人之长和为我所用，明晰把握和确立我国新型社会制度创建延伸发展的应取路径和必然趋向。

三 我国国有企业现代企业制度和管理体制创新目标

为顺应我国经济体制创新变革的客观需要和深入汲取国外成功经验，创建形成既有我国特色，又与国际通行规则和惯例接轨的国有企业现代企业制度及其有效监督管理体制，势必要在制度与文化的有机关联互动中，构建确立适应我国社会主义基本经济制度和社会资源调节配置方式转换要求，包含有产权制度、分配制度、竞争制度、组织制度和管理制度等在内的国有企业现代企业制度创新再造体系。

（一）正确处理所有国有企业员工整体拥有和集体占有国资，即妥善处理国家、企业与个人之间权益关系的国有企业产权制度创新

由相关法律制度给予严格界定与保障的财产权益归属，之所以具有重要作用，是因为这种决定由谁来支配和运用资源的规则，是促使人们形成对自身经济行为的预期，并且依此来进行决策和调整、促进自身经济行为的内在缘由或动因。因而，唯有从根本上确立顺应社会生产力发展需要的合理、明晰的产权规约，才能有效激发调动人们自觉、能动的创造性工作意愿和潜能，这亦使我国国有企业现代企业制度的创新构建，必须要遵从由传统计划经济和西方以产权私有为主导的市场体制，向具有中国特色社会主义市场经济变革转换的应然制度逻辑，具有先决性地构建设置自身企业制度体系得以形成和发展的支柱或根基，亦即严格依照社会主义基本经济制度的要求，促使我国国有企业产权公有制得以明晰确立。当然，为使国有企业产权制度的构建设置，确切做到国家、企业与个人应有权益的"归属清晰"[①]，首先必须要深入解决的突出问题，即是要回归社会经济生活现实地促使国有企业产权所有者，最终得以人格化兑现到位。使得国资营运监管的各项职能和权益，明晰归属于确有排他性求利动机和实际行为能力的理性经济人，归属于如马克思所说的"重建个人所有制"中的"自由人联合体"，而并非抽象虚浮地归于国家，归属于难以确认为公益或营利属性的国家行政机构。通过国有企业员工即社会主义劳动者与生产

---

① 党的十六届三中全会曾明确提出，要"建立归属清晰、权责明确、保护严格、流转顺畅的现代企业制度"，这充分体现出现代企业制度的重要特征。

资料的直接相结合，最大限度地激发聚合起他们自主、能愿的创造性忘我劳动热情，排他性地显示出产权公有摒弃财产私有化分割和资本雇佣驱使他人劳动抑制生产力发展的优越性。显然，只有这样前提性地构建形成归属清晰的社会主义产权公有制，才能为所有国有企业员工发自内心意愿地选择谋求共同富裕的行为取向及其所蒙受熏染的传统狭隘自利思想观念的深刻转化，提供重要的体制保障和由新生社会制度确立所构建铺设的广远历史舞台。

还应指出的是，在我国国有企业产权制度的创建确立中，通过国有企业员工应有权益的落实兑现，亦即使其"兼祧"成为深入考察企业生产营运一线实情，并且在整体和根本利益上不可分割的国有企业生产者、经营者和所有者，将为有效防范规避某些狭隘自利的经理人敷衍塞责、营私舞弊和企业"内部人控制"现象，构建形成现代企业"两权"相对分离和经营者手中权力不断增大的情况下，所有者权能向企业内部的有效延伸、进抵和强化。亦即为我国国有企业成为"两权"既相对分离又高度统一和相互制衡的"双重产权"①实体，构架设立严格的体制规约和奠定行之有效的社会实践根基。

(二) 与产权制度创新密切关联的国有企业分配制度完善

在社会生活或经济实践中，人们企盼和追求的基本目标无疑在于既定条件下自身效用或利益的最大化。因而，在我国国有企业产权制度或新型产权关系的确立中，不可避免地要涉及与权力归属不可分割，亦即从根本上体现出权力确切拥有的利益分配问题。国外公司理论亦因此把能否获取企业经营剩余，看作是否真正拥有企业产权和对企业资本的"动态占有"。在我国国有企业现代企业制度的构建确立中，只有在明晰规制国家、企业和员工个人应有权力职能的同时，妥善确认和兑现他们在国资营运监管和企业盈余索取中的各自应有收益，才能真正体现出这种权力分配的意义，形成"两权"相互制衡和促使国有企业有效营运扩张的内在动力。只有在包括所有国有企业员工在内的国资所有者有偿出让产权，并且由此而承担资产营运风险的同时，明晰确认其应当享有的投资收益回报，即充分体现其对企业财产的最终拥有，从而以所有者手中的权力，严格监

---

① 不少发达市场经济国家在其公司法中严格认定，企业在其产权制度上是以"双重产权"方式而存在。亦即现代企业在客观上已成为严格体现出资人最终拥有和法人实际占有，"两权"既相对分离又高度统一前提下所形成的"双重产权"实体。

督驱使经营者把维护企业团队和国有企业整体利益作为自己不可推卸的责任，把履行国资保值增值的职责作为自身拥有相应权益的前提条件，① 才能促使我国国有企业现代企业制度的创建切实做到"权责明确"。

显然，只有这样与产权归属和责任承担密切关联的构建设置，包括每一国有企业员工个人应有收益在内的企业盈余分配格局，才能促使国有企业员工由衷关注国资命运，成为从根本上代表国资保值增值意志，或国有"资本活的灵魂"的人格化对象。从而在社会主义市场经济体制确立运行实践中，逐步积聚形成那种深入考察企业营运实际和关注国有企业长远发展的主人翁意识，在竭诚为国有企业未来和他人谋福利的过程中求取自身收益最大化的思想观念。

（三）与合理分配制度的形成不可分割的国有企业竞争制度重构

现代企业制度创建和公司理论研究中始终存在两大难题。一是人才特别是经营者筛选机制的确立，即通过何种方式或程序可把最有才能的人选拔到最需要才能的岗位上来。二是企业激励机制的营建，即运用什么手段来激发调动每一企业成员的工作积极性。显然，对于经营者的选择不能简单地采用考试的方式，考查选拔出那种只有通过未来工作才能充分显示的企业家天赋和才干。然而对于国有企业营运托付对象的选择，又从根本上决定企业经营的成败。同时，对于员工积极性的调动也同样难度极大。因为在协同劳动的团队生产中，一个人的实际贡献很难准确度量。这样在狭隘自利观念影响深远和机会主义倾向难以有效规避的情况下，使得企业中难免存在有严重影响团队士气和整体工作绩效的"搭便车"现象。尤其是这一问题的解决，并不能单纯依赖觉悟提高和脱离制度的创新变革，想见人们的思想观念会超然先行自我转换。这就必须要按照市场经济体制的要求，在我国国有企业分配制度的构建中引入竞争机制。使国有企业每一职位权益的获得，包括经营者的聘任，都要本着"面向社会、严格考核、平等竞争和公正选拔"的原则，通过对来自企业内外部所有竞聘者的工作绩效、资历素养和职业道德等严格公正和全面深入的考察，以公开化的竞争选拔程序，择优录用上岗任职人员。使所有国有企业成员不仅有上岗

---

① 在人与人有机相关的社会格局中，与权力赋予和利益分配相关联的责任落实，同样是一种相辅相成的整体化过程不可分割。恩格斯早说过："没有无义务的权力，也没有无权力的义务。"（参见恩格斯《对英国北方社会主义联盟纲领的修正》，《马克思恩格斯全集》第21卷，人民出版社1979年版，第570页。）

后获得相应收益的利益驱动，而且有潜在的下岗威胁，因而切实担当和严格履行自己的各项职责。不仅有凭借自身才干和敬业精神，通过平等竞争谋取更高职位和收益的路径机遇，而且有来自市场化评价筛选机制严格检验的"效率优先"和"按劳取酬"①分配制度的巨大压力，因而发奋努力投身工作和严谨厉行所有者权能。

  这样，不仅使我国国有企业现代企业制度创建能够顺应市场竞争，确切做到权益"归属清晰"和"权责明确"到位，而且由于作为"自由人联合体"成员的国有企业员工，理应依法享有携带自身在国有企业公有产权中的相应份额，自主转入其他国有企业的权益。同时，在混合所有制成为我国基本经济制度重要实现形式的条件下，亦应使不同属性的企业员工可依法在国有企业与民企之间自主自由流动。进而才可凭借这样的自主流转和自由流动，来深入推进和切实兑现如前文所述深化改革浅尝初试国有企业所构建实施的，对员工履职成效动态考评和应有股权授予中的"末位淘汰"制。②亦即在同为我国市场竞争主体和社会主义劳动者的不同应聘人，可通过平等、公正、公开的竞争性筛选和优胜者入围渠道，自由选择适于自身发展和经营成效显著的国有企业，国有企业亦将全面遴选思想品格优异和工作绩效突出员工的"双向选择"趋势下，必将促使我国国有企业管理体制改革创新，凸显出与劳动要素自由流动密切关联的、混合所有制条件下国资"流转顺畅"和放大国资功能的现代企业制度特质，即自身资源组合调配的特有优势。从而促使国有企业员工在我国新型市场经济体制创建完善的深远社会实践，以及不断深化的国有企业组织文化营建和教育与自我教育过程中，逐步深刻认识到求取共同富裕和自身物质、精神解放之间不可分割的内在联系，进而通过传统思想观念的深刻转换，开创引发我国体制创新变革推动生产力迅猛发展的历史新局面和巨大社会效应。

  （四）体现社会主义产权关系和保障各项企业制度效应发挥的国有企业组织制度创建

  显然，这样的现代企业组织制度创建，既要赋予经营者充分自主权，

---

  ① 这里说的"劳"，显然亦包含为企业资本相机投入和严密监察国有企业营运所体会的"心"劳智慧。

  ② 由于受传统计划经济体制和长久延续的既定成规影响，当年改革试验国有企业所"淘汰"的员工，仅只是"虚拟"下岗全数在本企业内受训待聘。

又要切实保障所有者权益，同时又能有效调动生产者的积极性，形成制约推动国有企业不断优化管理和创新变革技术的内在组织机能。特别是为确保我国国有企业现代企业制度创新的社会主义特色，势必要严格确立企业党组织和职代会在法人治理结构中的应有地位。为使国有企业法人治理结构规范化运作，在现代企业制度创建中确切做到"政企分开"，又必须严格遵循公司制企业设立的规范化程序和市场竞争法则，依法由股东大会推选真正懂得经营的人才做董事和董事长，由董事会面向社会公开招聘总经理，从而形成各自相对独立又相互有机制衡的国有企业组织结构。

鉴于目前我国国有企业普遍存在有新、老"三会"权能交错和机构重叠现象，为与国际惯例接轨，理应逐步实现其有机融合。这正是因为在我国改革开放中创建形成的既契合自身国情和传统，又适应国有企业管理体制变革要求的"经理行政指挥、党委保证监督、职工民主管理"的国有企业领导体制，不仅深刻体现了我国国有企业现代企业制度创新中员工在根本上拥有企业产权，职代会理应成为把握和监控国有企业营运大局的权力机构，而且亦深刻显现出国有企业党组织从根本上代表社会主义劳动者权益，在密切联系群众和深入企业产销一线，激发调动和组合汇聚员工群体智慧和团队协同创新能量的过程中，有效监督保障国有企业高效营运发展的不可或缺重要职能。显然，只有在国有企业营运实践中构建确立这样的法定组织机构和运作程序规范，才能使排他性的国有企业产权制度创建实现"保护严格"。

（五）最终凸显现代企业制度活力，推动企业不断优化经营和创新变革技术的国有企业管理制度演进

作为现代企业制度重要组成部分的管理制度，并非像某些学者和著作的解说，把它直接等同于现代管理方法和日常管理运作。所谓现代管理方法和企业市场营运，实际上是处在永不停息优化变革之中的动态概念。促使其不断演进提升的内在因素，正是现代企业管理制度的构建设立，亦即这种制度本身所具有的特殊效能或内在制约推动机理，包含企业战略、决策、信息、人才、技术、财务、分配、人事和文化等管理制度在内的企业管理制度体系，依然成为现代企业产权、分配、竞争和组织制度，在企业实际营运管理过程中的落实、细化或"动态实现"。它严格规定了企业科学决策的组织程序和法人治理结构如何在企业营运管理的实际过程中，遵循现代管理的科学规律和管理观念的更新演变，有序高效地行使权能和充

分发挥应有作用。鞭策激励所有企业成员积极应对形势发展和条件变化，富有创造性地开展本职工作。构建设置了有力促进企业整体优化经营和长远战略发展的处事准则与行为规范。正是因为这样的管理制度充分体现了现代企业产权规约实现"两权分离"和"经理革命"，实施专家经营和专家集团治理的优越性，因而蕴含着推动企业不断优化管理和着力创新技术的巨大潜在能量。当然，这样潜能的最终有效激发，亦从根本上依赖所有国有企业成员对于我国国有企业现代管理制度创新的全员参与，依赖在"员工革命"中拥有国有企业产权的社会主义劳动者，在不断提升自身觉悟和深刻转换传统观念过程中的自主能动创造。

第三章　东西方传统文化比较及制约我国体制创新的传统观念考察

第一节　东西方传统文化渊源及相互差异的比较研究

制度与文化之间的密切互动关联，尤其是文化对于制度运行变革的主导性制约推动告诉我们，只有从根本上促使国有企业员工思想观念深刻转换，才能使我国国有企业管理体制和现代企业制度创新，最终成为所有成员的自我维持系统。而且使我们知晓，唯有立足于历史演进和时代发展，在当今经济全球化和不同国家地区文化碰撞互融的过程中，深刻认知自身传统观念中的缺憾不足和内在特有优势，明晰把握和确立深层制约我国体制改革创新的应有文化价值观念，才能使新型体制的创建确立，焕发出其历史性演进变革中的巨大社会效应。当然，这又需要深入探讨导向东西方各国体制演变发展的不同传统文化差异，通过东西方文化渊源和各国体制文化变迁路径的深入比较研究，来取人之长和为我所用，从而聚合形成自身发展正确取向的价值理念根基。

一　基于不同地域、传统和环境变换影响制约的东西方文化差异

源于拉丁文"Cultura"的西方"文化"一词，其本来含义是指对自然和人类自身的双重开发与培植。从哲学意义上理解的文化，在本质上亦是指主体通过对象化所造就的物质与精神活动成果的总和。这样的活动和成果的求取，不仅深刻体现出人类在能动改造客观世界过程中不可屈服的意志信念和整体智慧与开拓创新能量，而且通过这样的实践，又使人冲决传统观念和既往思维模式的束缚，获得新的素质、能力和特征。因而在世界上只有人类才有文化过程，只是由于文化过程，才使人类得以实现对自

然和自身的双重超越，才使人有可能成其为人。所谓人的理性，从现实看只能是不断演变进化中的社会文化产物。文化在客观上成为人的必不可少的本质属性，人是文化过程的当然主体和中心。

然而，在以人为主体和中心的文化创新发展及人类自身素养才智不断提升的过程中，由于受生活地域、历史传统和不断演进变换环境的影响，因而不同民族、地域或国家，势必要积淀形成拥有各自特色或主导性行为倾向的文化观念传承。与同样有着悠久历史传统的希腊文明、两河文明和尼罗河文明等相比，作为自身地域文化融合的我国华夏文明，虽然不像他们可通过地中海或陆相毗邻进行频繁交流，在与其他文明的互动碰撞中形成自身文化成果。然而，由于我们身处遥远的东方，在与其他发达古代文明交流非常困难的地域局限下，同时亦避免了异己蛮族对于自身新兴农业民族的侵扰破坏和挑战欺压。在远离地中海战乱风暴中休养生息和独立成长，直到发展成为所有古代文明之中唯一没有中断过自身传统文明的泱泱大国。

面对自然天设的地理屏障阻隔，在难与其他发达古代文明交流和尤为欠缺外部文化营养的情况下，我国古代文明主要凭依华夏祖先的智慧而相对独立发展形成。这样，历时久远和相应自成体系的中华传统文化观念，以及与之密切关联的封建帝王一统天下制度的强势发展扩张，亦难以避免地对周边国家的存身延续产生了深刻影响。所谓的东方文化，即主要指以中国为发源地的中华文化。与之相对应的西方文化，主要是指起源于古希腊罗马，以希腊精神和基督教义为核心的文化，在地理空间分布上主要存在于西欧及北美各国。东西方文化之间的差异，可通过以下几方面进行概要比对。

其一，若从主客体关系论证上看，中华传统文化基于自身思想观念衍生成长的地域环境制约，主要是从人是自然界长期发展的应然产物，人是自然的一部分的立场来认识人与自然的关系。认为人与自然不可分离，在思维模式上表现为"天人合一"。强调人与自然息息相通、和谐相融，而不是着意提倡深刻认识自然的本质和内在客观规律。儒家创始人孔子甚至提出"生死有命，富贵在天"，道家亦认为："天地与我并生，万物与我为一。"尤其是董仲舒继承和发展了儒道的天人观念，提出"道之大原出于天，天不变，道亦不变"。显然，这样的"天人合一"思想，不仅强调人与自然的协调统一，而且包含有人的道德观念与自然理性的应然一致，亦即人的行为理应与自然运行相互协调，自然对于人类而言并不是难以认同的异己体。人对于客体的认知，不是将认识对象置于主体的对立面去观察分析，而是在主客体的交融共存之中体悟它的存在。

相对来讲，西方文化则是从人与自然相互对立的立场来看人与自然的关系，在思维模式上表现为"主客二分"。提倡认识自然界的本来面貌、内在本质和发展规律，以改造和征服自然。这种文化观念的形成，显然与古希腊人面对惊涛骇浪和神秘莫测的大海产生畏惧心理，进而基于强烈的生存欲望，激发出驾驭和征服自然的不屈意念，并且将自然界作为人类的对立面来深入探究其本质，以达到认知和掌握自然规律的久远阅历密切相关。哲学家古利安即曾说过，原始人类同时既细心观察着自然，又使自然蒙上神秘的色彩；既崇拜自然，又惧怕自然。古希腊哲学家在探讨哲学本体时，亦曾将具体的水、火、数、原子等作为自然本质，不懈探寻人与自然的本质区别。这样的深入理性逻辑推理和对事物的求真态度，无疑对西方科学精神的确立产生了深刻影响。

其二，若从影响制约人的思想认识和传统文化观念形成的社会结构上看，我国的农耕文明产生了以家庭为基础单位的社会组合，即决定了这样背景下的中国人的社会存在，首先依赖于以血缘关系为纽带的家庭和宗族。个人在这样的亲属集团中，享有在集团之外难以得到的安全和持久性地位。在集团内则可如受恩泽地满足自己的诸多社会需要，同时应履行各项义务，并以一种内外有别的方式去理解和处置集团内外的不同事物。基于这样的社会存在所形成的集体主义价值观，促使人们鼎力承担自身对于家庭、宗族乃至国家所不可推诿的责任。因为作为社会组合基础的家庭和宗族，最终必然要归属于其赖以存续的封建中央集权的一统天下。当然这样的群体认同，还深刻体现在要求每一社会成员必须严格服从家庭乃至社会群体的意志，并且遵照已然定位的等级名分来处理人际关系，而个人作为权利主体的独立人格和地位则无从言说。如孟子的"天下之本在国，国之本在家，家之本在身"之论，虽然也肯定了个人的重要性，但却没有言及个人权益，仅只强调个人对社会的应尽义务，即身之本最终以天下为归宿。先秦儒家所强调的"老吾老以及人之老，幼吾幼以及人之幼"，亦是把国家社会视为一个大家庭，把孝慈之类的家庭道德推而广之，用以处理个人与他人和社会间的关系，从而形成了家族伦理本位与社会政治伦理本位的统一。

与中国农业社会不同，西方世界早在古希腊时期就已形成了农业、手工业和商业并重的经济结构，商品经济和社会分工相对发达。以平等交换为基础的商业原则促进了希腊人个体意识的觉醒和成熟，由此孕育了西方以个体为本位的传统文化观念。当然，以个体为本位的文化精神，在着意强调个人应有权益的同时，亦凸显出其与我国传统观念大相径庭的功利主义。英国功利主义学家边沁即曾明确指出，在并不了解个人利益是什么的情况下奢谈社会利益是无益的。荷兰伦理学家斯宾诺莎亦认为，一个人越是努力并且越能够寻求他自己的利益或保持自己的存在时，便越有德行；反之便是软弱无能。因此，每个人均要竭力维护自身权利和尊严。而要保证个人利益的实现和不受他人的损害并不损害他人利益，又需要相应法律规章的制约保障。这就有力促进了西方传统文化中维护平等互利的自然契约的形成和法律意识的衍生发展。契约原则的确立，既满足了个体从集体中获取力量和自身归依的需要，又向个人提供了调控自身行为融入社会关系网络的依照和凭借，从而成为个体本位精神在社会群体中得以实现的可靠方式，成为西方法律体系构建和民主政体形成的基础。

其三，从宗教在文化中的地位上看，在中国"不是宗教胜似宗教"的儒家学说，亦即在华夏传统文化延续中，逐渐演变为占有重要支配地位的儒教及相应伦理教化观念，对于人们的思想行为具有深刻的渗透、指导和推动作用。当然这样传统的形成亦是基于华夏先民对于主客体关系的认识，及华夏传统文化的核心价值理念是围绕人的社会存在而确立，并不刻意追求宗教和对神灵的寄托，而是专注于人的社会关系和谐与人格道德品质的完善，因此较早摆脱了对于上天的畏惧和神灵的威慑统御，以礼乐教化为中心的道德伦理作为人们处世的精神依托。作为我国传统伦理的重要基础，儒家经典《大学》即提出了"心正而后身修，身修而后家齐，家齐而后国治，国治而后天下平"和"自天子以至庶人，皆以修身为本"的思想。孔子特别强调"为政以德"和"节用而爱人"的政治观念，这样的道德价值标准成为维系封建宗法社会人与人之间关系的重要思想支撑。

相对于中国的传统伦理文化，在西方占有重要地位的则是笃信神灵的宗教文化。这与在他们长远久居的地理环境中，海洋的惊涛骇浪带来生存忧患致使古代希腊人产生人与自然相对立的观念，从而引起他们对超自然神秘力量的畏惧和顶礼膜拜密切相关。据有关历史记载，希伯来人大约在公元前 18 世纪即创立了犹太教。到罗马帝国后期，犹太教逐渐引入希腊哲学的理性观念并糅合进古罗马的法律思想，从而逐步构筑起全新的宗教即基督教。认为统治宇宙万物的是至高无上的上帝，在上帝面前人人平等。借此便形成了自由、平等、博爱的民主价值观。基督教新教对于社会关系的阐释是，上帝在创造人类的同时即与人类签订了誓约，因而人应严谨恪守神的戒命，并且通过履行契约获得上帝的赐予。至此即产生了天赋人权的思想和契约观念。这样的神学意识，是西方社会多数人价值观和人生观的根基与支柱，其中亦包含了对上帝精神力量的膜拜及其惩罚的畏惧，对于灵魂有欲望的道德反省和自我约束。因而马克斯·韦伯认为，近代资本主义兴起的前提是西方神学伦理的存在，新教伦理极大地影响了资本主义社会中人们的价值观念和精神面貌。

以上从认识论的基本问题即主客体关系的论证、影响制约人的思想认识和传统文化观念形成的社会结构及宗教在文化中的地位等几方面，看到了东西方传统文化的突出不一。如果要进一步探讨传统文化对于我国国有企业管理体制和现代企业制度创新的深刻影响，即需要基于东西方传统文化的研究，通过深入比对两者优势与不足缺憾，来为有效推动我国体制变革和社会主义市场经济创建，妥善确立正确文化价值取向基点。

二 对东西方文化差异的深入探讨

如果要出发于制度与文化之间的密切关联来进一步探讨东西方传统文化的区别，从而为我国国有企业管理体制和现代企业制度创新确立正确的文化价值取向，可从以下几个方面进行对比。

首先，从东西方对认识论中的基本问题，即对主客体关系认识的截然不同或两相对应的论证上作进一步探讨分析，可以看到在我国传统文化和惯常性思维模式的形成中，虽然基于自身成长延续的地域环境影响，相对深刻认识到人与自然之间不可分割的内在联系，出于"天人合一"观念并没有把自然与人放在互不相融的对立面，却由于欠缺古希腊人面对惊涛骇浪和神秘莫测大海产生畏惧心理，所激发出的为驾驭和征服自然而深入探索求知其内在本质的强烈意向。因而忽略了大自然在抚育人类衍生成长的同时，同样存在着危及人类生存和并不以人的主观意志为转移的固有规律的深刻认识，从而形成了我国传统文化中强调和偏重社会与伦理的地域特色。形成了如杨振宁所说的，惯常从诸多社会与自然现象中概括出一般原理，立足于传统经典、圣人之言和已有"定论"来判断是非曲直，从而形成"依理处事"的归纳性思维模式和行为取向。并不像西方基于对自然与哲学的关注和依循,而热衷于演绎论证和逻辑推理,以确切明了在何时、何地对于何事,应当如何"以实效为准"地去妥善处置和解决问题。显然,这极不利于我国在农耕文化曾经极为发达繁荣的基础上大步迈向工业化社会,极不利于我们在已相对深入把握人与自然之间整体性密切关联的前提下,促使自身久远深厚的文化繁衍传承率先走向近现代科学,从而在深刻领悟自然运行和社会发展内在规律的过程中,明晰确立当前深化国有企业管理体制改革创新的正确路径取向。

英国科学史家人李约瑟花费了毕生精力,写了一部系统论述中国古代文明史的传世巨著《中国古代的科技与文明》。在书中他提出了一个被后人称为李约瑟之谜的问题,即西方17—18世纪产生工业革命的条件中国在14世纪就已经具备了,但为什么到20世纪初中国还没有发生工业革命?对于李约瑟所提出的问题,1993年诺贝尔经济学奖获得者道格拉斯·诺斯运用其与1991年诺贝尔经济学奖获得者科斯共同开创的制度经济学理论,给了令人耳目一新的解释。诺斯在他的《制度、制度变迁与经济绩效》等著作中明确指出,为决定人们之间的相互关系而人为设定诸多规约的制度,规制构造了人们在政治、社会或经济方面发生交换的激励与约束结构。正是这样的结构设置,促使或造成了社会经济的高效增长和与之相反的无效率,甚至说从最为基本的社会发展推动或抑制因素上看,造成了经济发达国家与相对贫穷落后的地域国度之间经济发展水平的令人惊异的巨大反差。诺斯的分析不仅使我们深刻认识到当前我国深入进行经济体制改革创新的必要性,而且使我们联想到类似于我国的一些历史悠久的国家或民族,之所以在经济发展水平相对滞后的情况下,那种严重制约社会经济增长的无效率制度,却仍然能够长期维系并难以产生应有的深刻变换,其根本原因正是在于,与制度创新发展或停滞密切关联的文化起着深层扼制阻碍作用。这就要求我们,不仅要在思想观念上深刻把握科学社会主义的基本原理和内在精髓,严谨恪守创建我国新型市场经济体制不可与之抗衡和悖逆的基本原则,而且又要立足自身特有的国情和实际,学会如马克思所说的"像实践那样思维"。在东西方文化有机融会贯通和凸显自身特色优势的基础上,着力探索求取传统思维模式和固有框架的深刻转换与突破。在切实求得我国经济社会高成效演进的过程中,验证和实现自身思想认识的新发展。

其次，从影响制约人的思想认识和传统文化观念形成的社会结构上，即从东西方人在各自绵延久长的社会性存在磋磨融会中形成的，各有自身取向和相互对应区分的社会角色定位上作深入比对，即可使人看到，为促使我国深入进行的国有企业管理体制改革，能够深层驱动经济社会的高效发展，要妥善汲取西方国家在其社会结构的形成与确立中，立足或出发于"以个体为本位"和强化平等互利法制构建的有益经验。在承继我国传统和深刻认知个人的存在从根本上依赖于集体与国家，因而个体对于组织和社会承担有不可推卸责任的同时，明晰确认和强调个人在集体与国家之中理应享有的权力、地位和各项应得收益。因为任何社会的发展，包括推动当前我国改革深化演进的原动力，归根结底在于人的主观能动性的充分发挥和人的自主全面发展。我国改革中的诸多构想方案是否能够达到预期目的或取得应有成效，在客观上取决于是否能够对社会性存在的人，进行相对深入全面的剖解认知，是否能够正确对待最终由其构成社会和组织的现实基本单元——个体。

马克思曾明确指出，任何人类历史的第一个前提是有生命的个人的存在。因而，与谋求社会发展不可分割地求取和维护个人利益不仅是客观必然的，而且也是正当合理的。这理应成为人类社会存续衍生的常理与定则。当然，作为并不可能离群索居的个体要确切满足自身需求，不仅要通过自己必要的劳动投入获取相应收益，而且在个人力量极为薄弱有限的情况下，又必须要与他人密切分工协作构成社会性劳动合力，以最终满足每一个体生存发展的各种物质精神需要。这就使社会性存在的人在追求个人利益的过程中，必然要产生如何正确对待他人和社会利益的基本问题。在这里，既不可离开最终构成人类社会整体的基本单元个人，去抽象言说所谓的团队绩效和共同利益，从而在根本上失却了人们创造性劳动的本源动力。又不可不顾他人需要和社会发展，去妄论一己私利的满足。每一个人唯有在竭诚满足他人需要的同时，才能使自身需求得到满足和保障。任何社会制度是否具有自身的强势发展生命力，即从根本上取决于对这样关系的正确处理。甚至如我国经济学家高尚全所说，一种社会制度能否得以延续，从根本上在于其确立推行是否关注民心、民生、民意。这样的"民"必然最终体现于个人。应该说，我国立足于产权公有制，强调"还人以应得利益"和求取共同富裕的社会主义市场经济体制的创建，为最终有效突破产权私有制条件下生产交换中的"囚徒困境"，提供了具有突出历史意义和实践价值的探索路径。

最后，基于宗教在文化中的地位作相对深入的东西方对应分析，即可看到在我国"不是宗教胜似宗教"的儒家学说深刻影响下，所形成的华夏先民并不刻意信奉宗教、神灵，而是专注于人的社会关系和谐与道德品质完善的思想意识，甚至像孔子那样特别强调"为政以德"的政治观念，明显有利于增强人们维护和履行既定规约的自律性。但是，若从制度与文化之间不可分割的密切互动关联关系上看，又可以发现，如果仅只是片面、单一地强调所谓"以德论政"或"以德治国"，势必忽略那些促进社会发展和国力强盛的新兴文化道德观念的衍生、汇聚和弘扬，又首先依赖于促使这样先进文化价值取向传承、习尚和生根于民的规章制度体系的确立、践行与完善。这样在传统陈旧伦理严重束缚人们思想行为的情况下，尤其需要凭借制度的创新变革来促使人的精神面貌发生深刻的历史性转换，以此推动经济社会向更高层次演进提升。然而，在我国延续数千年的封建宗法体制重压下，由"儒教"或封建伦理教化所刻意强调的"集体"、"整体"理念和所谓"大义"，反而驱使人们在失却了个人应有权益的前提下，被动茫然地承受封建帝王的盘剥重压，屈从于权位和"奉上"行为准则，严格遵循和恪守等级尊卑序列。所谓的注重人际关系和"亲和"，反而被狭隘图谋私利和"人情"所取代。诸多有助于社会发展和正常秩序维持的必要规章与构想的实施，往往要被错综复杂的人事关系所扭曲、羁绊和阻滞。

由此，联系到与我国传统相对应的在西方占有重要地位的宗教文化。亦即西方人先祖基于对超自然神秘力量的畏惧、膜拜，在自身久远历史延续中所形成的那种严守神的戒命，通过立身践约来获得上帝的恩典，并为信奉天赋人权和在上帝面前人人平等的法治契约观念，明显在一定视角或层面上对我们具有突出借鉴意义。深刻启示我们要着力于规章制度的深层变革优化，甚至为了体制转轨实际成效的求取，而勇于破除既往论说框架和陈旧规约俗套，在深入探索与把握自身环境条件的变化和社会发展必然趋势的过程中，持续推进制度体系或法制建设的完善再造与深化细化。基于制度与文化之间的密切互动关联，有效构建促使我国社会主义市场经济高效稳定发展的强劲内生机制。当然，这又尤其需要我们深入考察目前我国国有企业的改制实践，以确切明晰把握深刻影响制约国有企业管理体制创新变革的传统文化价值取向，亦即在客观现实中往往具有诸多维度或不同层面表征的既往习俗观念。

第二节 影响和制约我国国有企业管理体制创新变革的传统文化考察维度确立

一 国内外学者对于我国传统文化特征考察维度确立的相关著述

联合国教科文组织曾在人类社会即将迈向 21 世纪时，对以往近百年来世界各国不同语言中使用频率最高的词汇进行了综合统计调查排序。发现在各种领域或背景下被人们广泛运用和提及，甚至说以专题进行诸多关联性探讨研究的概念是"文化"一词。然而对于这样位居常用词语榜首，亦即在人类社会发展和久远历史言说中不可或缺的重要范畴用语，其深刻内涵到底应如何释义界定，至今仍然众说纷纭，难以形成统一认识。这就为深入考察分析影响我国国有企业管理体制创新变革的传统文化维度，留下了不易轻松解开的难题。因而，在这里有必要参考与借鉴国内外诸多学者的相关研究，即在相应维度的设置中，通过对具有重要意义的环节、视角或层面的深切领悟与把握，来确立较为妥帖的评析指标和有利于深入调研论证的"向量"。

台湾大学教授杨国枢从人与自身生存环境的相互关系出发，提出了中国人的心理行为具有社会取向特质的观点。同时亦指出这样的社会取向，在现实中又表现出不同的互动特征或内涵。在综合有关文献的基础上，他将国人的社会取向从四个层级，即从个体如何与团队融合、个体之间如何融合、如何与权威融合、如何与非特定他人融合四层次深入考察分析后指出，国人的传统文化心理具有家族取向、关系取向、权威取向，以及顾虑或顺从他人的他人取向四大特征。杨国枢通过深入研究指出，在华人之中普遍存在有"泛家族化倾向"。即将家族中的结构形态、交往规范和处事准则等，泛化带入那些非家族性团体或组织。我国传统的家族文化内涵，亦充分体现在华人企业组织与管理模式之中。其表现为：第一，华人企业的领导者，往往都会有意无意地形成家长式的权威，并且将这种权威建立在道德或伦理基础之上。第二，企业内强调家庭氛围，注重和谐和鼓励团队精神，从而形成企业中大家都是一家人的感念。第三，在企业内形成类似家庭伦理中的长幼辈分，并建立以私人感情为维系的特殊伦理关系。第四，依照关系的亲疏形成企业内的差序格局，进而导致以组织领导者为中心的内团体,从而使企业内的层级化尤为显著。第五,企业强调"以家为本"的经营理念与文化内涵,重视刻苦耐劳、务实勤俭和任劳任怨等价值观念及行为表现。①

暨南大学教授胡军等人在深入剖析影响华人企业管理模式形成的文化基础时,曾立足于对香港、台湾及大陆企业的调研考察,指出华人企业的管理模式明显不同于西方发达国家。因为深受自身传统家族文化的影响,华人企业的管理模式具有鲜明的中国传统价值取向和伦理规范。通过实证分析,他们得出了华人企业管理模式具有差序式治理、家长式领导、两权合一、依赖网络和子承父业五项独立因素的结论。同时指出,这样管理模式的形成在客观上正是依循或根植于我国传统的家族文化取向,与包含有家族取向、人情取向、中庸取向和恩威取向四个维度的家族文化取向,明显存在着相互关联关系。② 复旦大学教授张珲明亦在对我国国有企业改制实践的考察研究中指出,早期计划经济体制的集权管理模式,强化了我国传统文化中的"官本位"观念。同时,由于改革开放之后各种陈旧习俗的顽劣沿袭,使得经营者的意识、素养以及目前我国国有企业诸多管理方式的演进转换,在实际上并未充分适应现代公司制企业有效治理营运的客观要求。其中存在突出的问题:一是国有企业经营者至今仍然是由并非经济组织的上级行政机构任免。因而经营者从其内在行为动机上所关注的,往往是上级主管部门的评价,其主要精力亦放在与政府部门关系的协调之上。二是"唯上文化"和维系组织内部集中统一的"家族文化"的影响,使得国有企业中的公司事务通常由董事长一人定夺。董事长与总经理亦常由一人担任,外部董事很难起到相应监督作用。三是传统观念中法律意识的欠缺,使得国家所颁布的一系列有利于公司制企业法人治理的法规文本形同虚设。

我国学者华锦阳与何亚平认为,公司治理及其模式的选择总要依赖于特定的制度环境和文化观念。指出中国主导文化的特征,突出地体现于强调和谐平均、重视人情关系和讲究权威等级序列,从而形成我国国有企业

---

① 杨国枢:《中国人的心理与行为》,(台北)桂冠图书公司1998年版。
② 胡军、王霄、钟永平:《华人企业管理模式及其文化基础——以港、台及大陆为例实证研究的初步结果》,《管理世界》2002年第12期。

所特有的传统治理模式。① 肖永玲则较为系统地概括分析了与我国传统文化模式密切关联的公司治理模式特征，概要见表3-1。其中，她对于我国传统文化模式特征的描述涉及以下几个方面。其一是由于官本位文化的影响，形成了我国国有企业所特有的等级森严、秩序分明和强调个人权力至上的权力结构，进而表现出着意维持成员之间较大权力距离的行为倾向。其二是儒家文化所推崇的"群体至上"观念，亦深刻导向制约着公司的治理营运。其三是由于我国传统文化注重人治、德治和礼治，而相对轻忽法治，以致使企业的组建营运趋于较低的不确定性规避。其四是我国传统文化强调"以和为贵"和讲求和睦交往，从而使企业中的人际关系带有浓重的人情味。

表3-1　　我国传统文化模式特征与公司治理模式特征

传统文化模式特征	公司治理模式特征
维持大的权力距离	偏重固守内部控制，缺少外部董事监督，高管层权力较大
集体主义倾向	股东集中，流动性弱，注重除股东外的利益相关者间的关系
趋于弱不确定规避	规章制度不明确，监控不严对高层业绩要求较宽容，公司购买市场较弱，竞争不激烈

资料来源：根据肖永玲著述整理。

美国学者雷丁（Redding）在20世纪90年代曾指出②，中国人的家族企业有足够时间去开发新的管理模式。无论在大陆还是在海外，他们的企业曾与西方一样或比西方更早，盛行过各种复杂的组织形式，并且同西方一样早地受到过强大的市场影响。只要他们愿意，很早就可以学到现代管理技术。但为什么其组织制度始终保持了传统的家族企业形式？其中有三方面的原因。第一是防御性，它来自历史上两个因素的结合。一个因素是对财富的不安全感，因为其社会依赖中的财产权利难以得到可靠保障。另一个因素是对圈外人缺乏信任，这显然是由于滥用人治而不是强化法治所造成的公共道德建设严重滞后。第二是家长制，它的基础是儒教所提倡和

---

① 华锦阳、何亚平：《公司治理的文化因素剖析及其对国有企业改革的启示》，《自然辩证法研究》2001年第4期。

② Redding, S. G., *The Spirit of Chinese Capitalism*. New York: Walter de Gruyter, 1990.

久远延续的家庭主义和专制主义,这种传统产生了依赖和接受等级制度的社会规范。第三是"人情至上"的思想,它否定了管理中的客观性与公正性,以致使真正理性和职业性的行政管理制度难以实施。雷丁认为,以上三方面是所有华人社会共有的文化遗产,并据此得出华人企业"实质上是一种文化产物"的结论。日裔美籍学者福山,甚至说中国传统的家族文化对于华人企业是一种消极影响。由于中国的家族文化属于低信任文化,亦即信任只存在于血亲关系的范围之内,而超出血缘关系的信任程度将明显降低。这样再加上对于家族管理的偏爱,因而华人企业几乎注定不会成为持久存在的大型企业。

以上学者的研究,虽然有不少主要是针对并非国有企业的我国家族企业,然而这样的探讨分析却正利于通过对我国同属一体的社会传统大环境之下,不同经济成分或研究对象的综合考察,来深入把握这样深刻影响制约企业制度构建确立发展的共有文化背景,应当如何从相对恰当切位的视角、维度或层面,进行相对深入明晰地解剖释疑。特别是在我国国有企业所有者人格化缺位,即所有国有企业员工的应有权益尚未得到落实兑现,并未构建形成现代企业"两权"有机制衡的内生机理,国资营运处置权实际上掌握在并没有强烈求利欲望,相对却抱有仕途发展优势动机的董事长和经理人手中。作为非理性的"经济人",往往着意于应对自身任期内的上级检查而不是企业的长远发展和实力提升,同时仍然沿袭有计划经济体制中那种不负责任的家长式专断作风的情况下,与我国家族企业传承对应关联地深入探讨分析制约国有企业制度创新演进的传统文化观念,理应具有不容忽略的多层面考察比照,从而深刻明晰把握其内在蕴含积蓄的突出现实意义。

二 制约我国国有企业管理体制创新的传统文化考察维度确认

以上学者在对影响我国有企业组织和管理模式形成的传统文化剖析中,几近相同地突出强调了注重人情、较低信任、重德轻法、集体至上、依从权威和官本位意识等思想观念,因而,在对影响制约我国国有企业管理体制创新变革的久远习俗深入考察解析中,我们亦采用了既有利于深入国有企业改制实践,多方位设置不同问句以系统实施相关问卷调查研究,又能够相对显明体现出东西方传统文化之间的差异,亦即能相应突出代表我国传统文化重要特征的以下三大维度。

(一) 集体主义取向

这种考察分析维度的确立，正是基于我国久远的农耕文明使得人的社会性存在，客观上依赖以血缘关系为纽带的家庭和宗族。因而个人对于家庭、宗族和社会担负有不容推诿的责任。面对群族和一国之利，个人无疑要舍弃自我，同时要严格听从首领的统一调遣和恪守群体内长幼主从序列的传统思想观念。显然，这样基于农耕文明和主要局限于群体之内的集体主义倾向，只能是那种"内团体的集体主义"，而不是"普遍性的集体主义"。在客观上存在有漠视个人权益，因而是空泛、片面强调集体，甚至时常抱持不顾整体利益的狭隘求取群体私利的小集团主义倾向。例如，我国目前仍有某些据守行业垄断地位的国有企业，试图通过垄断价格的遂意提升来获取自身高额收益的不良倾向，即凸显出这样传统观念的深刻影响。我国著名的社会学家费孝通，亦曾在对东西方文化差异的对比分析中指出，若与西方相比，在我国人们确实会很自然地说自己是一个国家公民，而西方人却由衷地认为他们是一个国家的代表。[①] 这就突出体现了我国传统文化中集体主义取向的特有深层内在。在这里，对于我国传统文化中，集体主义取向特征考察评析各项指标的设置及概要描述，见表3-2。

表3-2 　　我国传统文化中集体主义取向表征考察评析指标

变量		指标描述
集体主义取向 (Collectivism Orientation)	CO_1	适从群体意向，个人有失偏颇
	CO_2	团队成效比个人权益更重要
	CO_3	组织未来是个人归宿，为整体应做自我牺牲
	CO_4	个人力量弱小，唯有依靠整体
	CO_5	个性强直常难以被群体接纳
	CO_6	发表个人意见应注意言辞场合，不能影响团结
	CO_7	与人相处要避免隔阂冲突，以和为贵
	CO_8	管理者大多数决策没必要再与下属商讨
	CO_9	只有讲求长幼主从有序，才能维持关系和谐

---

① 参见《瞭望东方周刊》2010年第40期，由周宁口述、米艾尼整理的相关著述。

(二) 人情取向

确立这样的考察分析维度，是因为与西方国家强调法理和注重人际交往中的利益权衡不同，在我国久远存在为维系社会秩序而形成的人与人之间所特有的情感关联网络。正如深刻体现了我国传统的儒家伦理所言，每个人都生存于各种社会关系之中，唯有在人际交往关系中秉持履行"以和为贵，礼尚往来"等人情法则，才能构建形成人与人和谐相处的社会秩序。在目前我国国有企业管理体制的创新变革中，对与这样传统行为价值取向关联状况的考察评析指标详见表3-3。

表3-3　我国传统文化中人情取向表征考察评析指标描述

变量		指标描述
人情取向 (Impression Orientation)	IO_1	承蒙他人关照，理当竭诚相报
	IO_2	处世尤为重要的是自身情面和名誉
	IO_3	荣誉称号比物质奖酬更使我自豪
	IO_4	对他人的态度，亦在于他如何对待我及以往印象
	IO_5	亲属或故交，往往比其他人更值得信任
	IO_6	做事成功与否，关键在是否善于言辞交往
	IO_7	大家会自觉遵守约定俗成的规范
	IO_8	处世要看是否合乎人情常理，然后顾及其他
	IO_9	过严执法常会损害不可割舍的情分与交往
	IO_{10}	讲求人情世故常比依赖法治收效更好

(三) 权威取向

显然，这是与其他传统行为价值取向密切关联，并且深刻体现了我国传统家族文化重要特征的思想观念。正如台湾大学教授郑伯壎等所说，在我国影响深远的"家长制"或"父权强调下位者服从的义务，赋予他们象征顺从的角色义务，并且依据一套角色关系限定其权力与服从的行为。此种个人化的父权制形式，是基于下述的信念：所有人都必须服从角色的要求，以维系整体的和谐"。[①] 以至于时下国人仍存在有很强的"级别情结"，无论是在工作场合还是在日常生活中，行政级别总是时不时地表现

---

① 郑伯壎、樊景立、周丽芳：《家长式领导：模式与证据》，(台北) 华泰文化事业公司2006年版。

出来。甚至说有某些高校和国有企业,亦常以自己是副部级大学或国有企业来提升和炫耀身价。关涉到我国国有企业管理体制的改革创新,对这样传统文化观念的各项考察评析指标详见表3-4。

表3-4 我国传统文化中权威取向表征考察评析指标

变量		指标描述
权威取向 (Authority Orientation)	AO_1	强有力的领导,往往比依赖法制更有效
	AO_2	理应尊重领导和长者,不得失礼
	AO_3	下属之见常有偏颇,当由领导决断
	AO_4	即使对上级指示不甚理解,也应遵照执行
	AO_5	应深入理解上级意图,免出差错
	AO_6	员工大多会严格遵照指令并按程序工作
	AO_7	既定操作规程,是有效工作的保证
	AO_8	作为一般成员,难免人微言轻
	AO_9	作为下属应顺服听从上级的安排调动
	AO_{10}	大家愿意发表个人意见和承担风险
	AO_{11}	处理与下属的关系,运用权威常不可少

第三节 与我国传统文化密切关联的国有企业管理体制创新成效考察及调查问卷设计

一 我国国有企业管理体制创新变革成效考察评析层面的设定

在我国社会主义市场经济创建中的国有企业管理体制,是指为国有企业整体性有效营运发展所设立的,一系列相互之间有着明晰权益职责划分定位的组织机构,以及为确保这样的相互不可分割的市场主体,按照现代公司制企业的国际通行惯例规范化运作,而设置的各项法律规章制度的总称。这就使我国国有企业管理体制的创新变革,不仅包含有为实现社会主义基本经济制度与市场经济体制的有机结合,而着力实施市场竞争和国有企业竞争制度创新,在市场化兑现所有国有企业员工应有权益的过程中实现国有企业所有者的人格化到位,在国有企业产权落实于有着强烈求利动机的理性"经济人"过程中实现政企分离。同时,也包含与这样集中体现为产权制度创新密切关联的国有企业组织结构和管理制度创建，即充分体现国有企业产权归属明晰并与国际通行惯例接轨的国有企业法人治理结构确立。因而，对于我国国有企业管理体制创新变革的实际成效，即对深受自身传统文化影响的国有企业改制进展实效的考察，可着重于以下几个层面。

（一）国有企业产权制度的创新变革

在我国社会主义市场经济体制的创建中，国有企业产权制度创新的提出应该说是一项重要突破，然而在改革中仍存在着一些突出问题。比如，作为现代公司制企业"两权"相对分离下的市场主体，国有企业仍然缺乏其应有的独立经营自主权。政企、政资之间的实质性分开，在实践中仍然是阻力重重。如国有企业重大发展项目的决策权，实际上并不掌握在企业手中，往往需要层层上报待批。某些政府部门仍然沿袭有计划经济体制下的统一指派故习，为着自身政绩的求取而干涉企业正常营运。以致使国有企业的经营发展目标，往往偏离了求取利润最大化的企业本能，甚至是不顾长远绩效地盲目追求规模扩张和短期成果上报。当然，这又缘于目前对国有企业董事会、经理层和监事会成员的任命仍然存在诸多背离市场法则的不规范。有相当一部分大中型国有企业的经营者并不是与国有企业发展和未来命运休戚与共的职业经理人，而是有着相应行政级别的"准官员"。

再如，不少国有企业的股权结构不合理。尽管早在2007年国资委和证监会即联合发布了《国有股东转让所持上市公司股份管理暂行办法》等三个文件，着力实施了既可达到保持国有经济控制力和维护证券市场稳定的目的，又利于解除延续多年的国有股减持困扰的"国有股减持新政"，然而至今国有股"一股独大"的问题仍然十分突出。这就难免造成由企业"内部人控制"所带来的诸多弊端，使改制国有企业很难有效构建形成富有生机活力的发展机制。当然，在这里亦存在有国资管理体制亟待深化改革的突出问题。如我国学者陈清泰和王鸿等所说，若从国资委的监管层次来看，尽管在说法上没有明确，但在实际上采取了"二层次"模式，即由国资委直接监管196家大型国有企业。由于在国资委和国有企业之间缺乏"隔离带"，就极有可能导致国资委对国有企业日常营运的直接干预，从而成为"婆婆加老板"。[①] 刘纪鹏亦指出，作为国务院隶属机

---

① 陈清泰：《进一步完善国有资产管理体制》，人民网，2005年4月4日。王鸿：《对国有资产管理框架安排的新思考》，《中国经济时报》2005年7月15日。

构的国资委,在行使国资营运监管职能时,虽然从组织程序上看确属单一领导而不是多头管理,但若从这样体制构建的依存点上作深入分析,即可明显看到这仅只是并无实质性改变的外在表象变化。仍难使国资委逃脱行政机构属性,从而使"政资"难以真正"分开"。在这样的国资监管体制下,对国有企业无论是"管得过死"或"预算软约束"都有可能,尤其是对那些国有股"一股独大"的国有企业。[①] 这就更加突出显现党的十八届三中全会所指出的,以混合所有制作为我国基本经济制度重要实现形式,及以管资本为主加强国资监管等重要举措确为我国深化改革的趋向。当然,在这里亦需要多层面设问地设计相关调查问卷,以对目前国有企业产权制度创新实效进行相对深入的考察测评。

(二)国有企业法人治理结构的创建确立

在我国深化经济体制改革中,改制国有企业所设立的法人治理结构,同样存在有尚未得到有效解决的突出问题。比如对国有企业营运,仍然欠缺深入有效的监督制约机制。特别是并未实现既有利于在国有企业党组织的有机组合调动之下,所有国有企业员工对企业决策营运的民主参与监管权能,以充分体现我国现代企业制度创新的自身特色,又能与国际通行惯例接轨,实现国有企业法人治理结构中新、老"三会"的有机融合。从相应职权的授予上看,董事、监事和经理亦时常来自同一单位。有不少公司的董事长兼任总经理,两套机构在人员上高度重叠,以致使他们之间的相互监督制约几近戏说虚构,很难体现出现代公司制企业"两权"相对分离下的相互有机制衡。再如,对于国有企业经营者行为的激励与约束机制,亦亟待完善与强化。在竞争性经理人市场尚未构建完备的情况下,对于国有企业经营者来说,并不存在自身职位将会被他人随即替代的威胁和压力。其权利的拥有仍然依赖政府任命,而不是凭依激烈市场竞争中的优胜劣汰法则裁决。这就使我国国有企业法人治理结构的建设,要确切符合现代公司制企业构建的应有规范,势必要从根本上强化推进作为国有企业所有者和理性"经济人"的所有国有企业员工,对企业营运的民主监管,严格实施法人治理结构的去行政化,这也需要我们深入进行国有企业法人治理结构设立运作实效的考察评析。

---

① 刘纪鹏:《对深化国有资产管理体制改革的建议》,《中国经济时报》2005年1月14日。

二 与我国传统文化密切关联的国有企业管理体制创新成效考察测评维度设置

基于以上分析和笔者实施的初试性调查问卷发放及相应实地访谈,我们设计了如表3-5所示的国有企业管理体制创新变革存在问题和实效考察测评指标。表中的政府与企业间的关系及股东之间的关系,涉及国有企业产权制度创新变革实效的考察。其中股东之间的关系,尤其是股东与经营者间的关系,关涉国有企业法人治理结构创建设立实效的考察。

表3-5 影响我国国有企业管理体制创新变革的存在问题及考察测评指标

权益主体关系	实际存在问题	考察测评指标
政府与企业关系	政企并未实质性分开 国有企业并无重大事项决策权 董事长和总经理由政府任命	行政干预程度 国有企业重大决策权拥有程度 企业人事任免权拥有程度
股东之间关系	一股独大 内部人控制	股权集中度 内部人控制程度
股东与经营者关系	监督制约机制失衡 无有效激励约束机制 法制不健全不规范	监督制约失衡程度 物质与精神激励方式选择 激励约束失效程度 法规履行实效

经过先行的实地访谈和问卷调研,在相对证实了目前国有企业管理体制创新变革中存在问题的基础上,我们最终选择了六项主要考察测量指标,并对这些考察评析指标进行了如表3-6所示的概要描述。

三 我国传统文化与国有企业管理体制创新成效相关联理论模型初设及调查问卷设计

基于本书已对文化与制度之间的密切关联互动关系及在东西方传统文化的比对探讨中,已对既能够深刻体现我国传统文化的自身特质,又有利于我们把握要点和通过深入的改制实践调研分析来证实这样的传统文化,确实深层制约影响我国国有企业管理体制创新变革,即已对我国传统文化和与之相关联的国有企业改制实效考察调研维度的妥善确立,进行了逐层深入的理性剖解分析。因而在这里,为着最终严谨实施正式的实地访谈、问卷调查和调研数据统计分析，以切实验证以上理论推断的成立，我们设置了如图 3-1 所示的我国传统文化与国有企业管理体制创新变革相关变量关系的初始模型。

表 3-6　　我国国有企业管理体制创新变革实效考察评析指标

国有企业变革指标		指标描述
行政干预程度	$XZGY_1$	企业对重大项目和年度预算等并无决策实权
	$XZGY_2$	仍沿袭计划经济体制下的统一指派
	$XZGY_3$	总经理和董事长仍由上级主管部门任免
	$XZGY_4$	监事会成员由上级主管任命
	$XZGY_5$	总经理报酬由上级主管部门裁决
股权集中度	GQ_1	公司股权结构明显有多元化发展趋势
	GQ_2	国有股所占比例远大于其他股东
内部人控制程度	NBR_1	董事长和总经理由一人兼任
	NBR_2	企业发展战略最终由董事长或总经理确定
	NBR_3	新、老"三会"之间的交叉任职程度很高
	NBR_4	公司党委与董事会及高管层之间的关系常难协调
监督制约失衡程度	$JDJZ_1$	监事会对董事、经营者和公司财务有很强监察力
	$JDJZ_2$	职代会往往形同虚设并未充分行使其应有权能
	$JDJZ_3$	董事会有不在公司内任职的外部董事
	$JDJZ_4$	外部董事确实起到了监督企业营运决策作用
激励约束失效程度	JL_1	公司对董事长、总经理和董事设有严格考评机制
	JL_2	企业高管薪酬与其绩效考评结果挂钩
	JL_3	为使经营者关注长远成效公司设有股权期权激励
法规履行实效	FL_1	股东会、董事会和监事会行为契合《公司章程》
	FL_2	公司严格落实《公司法》及其他法规条款

显然，尚未得到最终证实的初设模型，是基于以下假设：

其一，假定我国传统文化中的集体主义取向，与体现于诸多维度层面的国有企业管理体制创新变革成效存在有关联关系。这样假设的提出，是基于在我国传承已久的儒家文化，相对忽略个人地片面强调国家与群体的作用。认为个人的生存发展必须以群体的存续衍生为前提，因而应当讲求大公小我和抑制私欲，以致在很大程度上压抑了人的个性彰显创造力和自

```
我国传统文化 → 集体主义取向 → 国有企业管理体制创新变革成效 → 行政干预程度
                              股权集中度
              人情取向      →              内部人控制程度
                                           监督制约失衡程度
              权威取向      →              激励约束失效程度
                                           法制履行实效
```

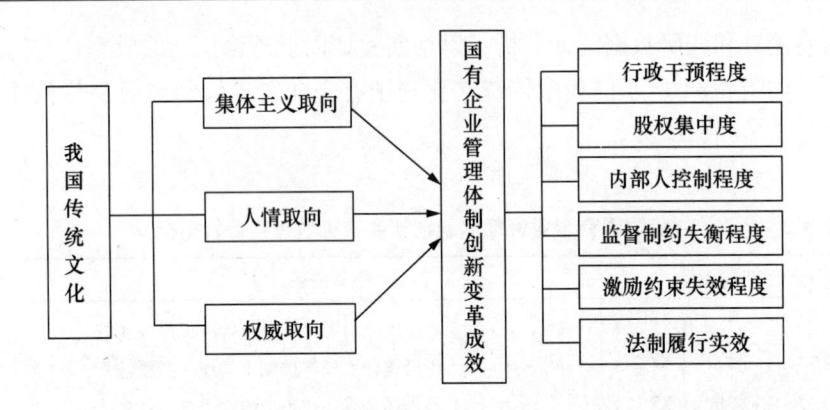

图 3-1 我国传统文化与国有企业管理体制创新变革成效关联初始模型

主发展能动性。使得改制国有企业在股权多元化演进中，时常忽视甚至是侵害小股东权益，致使其很难拥有对于国有企业改制，即对国有企业管理体制创新变革成效求取具有突出意义的参与积极性。同时为着显示政绩，某些政府部门亦时常干预国有企业正常营运，在行政上存在有对企业的"超强控制"。另外，既往的儒家说教过分强调以和为贵、力避冲突和失之偏颇的中庸之道，造成了改制国有企业缺乏作为自由竞争市场主体所应有的、彰显个性优势的竞争向上精神。在国有企业法人治理结构的设立运行中，亦常见那种通过人人有份儿的集体分摊职责，来逃避个人应当担负和承受的责任、风险及相应处置惩罚等不良倾向。在这里，立足或参考借鉴诸多学者的相关研究，做出以下假设：

H_1：集体主义取向与政府行政干预程度存在正相关关系

H_2：集体主义取向与股权集中度存在显著正相关关系

H_3：集体主义取向与内部人控制程度存在显著正相关关系

H_4：集体主义取向与监督制约失衡程度存在显著正相关关系

H_5：集体主义取向与激励制约失效程度存在显著正相关关系

H_6：集体主义取向与法制履行实效呈负相关关系

其二，假设我国传统文化中的人情取向，与表现在各方面的国有企业管理体制创新变革成效相互关联。由于我国处于传统儒教文化圈的中心，因而使社会资本天赋相对最低，属于低信任度文化，即人与人之间的相互信赖与合作时常局限于血缘关系和既往交结，人际关系往往更具有小集团主义色彩。社会生活中，时常存在由各种特殊关系编织而成的内外有别的

"圈子"。对于圈内之人可以较低的交易成本达成交易,若是那些原本没有特殊关系的新建组织和新近加入的人员,例如对于国有企业法人治理结构中那些来自不同背景的新进入者,甚至是那种新近筹建设立的组织机构来说,亦时常会因难以逾越的人际隔阂或屏障,致使交易成本相当昂贵。这样一些顽劣影响人们行为的陈旧习俗,应该说是改制国有企业在人事机构变动和人员选拔任命中任人唯亲,以及"内部人控制"现象难以从根本上杜绝的深层原因。当然在这里,也应该说这样的"人情至上"传统观念亦通过诸多羁绊,阻碍干扰各种政策法规的严格贯彻执行,深层制约着国有企业管理体制创新变革的实际成效。比如,已颁布多年的《企业法》和《破产法》之所以最终难以得到有效实施,致使《企业法》赋予国有企业的十四项自主权并未得到严格落实,某些已宣告破产的国有企业,实际上只不过是计划经济体制下变相的关停并转,正是有碍于这些企业原本属于国有,因而不能使之轻易倒闭,同时要从整体上服从国家统一调度的上级领导情面。值此,我们亦做出如下假设:

H_7:人情取向与行政干预程度存在正相关关系

H_8:人情取向与股权集中度存在显著正相关关系

H_9:人情取向与内部人控制程度存在显著正相关关系

H_{10}:人情取向与监督制约失衡程度存在显著正相关关系

H_{11}:人情取向与激励约束失效程度存在显著正相关关系

H_{12}:人情取向与法制履行实效呈负相关关系

其三,假定我国传统文化中的权威取向与有诸多表现的国有企业管理体制创新变革成效相互关联。这亦是基于我国传统中以孔孟学说为主的儒家思想,着力推崇维系封建专制统治下,从而使诸多社会问题的求解,主要依赖人伦关系的调理而并非法制规约,以致使深受这样观念影响的人们,相对服从于并非法治的人治权威。如果从客观上作相应深入的考察分析,即可看到在目前我国国有企业管理体制的创新变革中,亦存在有这样的陈旧观念,深层制约影响其改制成效求取的突出问题。比如,由于目前国有企业仍有相当一部分经营者的考核任命和晋升,主要取决于上级主管部门,这就使受命者的主要精力不可避免地要由关注企业长远发展,转向着力应对上级主管为显扬其一时政绩的考察评价。在力求与政府有关部门关系的协调融通之中,体现出对上级拥有权力的听命依从。由于国有企业经营者与行政官员身份的难相区分和唯上观念的根深蒂固,使得董事会的民主决策机制很难发挥应有作用。因此，我们亦初定以下假设成立：

H_{13}：权威取向与政府行政干预程度存在显著正相关关系

H_{14}：权威取向与股权集中度存在正相关关系

H_{15}：权威取向与内部人控制程度存在显著正相关关系

H_{16}：权威取向与监督制约失衡程度存在显著正相关关系

H_{17}：权威取向与激励约束失效程度存在显著正相关关系

H_{18}：权威取向与法制履行实效呈负相关关系

根据初始模型的设立和相关假设的提出，为尽可能深入考察调研深层受制于我国传统文化影响的国有企业管理体制创新变革成效，即最终证实以上假设成立，我们进行了相关调查问卷的构建设计。由于目前国内外涉及该课题的相关研究较少，有所关涉者也主要偏重于定性分析。已有的一些实证研究，亦是着重于东方文化与华人企业管理模式之间的关联探讨，明显与本课题研究存在有较大差异。因此在这里，我们着力通过对其他相关研究的各种间接性参考借鉴，尤其是立足于对我国传统文化的相对深入考察分析，并且经过信度、效度检验的问卷调研，同时亦在本课题已进行了初步测试和邀请相关专家学者论证分析的基础上，设计了包括以下三部分内容的调查问卷。第一部分是被调查国有企业的基本情况，即改制时间、所属行业、股权结构和改制前后经营绩效概况等，共 8 项可简单作答的问题。第二部分是对难免要深层制约影响人们惯常行为的我国传统文化观念考察。其中的各项设问如表 3-2、表 3-3 和表 3-4 所示，即那些对我国传统文化中集体主义取向、人情取向和权威取向考察评析指标的描述。当然，最终的调查问卷已基于初试性调研的检验，将以上三表中的 30 项考察评析指标简化为 22 项设问。① 第三部分是对目前国有企业改制实效调查。其中设有如表 3-6 所示，由国有企业管理体制创新变革实效考察评析指标描述转化而来的 20 项设问。同时问卷全部使用结构化问题，采用在实证调研分析中时常见的 7 点量表。

---

① 即最终的调查问卷，将去除如表 3-2 所示各项考察评析指标中的 "CO_5 个性强直常难以被群体接纳" 和 "CO_8 管理者大多决策没必要再与下属商讨"，表 3-3 中的 "IO_3 荣誉称号比物质奖酬更使我自豪"、"IO_7 大家会自觉遵守约定俗成的规范" 及 "IO_9 过严执法常会损害不可割舍的情分与交往"，表 3-4 中的 "AO_5 应深入理解上级意图，免出差错"、"AO_7 既定操作规程，是有效工作的保证" 及 "AO_{11} 处理与下属的关系，运用权威常不可少" 8 项调研设问。

第四节 基于调研数据分析的我国传统文化与国有企业管理体制创新成效关联求证

一 对于问卷调查分析的相关说明

由于笔者调研受到人力资源等限制,所以,样本集中选择了在我国国有企业改制,即在国有企业管理体制创新中具有一定代表意义的上海、浙江、江苏及河南等省市,包括宝钢和杭钢等在内的数十家国有大中型企业。被调查对象主要选择了较深了解国有企业改革创新的中上层经营管理人员。正式调研中所发放的问卷共400份,收回204份。在剔除其中的无效问卷之后得到合格问卷168份,合格问卷回收率为42%。从如表3-7所示的调查样本结构的统计分析来看,合格问卷的样本基本符合预计调查要求。通过对被调查国有企业基本情况中的股权结构、股东性质和董事会构成等统计分析,得到如表3-8所示的数据。

表3-7　　　　　　　　样本结构一览

企业所属行业	频数	频率（%）	累计频率（%）
钢铁	47	27.97	27.97
纺织	20	11.9	39.87
药业	16	9.52	49.39
化学石油化工	33	19.64	69.03
建筑	16	9.52	78.55
造船	1	0.59	79.14
通信	14	8.33	87.47
酒业	13	7.74	95.21
贸易	2	1.19	96.4
电子电器	5	2.98	99.38
纸业	0	0.59	99.38
其他	0	0	100

由表3-8可知国有企业股权相对比较集中,国有股作为第一大股

东的持股比例,远高于其他股东。虽然国有企业股权改革取得了一定成绩,但其股权结构仍然呈现"一股独大"特征。同时董事会成员中的外聘董事为数尚少,所占比例不高,因而很难起到对国有企业营运的有效监督制约作用。

表3-8　　　　　　国有企业内部治理的描述性统计分析

类别	均值	标准差	样本数量
股权结构:第一大股东持股比例	0.5334	1.2314	168
第二大股东持股比例	0.2642	1.1856	168
职工持股比例	0.0035	0.9389	168
董事长总经理持股比例	0.0128	0.7154	168
其他高管持股比例	0.0000	0.0000	168
第一大股东:国有企业	1	0	168
民营企业	0	0	168
个人	0	0	168
混合股股份制公司	0	0	168
外聘董事人数占董事会总人数比例	0.4159	0.1346	168

还需说明的是,为确保所设计问卷测量结果的准确可靠和有效,同时考虑到实施二次调研问卷回收的难度及样本数量并非较多,我们选择了对问卷各题项进行信度与效度分析。其中的信度分析,选择了 Cronbach α 信度进行测量。确立的筛选题项标准,为 Cronbach α 信度最好在 0.7 以上,最低为 0.6。并且辅助以 CITC 值,以其大于 0.5 为标准。若题项的总相关值偏低或呈负值,则考虑删除。另外在检验提升 Cronbach α 值的部分,若删除该题项有助于明显提升 Cronbach α 值,即考虑删除该题项。在分析中亦利用 SPSS13.0 软件对样本各模块分别进行 Cronbach α 测试。结果表明,问卷各题项的 CITC 及 Cronbach α 均符合检验要求。因而,有关国有企业管理体制创新成效考察调研的各题项设置通过信度检验。

在调研分析中,为深入了解测量工具是否确切反映了被考察对象的内部结构,尤其应关注建构效度这一重要效度指标的核算实况,因而亦应用了因子分析法。同时考虑到多个变量之间可能存在相关性,为避免分析过程中存在共线性问题,采用了所谓"降维"的方法。即通过假想的少数几个变量来表示原来变量的主要信息,从而求得量表基本结构和数据的简化。当然在进行具体分析时,必须要对数据进行 KMO 样本测试和 Bartlett 球体检验。并且基于这样的判断标准,即 KMO 值越接近于 1,表明数据越适合做因子分析。在 0.90 以上为极适合,在 0.80—0.90 为适合,在 0.70—0.80 为尚可。应用 SPSS13.0 将样本数据导入,进行 KMO 及 Bartlett 球体检验,显示 KMO = 0.780,同时巴特莱特球度检验具有高度显著性,说明量表资料比较适合做因子分析。在对国有企业管理体制创新变革成效量表的因子分析中,经过旋转得到的六个因子解释了总变异的 89.507%。由此可见,该问卷的各项因子基本反映所需调查的内容。

二 对我国传统文化与国有企业管理体制创新成效之间相关性分析及回归分析

基于以上对问卷设置科学性的证实,在这里依据有效调查数据,运用相关性分析及回归分析方法,对我国传统文化与国有企业管理体制创新变革成效之间是否存在和存在何种程度的关联,进行相应定量论证。

(一) 相关性分析

为验证设想搭建的初始模型各变量之间,即我国传统文化与国有企业管理体制创新变革成效之间的相互关系,本书采用了 Pearson 相关分析方法,得到了如表 3 - 9 所示的相关分析结果。由该表可以看到,我国传统文化与国有企业改制成效在 0.01 的水平上呈现总体上的显著正相关,其中的人情取向、权威取向与法制履行实效在 0.01 的水平上显著负相关。这样相对简单的相关性分析,从侧面部分检验了所做出的 H_1 到 H_{18} 假设。

表 3 - 9 相关性分析

	集体取向	人情取向	权威取向
行政干预程度	0.334**	0.023	0.278**
股权集中度	0.438**	0.027	0.417**
内部人控制程度	0.049	0.362**	0.378**
监督制约失衡程度	0.261**	0.093	0.256**
激励约束失效程度	0.324**	0.154**	0.058
法制履行实效	0.069	-0.115**	-0.205**

注:表中"*"表示在 0.05 的水平上显著,"**"表示在 0.01 的水平上显著。

(二) 回归分析

在以上相关性分析之后,显然需要通过相应的回归分析来进一步指出相互关联的实际方向,并进一步说明变量之间是否真正存在因果关系。由于以上相关分析已表明初始模型中的各因素之间大多存在显著的相关关系,因而在以下研究分析中即采用多元逐步回归分析,以对初始模型中各因素之间的关系,亦即对用于分析这些考察研究对象的变量之间的因果关系进行验证。SPSS 默认的进入回归方程的变量,其系数的 F 统计量的概率为 0.05。所默认的从回归方程中删除的变量,其系数的 F 统计量的概率为 0.10。

1. 集体主义、人情和权威取向与行政干预程度的多元逐步回归分析

首先对我国传统文化中的三维度行为价值取向,与国有企业管理体制创新变革实效中的行政干预程度进行多元逐步回归分析。从模型总体参数和方差分析表 3-10 可以看到,调整后判定系数为 0.675,解释了总变异的 67.5%。从该表亦可看到每个模型的 F 统计量的显著性水平都小于 0.01,说明每个模型的总体回归效果都是显著的。

表 3-10　　　　　　　逐步回归模型总体参数和方差分析

模型	复相关系数 R	判定系数 R^2	调整后判定系数 R^2	估计标准误差	F	Sig.
1	0.756 (a)	0.654	0.596	0.554	276.681	0.000 (a)
2	0.815 (b)	0.704	0.675	0.524	177.041	0.000 (b)

注：表中 a Predictors (Constant)：集体主义取向。b Predictors (Constant)：集体主义取向、权威取向。c Dependent Variable：行政干预程度。

表 3-11 是我国传统文化三个维度行为价值取向,对国有企业管理体制创新变革实效中行政干预程度的回归系数与显著性检验。从进入回归模型的自变量因子顺序来看,权威取向最先进入模型,说明其对行政干预程度的贡献最大。其次是集体主义取向,而人情取向因子并没有进入回归模型,说明它对于行政干预程度没有解释力,亦即无显著影响。

表 3-11　　　逐步回归的回归系数与显著性检验 (Coefficients)

模型		非标准回归系数		标准回归系数	t	Sig.
		B	标准误差	Beta		
1	常数项	2.356	0.184		8.207	0.000
	权威取向	0.345	0.059	0.335	5.346	0.000
2	常数项	2.112	0.216		5.513	0.000
	权威取向	0.223	0.063	0.262	4.215	0.000
	集体取向	0.182	0.066	0.184	3.634	0.003

这样根据回归系数的正负性可以判断,行政干预程度与集体主义取向、权威取向是正向关系。常数项显著性水平为 0.000 < 0.05,表示常数项与 0 有显著差别,应出现在回归方程中。从该模型中的 t 检验可知,集体主义取向的回归系数在 0.01 显著性水平上异于 0,权威取向的回归系数在 0.05 水平上显著异于 0。通过回归分析验证了探讨研究中的 H_1、H_{13},而 H_7 未得到验证。根据分析结果可得到非标准回归方程如下:

$$2.112 + 0.223 \times 权威取向 + 0.182 \times 集体主义取向 \qquad (3.1)$$

2. 集体主义、人情和权威取向与股权集中度的多元逐步回归分析

从模型总体参数和方差分析表 3-12 可以看到,调整后判定系数为 0.426,解释了总变异的 42.6%。从该表的最后一列可看到每个模型的 F 统计量的显著性水平均小于 0.01,说明每个模型的总体回归效果均为显著。

表 3-12　　　　　逐步回归模型总体参数和方差分析

模型	复相关系数(R)	判定系数(R^2)	调整后判定系数(R^2)	估计标准误差	F	Sig.
1	0.642 (a)	0.412	0.408	0.769	119.767	0.000 (a)
2	0.658 (b)	0.433	0.426	0.758	64.789	0.000 (b)

注:表中 a Predictors (Constant):集体主义取向。b Predictors (Constant):集体主义取向,权威取向。c Dependent Variable:股权集中度。

表 3-13 是我国传统文化三个维度对国有企业管理体制创新变革实效中,股权集中度的回归系数与显著性检验。从进入回归模型的自变量因子顺序来看,集体主义取向最先进入模型,说明其对股权集中度的贡献最大。其次是权威取向,而人情取向因子并没有进入回归模型,说明它对于股权集中度没有解释力,即没有显著影响。

根据回归系数的正负性可以判断,股权集中度与集体主义取向、权威取向是正向关系。常数项显著性水平为 0.000 < 0.05,表示常数项与 0 有显著差别,应出现在回归方程中。从该模型中的 t 检验可知,集体主义取向的回归系数在 0.01 显著性水平上异于 0,权威取向的回归系数则在 0.05 水平上显著异于 0。通过回归分析验证了探讨研究中的 H_2、H_{14},而 H_8 未得到验证。根据分析结果可以得到非标准回归方程为:

$$1.934 + 0.327 \times 集体主义取向 + 0.131 \times 权威取向 \qquad (3.2)$$

表3-13　逐步回归的回归系数与显著性检验（Coefficients）

模型		非标准回归系数		标准回归系数	t	Sig.
		B	标准误差	Beta		
1	常数项	2.156	0.251		15.900	0.000
	集体取向	0.375	0.078	0.293	4.815	0.000
2	常数项	1.834	0.293		14.662	0.000
	集体取向	0.327	0.081	0.255	4.042	0.000
	权威取向	0.131	0.064	0.129	2.041	0.042

3. 集体主义、人情和权威取向与内部人控制程度的多元逐步回归分析

从表3-14可以看到，调整后判定系数为0.737，解释了总变异的73.7%。从该表亦可看到每个模型的F统计量的显著性水平都小于0.01，说明每个模型的总体回归效果都是显著的。

表3-14　逐步回归模型总体参数和方差分析

模型	复相关系数 R	判定系数 R^2	调整后判定系数 R^2	估计标准误差	F	Sig.
1	0.763（a）	0.742	0.696	0.683	121.456	0.000（a）
2	0.851（b）	0.767	0.737	0.705	66.248	0.000（b）

注：表中 a Predictors（Constant）：人情取向。b Predictors（Constant）：人情取向、权威取向。c Dependent Variable：内部人控制程度。

表3-15是我国传统文化三个维度行为价值取向，对国有企业管理体制创新变革实效中内部人控制程度的回归系数与显著性检验。从进入回归模型的自变量因子顺序来看，人情取向最先进入模型，说明其对股权集中度的贡献最大。其次是权威取向，而集体主义取向因子并没有进入回归模型，说明它对于内部人控制程度没有解释力，亦即没有显著影响。

这样根据回归系数的正负性可以判断，内部人控制程度与人情取向、权威取向是正向关系。常数项显著性水平为0.000<0.05，表示常数项与0有显著差别，应出现在回归方程中。从该模型中的t检验可知，回归系数均在0.01显著性水平上异于0。通过回归分析验证了探讨研究中的 H_9、H_{15}，而 H_3 未得到验证。据分析结果可得到非标准回归方程为：

$$1.946 + 0.362 \times 人情取向 + 0.187 \times 权威取向 \qquad (3.3)$$

表3-15　　逐步回归的回归系数与显著性检验（Coefficients）

模型		非标准回归系数		标准回归系数	t	Sig.
		B	标准误差	Beta		
1	常数项	2.341	0.246		14.601	0.000
	人情取向	0.387	0.064	0.291	4.789	0.000
2	常数项	1.946	0.258		13.796	0.000
	人情取向	0.362	0.069	0.256	4.162	0.000
	权威取向	0.187	0.073	0.134	2.081	0.000

4. 集体主义、人情和权威取向与监督制约失衡程度的多元逐步回归分析

从模型总体参数和方差分析表3-16可以看到，调整后判定系数为0.539，解释了总变异的53.9%。从该表亦可看到每个模型的F统计值的显著性水平都小于0.01，说明每个模型的总体回归效果均为显著。

表3-16　　逐步回归模型总体参数和方差分析

模型	复相关系数R	判定系数 R^2	调整后判定系数 R^2	估计标准误差	F	Sig.
1	0.672（a）	0.631	0.523	0.509	117.426	0.000（a）
2	0.714（b）	0.648	0.539	0.518	65.189	0.000（b）

注：表中 a Predictors（Constant）：集体主义取向。b Predictors（Constant）：集体主义取向、权威取向。c Dependent Variable：监督制约失衡程度。

表3-17是我国传统文化三个维度对国有企业管理体制创新变革实效中监督制约失衡程度的回归系数与显著性检验。从进入回归模型的自变量因子顺序看，集体取向最先进入模型，说明其对监督制约失衡程度的贡献最大。其次是权威取向，而人情取向因子并没有进入回归模型，说明它对于监督制约失衡程度没有解释力，即无显著影响。

根据回归系数的正负性可以判断，监督制约失衡程度与集体主义取向、权威取向是正向关系。常数项显著性水平为0.000<0.05，表示常数项与0有显著差别，应出现在回归方程中。从该模型中的t检验可知，回归系数均在0.01显著性水平上异于0。通过回归分析验证了探讨研究中的 H_4、H_{16}，而 H_{10} 未得到验证。据分析结果可得到非标准回归方程为：

表3-17　　逐步回归的回归系数与显著性检验（Coefficients）

模型		非标准回归系数		标准回归系数	t	Sig.
		B	标准误差	Beta		
1	常数项	2.894	0.236		16.013	0.000
	集体取向	0.359	0.059	0.273	4.639	0.000
2	常数项	2.341	0.255		14.134	0.000
	集体取向	0.267	0.064	0.246	4.249	0.000
	权威取向	0.134	0.069	0.144	2.316	0.000

$$2.341 + 0.267 \times 集体主义取向 + 0.134 \times 权威取向 \qquad (3.4)$$

5. 集体主义、人情和权威取向与激励约束失效程度的多元逐步回归分析

从表3-18可以看到，调整后判定系数为0.663，解释了总变异的66.3%。从该表亦可看到每个模型的F统计量的显著性水平都小于0.01，说明每个模型的总体回归效果均为显著。

表3-18　　逐步回归模型总体参数和方差分析

模型	复相关系数 R	判定系数 R^2	调整后判定系数 R^2	估计标准误差	F	Sig.
1	0.693（a）	0.636	0.569	0.528	134.589	0.000（a）
2	0.723（b）	0.705	0.663	0.641	61.259	0.000（b）

注：表中 a Predictors（Constant）：集体主义取向。b Predictors（Constant）：集体主义取向、人情取向。c Dependent Variable：激励约束失效程度。

表3-19是我国传统文化三个维度行为价值取向，对国有企业管理体制创新变革实效中，激励约束失效程度的回归系数与显著性检验。从进入回归模型的自变量因子顺序看，集体主义取向最先进入模型，说明其对激励约束失效程度的贡献最大。其次是人情取向，而权威取向因子未进入回归模型，说明它对于激励约束失效程度没有解释力，即无显著影响。

这样根据回归系数的正负性可以判断，激励约束失效程度与集体主义取向、人情取向是正向关系。常数项显著性水平为0.000<0.05，表示常数项与0有显著差别，应出现在回归方程中。从该模型中的t检验可知，回归系数均在0.01显著性水平上异于0。通过回归分析验证了探讨研究中的 H_5、H_{11}，而 H_{17} 未得到验证。据分析结果可得到非标准回归方程为：

表3-19　　逐步回归的回归系数与显著性检验（Coefficients）

模型		非标准回归系数		标准回归系数	t	Sig.
		B	标准误差	Beta		
1	常数项	3.189	0.314		14.108	0.000
	集体取向	0.326	0.059	0.286	4.189	0.000
2	常数项	2.613	0.342		13.016	0.000
	集体取向	0.216	0.063	0.234	4.416	0.000
	人情取向	0.153	0.067	0.152	2.105	0.000

$$2.613 + 0.216 \times 集体主义取向 + 0.153 \times 人情取向 \qquad (3.5)$$

6. 集体主义、人情和权威取向与法制履行实效的多元逐步回归分析

从表3-20可以看到，调整后判定系数为0.644，解释了总变异的64.4%。从该表亦可看到每个模型的F统计值的显著性概率均小于0.01，说明每个模型的总体回归效果均为显著。

表3-20　　　　　　逐步回归模型总体参数和方差分析

模型	复相关系数 R	判定系数 R^2	调整后判定系数 R^2	估计标准误差	F	Sig.
1	0.716（a）	0.654	0.602	0.723	143.727	0.000（a）
2	0.742（b）	0.681	0.644	0.741	78.289	0.000（b）

表中 a Predictors（Constant）：人情取向。b Predictors（Constant）：人情取向，权威取向。c Dependent Variable：法制履行实效。

表3-21是我国传统文化三个维度对国有企业管理体制创新变革成效中法制履行实效的回归系数与显著性检验。从进入回归模型的自变量因子顺序看，权威取向最先进入模型，说明其对法制履行实效的贡献最大。其次是人情取向，而集体主义取向因子没有进入回归模型，说明它对于法制履行实效没有解释力，即无显著影响。

根据回归系数的正负性可以判断，法制履行实效与人情取向、权威取向呈反向关系。常数项显著性水平为0.000 < 0.05，表示常数项与0有显著差别，应出现在回归方程中。从该模型中的t检验可知，集体主义取向的系数在0.01显著性水平上异于0，权威取向的回归系数则在0.05水平上显著异于0。通过回归分析验证了探讨研究中的H_{12}、H_{18}，而H_6未得到验证。据分析结果可得到非标准回归方程为：

表 3-21　　逐步回归的回归系数与显著性检验（Coefficients）

模型		非标准回归系数		标准回归系数	t	Sig.
		B	标准误差	Beta		
1	常数项	3.489	0.246		14.899	0.000
	权威取向	-0.378	0.066	-0.316	4.917	0.000
2	常数项	3.048	0.287		13.984	0.000
	权威取向	-0.342	0.074	-0.249	4.523	0.000
	人情取向	-0.192	0.079	-0.148	2.189	0.000

$$3.048 - 0.342 \times 权威取向 - 0.192 \times 人情取向 \tag{3.6}$$

三　调研结果讨论及对我国国有企业管理体制创新变革的重要启示

通过以上数据分析得到验证的初始模型即起初假设的现实情状如表 3-22 所示。

表 3-22　　本研究初始假设调研证实情况

假设序号	理论假设	验证情况
H_1	集体主义取向与行政干预程度存在正相关关系	支持
H_2	与股权集中度存在显著正相关关系	支持
H_3	与内部人控制程度存在显著正相关关系	不支持
H_4	与监督制约失衡程度存在显著正相关关系	支持
H_5	与激励约束失效程度存在显著正相关关系	支持
H_6	与法制履行实效呈负相关关系	不支持
H_7	人情取向与行政干预程度存在正相关关系	不支持
H_8	与股权集中度存在显著正相关关系	不支持
H_9	与内部人控制程度存在显著正相关关系	支持
H_{10}	与监督制约失衡程度存在正相关关系	不支持
H_{11}	与激励约束失效程度存在显著正相关关系	支持
H_{12}	与法制履行实效呈负相关关系	支持
H_{13}	权威取向与行政干预程度存在显著正相关关系	支持
H_{14}	与股权集中度存在正相关关系	支持
H_{15}	与内部人控制程度存在显著正相关关系	支持
H_{16}	与监督制约失衡程度存在显著正相关关系	支持
H_{17}	与激励约束失效程度存在显著正相关关系	不支持
H_{18}	与法制履行实效呈负相关关系	支持

由表3-22可以看到，这样的实际调研统计结果总体上与原构想初始模型中的假设一致。当然，其中也存在有个别变量之间的假设没有得到验证，亦即该项假设不能成立。因而在这里，首先要对如图3-1所示的初始模型进行相应修正，即要明确指出本次调研的验证结果是，我国传统文化中的集体主义取向，与国有企业管理体制创新变革中的内部人控制程度及法制履行实效不存在显著相关关系。传统文化中的人情取向，与国有企业管理体制创新变革中的行政干预程度、股权集中度及监督制约失衡程度不存在显著相关关系。传统文化中的权威取向与国有企业管理体制创新变革中的激励约束失效程度不存在显著相关关系。

值此可从总体上得出如下结论：

其一，我国传统文化中的集体主义取向，深刻影响制约国有企业管理管理体制创新变革成效的求取。如同本章第二节所述，国内外诸多学者通过考察论证所指出的，在华人企业和各种社会组织中，几乎普遍存在有集体主义或"泛家族化倾向"，强调企业内依顺亲和、主从有序和知遇有报的家庭氛围，从而形成大家同属一体的感念一样，我们亦在调研分析中证实了这种在不同调查对象间显隐不一的社会征象。这就相对深刻显现出与源远流长的家族观念难以分割的，我国传统文化中的集体主义特性。当然，在这里应指出的是，以这样的集体主义为自身行为取向的人并非真正的公而忘私，其尤为关注的是，最终求得集体或组群的答谢、关照、倚重和称道等"内在性酬劳"。这样，在既往观念片面强调集体而忽视个人应有权益，在个人需要难以企及和兑现，甚至说并未受到着意、公正对待和备受压抑与失落的情况下，就很难形成那种在真诚维护团队利益中求取个人收益最大化的由衷意愿。反倒积聚形成了时常深层隐匿于人心的，虚于敷衍自身义务地巧向集体索取的处事观念。以致在那些以权仗势之人蓄意侵吞集体财产和凭借主观臆断霸蛮处事时，亦常见那种为着眼前自身利害和自保，而随波逐流的逆来顺受者。甚至把这样的恣意弄权，看成是不可与之抗衡争辩的应然之事。亦如美国学者彼得·布劳所说，"集体赞同某种权力可使该权力合法化。如果人们认为在某位上级行使权力时，他们从中所得到的好处，在价值上超过了因要服从于他的要求而给自己带来的困苦，那么，他们就会互相交流对于统治者的赞同以及他们要对其尽义务的情感，于是经过这样的沟通交流便形成了一致意见。这种一致性意见所表现出的群体压力，又促使人们要服从于统治者的指令，从而强化了他的控制权力，并使他的权威合法化。"①

　　显然，与我国传统文化中的人情、权威取向密切关联的集体主义取向，在客观上深层抑制阻碍着国有企业的管理体制创新。特别是在这样有失偏颇和漠视个人权益，难免虚浮空泛的"集体至上"传统观念，以及那种基于狭隘自利私情的小集团主义交互影响羁绊下，致使我国难以规避地处身于东方传统文化国家中社会资本禀赋的低层次，很难形成超越西方发达资本主义国家生产力发展成效的国有企业改制创新团队合力。这无疑要求我们要在今后的国有企业管理管理体制创新变革实践中，在确切认定构成组织实体的应然基本单元——个人的应有地位，亦即在明晰兑现所有国有企业员工应有权益和最终实现国有企业所有者人格化到位的基础上，妥善处理员工个人与国有企业团队、国家整体之间的相互关系。从而有效构建形成我国国有企业所特有的，既包含有将推动社会主义市场经济持续高效发展的，平等、自主、自主的"经济人"追求个人收益最大化的强烈欲望，又包含有在忘我投入和竭诚谋求国资营运整体成效提升中拥有自身未来，即所有国有企业员工紧密协同和不断开拓进取的强劲的市场竞争活力。

　　其二，我国传统文化中的人情取向，亦深刻制约影响国有企业管理管理体制创新变革成效的取得。鉴于在我国久远的历史延续中，家族曾是社会结构中重要的社会群体，卢作孚曾说过："家庭生活是中国人第一重的社会生活，亲戚邻里朋友等关系是中国人第二重的社会生活。这两重社会生活集中了中国人的要求，范围了中国人的活动，规定了其社会的道德条件和政治上的法律制度。"② 这样尤为注重血缘关系，并且以"两相亲近"的血缘，进而是以学缘和地缘等诸多"亲"缘为纽带，来逐层构建形成的人际关系序列，又几乎使所有相识的人都可以纳入一张广为涉猎和错综复杂的大网。同时，在这样的立体无形网中的不同人和不同网络之间，又存在有远近亲疏的明显差别。这就在现实中形成了如费孝通所描绘述说的，"以'己'为中心，像石子一般投入水中……像水的波纹一般，一圈圈推出去，越推越远，也越推越薄"③ 的人际交往关系构架，形成了深刻体现我国社会结构基本特征的"差序格局"。这样的"差序格局"，即在

---

① 彼得·布劳：《社会生活中的交换与权力》，华夏出版社1988年版，第26页。
② 转引自张其仔《社会资本论》，社会科学文献出版社1997年版，第76—172页。
③ 费孝通：《乡土中国》，上海三联书店1985年版，第25—26页。

客观上决定了一个人在不同场合对待同一个人，或在同一场合对待不同人的关系和态度，呈现出特殊主义的亲和或不屑取向。

在这样的以亲缘或各类"圈子"的特殊关系为人际交往凭借的组织中，不可避免地要产生有碍于组织发展和引发诸多人际隔阂冲突，但却极有利于私下交易联结的"人情信用卡"。以致有人自觉或不自觉地在为人处事感念或潜意识中，深层契入了前人的"人情练达即文章"之慨。致使这样的陈腐陋习，在客观上成为我国体制改革成效提升和大步迈向现代化社会的重要障碍。很明显，在这样历时久远的陈俗情感取向深刻影响，尤其是在人与人之间存在有难以化解的亲疏利害隔膜的情况下，极易使人懵然依从俯就于那些与自身收益密切关联，甚至是握有自身未来统御大权的传统人治权威，并由此而成为危害我国深化改革大局，致使改制国有企业依法行事准则难以落实，奖罚规避亲疏情感依赖的激励约束机制难以有效构建，任人唯亲和"内部人控制"现象难以根除杜绝的深层缘由。当然，要促使我国传统文化情感取向中的不良倾向，在国有企业管理体制创新变革中得以深刻转换，亦从根本上依赖改善优化组织制度、强化国有企业民主管理和有效规避传统人治权威，依赖同为国资所有者成员和企业主人翁的所有国有企业员工，在切身参与国有企业营运监管和社会化大生产的密切协同合作，以及与不同产权归属、生产目的不一，各有自身营运价值取向的企业竞争协作交易中，深深地领悟到作为狭隘自利观念扩大化或变相图谋一己私利的小集团主义，即人与人之间的相互分割孤立，在离散团队协同、提高交易成本、阻遏社会发展和应有改制成效求取的情势下，最终必将使每一个体蒙受惨痛损失，与这种不良倾向迥然有别的，正是基于所有国有企业员工在依法行使自身权能，携手严谨实施国有企业民主管理的社会实践中，逐步深刻确立的那种像谋求自身福祉一样由衷关照他人收益，像守望自身权益一样严格维护团队整体利益不受侵害，并且从中感受到自身最大满足和充实、欣慰的情愫意愿。

其三，我国传统文化中的权威取向，亦突出制约影响国有企业管理管理体制创新变革的实际成效。如本章第二节所述，在我国久远传续的封建宗法体制重压下，由各种封建伦理教化所刻意强调的"集体"、"整体"观念和所谓"大义"，反而驱使人们在舍弃个人应有权益的前提下懵然承受封建帝王的盘剥欺诈，屈从于权势和"奉上"的行为准则，严格遵循等级尊卑序列，甚至把所谓的长官意志与整体意向混为一谈。这就难免在沿袭至今的社会习俗中，形成那种为人们所司空见惯的畏怯权势，遇事期于听由"智者"、"仁人"来处置办理的默然心态。对于我国国有企业管理体制创新变革所急需的依法处事理念，在人们的思想意识中却极为淡薄。通过笔者的实地考察和相应统计分析，亦确切地证明了被调查对象的权威取向越是明显，有关部门对国有企业正常营运的行政干预越见频繁。相应亦突出显现股权高度集中，极难兑现国资流转顺畅的现代企业制度特质。同时，亦了解到一些被调查企业单向宣示片面强调组织内表象亲和协同一致，反而使诸多或隐或现的人际关系内在隔膜纠结，难以化解消除。以致在漠视忽略本应强化的社会主义劳动者自我教育和领导者当为公仆，现代管理着意推进员工自我监控[①]和主从关系随即对应转换的情势下，致使组织成员难以真诚协同和实质上的各有所图、各自为政。

要有效规避消除那种对权威的不当认知和依从，与我国传统文化中集体主义取向和人情取向不良倾向的转换密切关联，亦从根本上依赖新型社会制度和市场经济体制下，所有国有企业员工应有权益的市场化兑现和国资所有者人格化到位。这样，不仅能够使我国国有企业所创建的现代企业制度形成"以权力制约权力"的权力制衡机制，在所有员工整体拥有国有企业产权和众目睽睽地严密监察经营者各项职责履行实效的情况下，把那些惯以专权施威和营私舞弊者的权力关进制度的铁笼，使其权利的行使与义务的承担和承受违规渎职的严正处罚不可分割，从而使由我国所构建设立的国有企业管理体制，尤其具有"制度的实施特征"。而且也极有利于所有国有企业员工在把握自身命运、强化自我教育和同心协力地探索创建未来中，摆脱既往对权威的迷信和盲从并且深信自我，从而成为推动民族复兴大业和自身创新智慧迸发同步演进的新时期生力军。

当然，由于笔者考察涉及的范围及所收回的各企业调查问卷有限，因而难免存在有某些细节或深层问题有待于进一步的查证研讨。甚至是针对某些具有突出代表性的典型个案，进行像解剖麻雀一样的跟踪调研。同时，亦有赖于我国国有企业管理管理体制创新探索尝试实践的深化发展。

---

① 马克思早在《论犹太人问题》一文中就明确指出：只有当人认识到自己的'原有力量'并把这种力量组织成为社会力量因而不再把社会力量当做政治力量跟自己分开的时候……人类解放才能完成。(《马克思恩格斯全集》第1卷，人民出版社1979年版，第443页。)

第四章　各国市场体制比较

第一节　国有企业监管模式与不同市场体制的关联

一　市场经济体制下的国有企业监管

无论一个国家实行的是何种经济模式，作为一个高效率运作的政府都必须对国有企业实行有效监管，这是公有产权企业有序运行的重要前提。匈牙利经济学家卡尔·波拉尼对此做了一个很好的总结，他认为，通向自由市场的大道是由国家铺就维持其畅通的。这就是说，在自由市场经济中，政府仍然发挥着重要的作用。著名的新经济史学家诺思教授也认为，国家必须对全国经济效率负责。因为是国家界定产权结构，因而国家最终要对造成经济增长、停滞和衰退的产权结构的效率负责，所以，国家并不是"中立"的。国家如何才能做到对国有企业产权结构的效率负责呢？一般来说，政府应该通过制度安排使国有企业满足以下条件，其产权关系才是清晰有效的：其一，通过明确企业的债权债务关系、注册资本及其相应的权益，界定企业产权的归属主体。其二，产权主体符合"经济人"假说，即产权主体追求资产的保值和增值。其三，明确界定产权归属主体享有的权益及承担的责任。其四，企业产权具有排他性，即企业法人拥有可以自由支配和自由转让的产权。其五，在所有权与控制权相分离的条件下，应形成一个有效的激励约束机制，即使产权经营主体在利益动机的刺激下能自主地支配和转让企业产权，又使出资人能对产权经营主体的行为实施有效的监督，从而在企业内形成出资人、企业经营者、生产者三者之间互利制衡机制。其六，法律制度能对产权实施有效的保护。如果一个国家不能对公有产权实施有效的保护，那终将损害到公有产权的效率。

从以上分析可以看出，公有产权的效率从根本上说反映的是政府的管理效率。在一个高效率的政府管理下，公有产权一般来说是有效率的，新加坡、德国、新西兰等国家的国有企业的高效率运行说明了这一点。而假如国有企业的经营者侵犯所有者权益的做法得不到严厉惩罚，必然会导致其他经营者群起而效之，造成国有资产流失。因此，国家如果没有对公有产权实施有效的保护，最终将导致公有产权的低效率运行。而当政府对国有企业的保值增值作为必要的制度安排，并建立了相应的约束机制和激励机制时，它将促使公有产权高效运行。

二 政府与市场的角色差异及各具特色的市场经济体制

尽管市场经济都是"混合经济"，但是市场经济模式的构成及其运行在各不相同的经济模式中，却存在着较大的差异。从战后各国经济模式的构成特点方面看，这种差异主要可以归结为：政府对社会经济活动的干预程度、公共部门和私营部门的比重及其作用、经济决策机制和政策目标等方面，由此而构成了政府与市场在经济运行中不同的作用范畴。所以，即使大多数国家都实行"混合经济"，在市场经济的实际运行中，政府与市场的功能仍然有着较大的差别。因而，如果从实证研究的角度看，政府或者市场在经济运行中的作用范畴，角色扮演，实际上成为人们区分不同经济模式的重要标准。

诸如，美国经济的自由度和开放度相对较高，而政府对经济的干预程度比较低，被广泛称为"自由市场经济模式"。20世纪中期日本以及亚洲"四小龙"等国家和地区的经济起飞过程中，政府曾经发挥过重要作用，政府通过制定产业结构等政策措施，指导并促进经济发展，人们就普遍将这样的经济模式称为"政府主导型"。政府干预与市场机制的相互作用，是经济学讨论中永恒的话题。在国家经济活动中，如果政府干预的程度过大，市场机制的作用范畴就会缩小，如果市场机制在经济生活中起着决定性作用，政府的作用范畴就必然受到限制，政府规模就会缩减，所以政府干预与市场机制在不同的市场经济模式中各自所发挥的作用是不同的。

第二节 美国自由主义市场经济模式

美国自由主义的市场经济模式的基本经济特征主要表现在：在思想渊源上，这类国家崇尚个人主义和充分的竞争性，自由放任的经济理论在很长时期占主流地位；在资源配置上，所有资源都通过市场进行配置，市场机制对经济的充分调节始终是经济发展的强大动因；在决策机制上，以企业分散决策为主要形式，政府决策的功能被限定在最小范围；在公司治理结构方面，实行董事会制和股东制。股票和证券市场行情波动对经济有直接影响。与其他经济模式相比，美国自由放任的传统至今仍然是其经济模式的核心。美国是有着世界最多跨国公司的国家，美国大约占有世界跨国公司50%的份额，世界大型跨国公司正在发展成为一种以美国传统为特点的企业模式。美国经济模式最明显的特点是，市场机制的功效得到充分展现，而政府的职能主要体现在为企业和公司创造发展的制度保障和宏观经济政策。

一 经济管理体制与政府对市场的干预

20世纪30年代前，美国实行自由的市场经济，认为供给可以创造自身的需求，依靠市场供求关系，就可以自动调节经济。因此，那时的财政政策主要是保持国家预算的收支平衡，而并不运用财政政策来调控经济。自从爆发了1929—1933年的经济危机后，英国的经济学家凯恩斯认为：经济不可能自动达到其产出潜力，经济活动会停留在低于产出潜力的水平，而需要通过增加总需求措施以刺激生产并增加就业。他主张国家干预，认为通过政府的充分就业政策可以使经济从衰退中得到恢复。许多经济学家接受了凯恩斯的理论。以后美国的财政政策就不再搞预算收支平衡，而是以保持物价稳定并促进充分就业为目标。政府预算的收入与支出，所制定的税制结构与累进所得税、失业保险等，都成为美国政府搞活宏观经济、调整中央与地方关系及帮助政府实施社会目标的重要手段。

1933年罗斯福推行新政后，美国自由主义市场经济模式进入逐步完善阶段，政府在相当程度上放弃了传统自由派不干预经济的做法，开始以立法与行政手段进行若干重要改革。在解决失业方面，国家设立了民间保护团，吸收失业青年从事植树、造林、筑坝、水土保持及兴建国家级与州级公园以保护自然资源，同时由政府财政提供资金修建机场、公园、道路、学校与下水道等公共设施，为失业者提供就业机会；在农业方面，国会通过了农业调整法，控制农民生产粮食的数量及设立房屋贷款公司，以保障人民的住房；在规范证券发行方面，通过了《证券法》；为促进和规划不发达地区的发展，建立了田纳西河流域管理局；通过了《联邦紧急赈救法》等。此后，政府对市场经济进行干预的宏观管理制度，又进行了不断改进和发展。

美国没有全国的经济计划，甚至在经济界和学术界还对世界许多国家普遍接受的产业政策持有不同意见，但是有的州及县、镇却在编制计划。国家往往通过政府订货和采购影响经济。政府也对某些部门施加管理，例如对能源、尖端技术、农业和环保等部门。但大公司却有自己的计划管理制度，一般都要编制长期发展计划与销售计划。美国不依靠产业政策与国家计划来干预经济活动，而是通过国家对商品和劳务的采购来扩大市场，刺激投资和生产。其最主要的是军事采购，大多由国防部承办。美国国防部还拥有相当多的国有资产。例如，1985年的政府采购额是3539亿美元，其中军事采购占了74%。30年代经济大危机的潜在原因之一是农民和工人收入过低，致使消费品严重过剩。鉴于这个教训，美国政府十分重视对农业的保护并开始了对农业的计划干预。1933年通过了《农业调整法》，创建了商品信贷公司，它可以从财政部借款对农业进行价格补贴。美国政府初期对农业的干预，主要是由于农业的供过于求而实行限产措施。自20世纪70年代起，由于国际市场出现了农产品短缺，政府暂时停止了限耕，转而促进农业增产，减少"支持价格"，促进农业面向市场。1985年国会通过《食物安全法》，降低了若干种农产品的"支持价格"，并促进农业进一步面向市场竞争。

二　美国的微观经济基础

20世纪70年代以前，美国的企业一直以企业利润最大化为经营目标，强调股东利益至上原则。进入70年代以后美国的微观经济基础——公司治理结构发生了明显变化，取得了显著的效果。70年代以来，美国半数以上的州（到1994年为38个）对《公司法》进行了修改，提出公司不仅要为股东服务，而且为"利益相关者"服务，强调美国有企业应对社会利益集团和对社会责任的重视。同时，公司的法人持股结构得到迅速发展，目前美国最大的法人股东是机构投资者，诸如商业银行的信托机构、共同基金、退休基金和人寿保险公司等。战后初期，美国机构投资者的持股比重仅为百分之十几，80年代中期，上升到40%，进入90年代，机构投资者的比重首次超过个人股东；同时，美国开始重视银行在公司治理结构中的作用，如放松银行对于持有公司股份的限制，商业银行可以通过银行信托部和银行持股公司间接对企业持股，尤其是投资银行对公司治理的影响越来越大，表现为作为机构参与策划对企业的兼并收购，从而使得美国大众股东迅速增加，目前美国有52%的家庭直接或者间接地持有股票，人均持股额也在增加。1989—1995年，美国股东的人均持股额增加了40%，从人均10400美元增加到14500美元。

三　美国市场经济的发展与变化

20世纪90年代，以美国为代表的自由市场经济模式尽显风采，受到世人瞩目。克林顿曾经说，具有企业家精神的资本主义已经显示出自己是经济样板。国际上也一直有看法认为，美国"新经济"的势头强劲，独领风骚，而欧洲特别是日本经济经历着巨大的困难，它们都正在"缓慢地朝着一种近似于西方的资本主义模式演进，这里所说的西方模式，更确切地说是美国模式"。还有的人认为，20世纪80年代以来英国和其他一些欧洲国家的改革方向"实际上是向美国模式看齐"，并取得了一定的成效。虽然这些看法未免有些片面和极端，然而，美国经济以其所具有的充分的竞争能力和创造性，使经济和社会发展能够保持生机与经济活力。这一点，却是不容忽视的现实。

美国经济充满活力的一个重要原因在于其不断地进行改革性探索，以期使其国际竞争能力、科技创新机制和促进社会进步的制度优势保持下去。由于美国的公共部门和公有企业的比重比欧洲国家要低，社会福利程度比欧洲国家要低，而服务业的比重相对最高。所以在美国，其改革性措施主要放在调整这一领域的规则和减少政府的管制，特别是在诸如银行、证券、保险等行业，在电子、信息技术、网络经济等领域，实行更加自由化的政策，以更好地发挥企业家的竞争精神与创新能力。为了实现这一主旨，美国政府近年来采取了一系列政策措施，尤其是美国金融业的改革持续至今，与金融企业的兼并和购并成为一体。1994—1999年，美国不断通过了各种法案，1999年11月美国通过了《金融现代化服务法案》，法律的修订使得美国金融企业间的兼并和购并不断加速。随着信息技术的发展，美国在银行、证券等的跨业务公司间的并购频繁发生，诸如美国花旗银行和旅行者集团之间的跨行业兼并，这种跨行业的兼并与购并将会越来越普遍。特别重要的一点是，早在八九十年代，美国很多人都认同，美国企业之间的兼并与并购为的是追求短期超额利润；但是现在，更多的人却认为，美国诸如兼并购并等行为的目的在于追求长期发展战略。在不久的将来，美国行业之间的隔墙将会越来越矮。换言之，行业融合与相互合作将会变得越来越紧密。

对于美国的高新技术产业,美国政府往往通过立法加以保护。以互联网为例,1993年克林顿政府提出"国家信息高速公路计划",加大对网络基础设施的基础研究的投入。到1998年,美国网络业占全球份额的75%,以计算机、电信和通信技术为基础发展的网络产业,正在改变美国经济增长方式和人们的社会生活方式,成为美国现在和将来经济持续增长的动力。随着新经济的发展,在最近的3年时间里,美国国会通过的仅仅互联网的法案就多达四五十项。而且,尽管美国的信息技术是世界一流水平,但是,美国在1999年又启动了"21世纪信息技术行动计划"、"第二代互联网计划"等新的发展规划,力图在21世纪继续保持其世界领先地位。从长远看,美国的科技发展与创新能力仍然是巨大的。

进入2000年下半年,美国经济凸显疲态,小布什政府通过政府的适时干预,阻止了美国经济的继续下滑。布什签署大规模减税方案,9年内减税1.6万亿美元,增强了企业界和消费者的支出信心。美国联邦储备委员会在2001年1月两次降息,刺激企业投资、增加消费。另外,"9·11"事件后,当美国安然、世通、施乐等一批上市公司因财务欺诈纷纷落马,美国人引以为豪的"诚信大厦"受到严重冲击,迫于各种压力和政治、经济需要的美国政府对此类事件采取了应对和改革措施。2002年7月30日,布什签署了一项旨在结束"低道德标准和虚假利润时代"的《财会企业改革法》,该法案的出台,意味着在新的形势下美国政府与市场关系的重新定位。2002年度美国《总统经济报告》认为,25年来的放松管制,已经成为美国的经济活力和生产率增长的主要原因,但管制与放松管制历来都不是绝对的。"如果一味放松管制,而不针对新情况,新问题采取相应的对策与措施,就将导致一系列负面影响"。

第三节 德国"社会市场经济"的市场体制

第二次世界大战后,联邦德国开始逐步推行社会市场经济模式。所谓社会市场经济,就是以私有制为主体,鼓励和发展自由竞争的市场经济,强调个人自由和市场竞争,同时主张宏观调控和干预,消除市场缺陷,实行广泛的社会保障制度，以保证整个经济和社会的公平、效率、发展和稳定。其基本原则包括：（1）竞争的原则。社会市场经济的主体是市场，一切经济活动必须经过市场来进行。所谓通过市场，主要是通过竞争。通过竞争协调经济发展的思想是社会市场经济体制的核心内容。（2）生产资料私有制原则。社会市场经济的本质是一种私有制，即建立在生产资料私人占有这种生产关系上的经济制度。联邦德国的宪法规定了保证财产私人占有的权力，即生产资料作为私有财产的自由。（3）社会保障原则。社会保障原则充分体现社会市场经济中"社会"的含义。社会市场经济理论认为，一个有效率的市场经济体制不仅要完成经济任务，而且还要完成一系列重要的社会保障任务。（4）国家原则。国家原则充分体现国家在社会市场经济中的作用。虽然社会市场经济主要是一种私有制经济，但国家也要承担调控经济、维护秩序的任务。

一　社会市场经济的理论基础

德国社会市场经济的理论基础主要来源于奥尔多自由主义经济理论。自由和竞争是奥尔多自由主义的两个核心概念。崇尚建立在市场经济上的个人自由，并强调这种自由不会自发产生，它必须由人为的和文化的社会秩序加以维护，这是所有奥尔多自由主义的共同之处。但在通过什么样的秩序来维护自由，奥尔多自由主义者存在不同的看法，并因此可以把早期的奥尔多自由主义分为两大分支。一是由 W. 欧肯、F. 贝姆于 1932 年和 1933 年在弗莱堡大学创立的弗莱堡学派；二是 W. 佩克、A. 吕斯托等代表的新自由主义流派。与弗莱堡学派相比，社会（学）自由主义对传统资本主义和自由放任经济原则持更严厉的批评态度。他们不仅像欧肯那样注意到从自由放任中产生出来的垄断势力对自由竞争从而对来自竞争的个人自由的遏制，而且还特别关注由自发的市场机制带来的经济周期波动对经济社会的巨大危害和传统资本主义社会中的贫富分化、社会不公正等弊端。因此，在欧肯看来，个人自由主要靠竞争秩序来维系，而"强大的国家"任务则是清除各种垄断给自由竞争设置的障碍，建立和维护正常的竞争秩序。而在社会（学）自由主义心目中，国家除了有建立和保证竞争秩序任务外，还有熨平经济周期波动、解决社会问题的义务。如果说欧肯经济理论的影响主要表现在确定社会市场经济"样板"的"正确的道路"（市场经济）上，那么"本土新自由主义"所主张的在坚持市场经济基本制度的同时，设置广泛的社会目标（不只是社会福利）的思想，则为社会市场经济体制下解决"市场失灵"和"有缺陷发展"问题提供了理论依据。正是由于早期奥尔多自由主义两个分支在理论上相互补充，才奠定了社会经济模式的基本框架。这种既重视市场基础又强调社会目标的思想也是奥尔多自由主义的理论在战后联邦德国取得主流经济学地位的重要原因。

二 宏观经济管理

在社会市场经济中，国家并不直接干预经济过程本身，但并不是说国家没有任何经济计划。德国政府和各级地方政府都有一定的经济计划，有中期的、年度的和短期的。但这些计划仅仅规定一些综合性指标，对企业并没有约束力，而要通过财政、税收、信贷等手段来进行调节。比如，1974—1975年的四个短期计划中，联邦政府共动用了1000亿马克刺激经济，对缓解这一时期的经济衰退起了一定作用。再如当前改造东部地区的计划，政府从1990年起每年在东部各州投入1000多亿马克，主要是改造铁路、高速公路、电信等基础设施，并采取税收优惠等办法，吸引私人资本参与东部的改造。1992年德国公司在东部各州的投资达440亿马克。

德国负责这种宏观经济管理的机构，是经济发展理事会和财政计划理事会等组织。经济发展理事会由联邦经济部长主持，由联邦财政部长、联邦银行行长、各州一名代表和一些地方的代表组成，每年至少开会两次，以协调参与制定经济政策的各部门的行动。财政计划理事会由联邦财政部长主持，由联邦经济部长、联邦银行行长、各州一名代表和地方的代表组成，负责协调中央、州和地方的开支与投资计划。德国有一个由5名著名经济学家组成的专门委员会，负责在每年秋季提出一份全面估计当年宏观经济发展情况的鉴定书，作为各决策部门的参考依据。联邦总理在第二年一月要向联邦议会和联邦参议院提出一个年度的经济报告，对专门委员会的鉴定书做出反应，并提出当年的经济政策和措施。德国还有一个协调委员会，由联邦政府、工会、企业主组织的代表参加，由经济部长主持，在工资和物价等方面协调意见和规劝。这个委员会没有任何决定权，但对沟通各方意见，协调步调，从而保证经济正常运行是有作用的。通过上述机制，国家对经济发展的情况有一个全面、及时、清楚而准确的了解，然后根据情况运用各种经济手段来吸引和规劝各方力量，从宏观上调节经济。

三 德国的企业组织制度

德国的社会市场经济保障私人企业，但老式的、由家族拥有的私人企业已为数不多，而且都是些中小企业。大的企业几乎都是股份公司。但德国股份有限公司不多，只占公司总数的5%左右。有些很大的企业也是有限责任公司，不上市。1992年，德国西部地区约有46700个企业，其中雇员1000人以上的大企业只占2%，却雇用了工业部门一半以上的雇员，控制了一半以上的营业额。

在大的股份公司中，股权相当分散。从20世纪80年代起，德国鼓励职工参加本企业的股份并给予奖励。目前，德国有相当数量的职工持有本企业股票。德国原来的一些著名的家族企业一般已变成大的股份公司，如克虏伯公司，在克虏伯家族传到第六代时，继承人不成器，他父亲从产业中划出一笔钱供他挥霍，条件是从此以后他和企业脱离关系，把整个企业交给一个由德国有名企业家组成的基金会管理。许多大公司中都有联邦政府和各级地方政府的股份，有时政府的股份足以控制这家公司，这样的公司实际上是国有企业，或"公私合有"企业。如联合电力矿山公司、萨尔煤矿公司、汉莎航空公司等都是国有企业。大众汽车公司原来也是国有的，后来联邦政府把部分股票转让给私人，而变成了"公私合有"性质。戴姆勒—奔驰汽车公司也有约20%的股权属于巴登符腾堡州政府。

但是，不论政府拥有企业多少股权，企业仍和一般股份公司一样运行，一样纳税，政府除收取税收外，还可以分到其拥有股权应分到的红利。前联邦德国各级政府拥有或控制的工业企业曾有6000多家，其产值曾占国民生产总值的47%。由于政府占有的股份可以转让给私人，也可以从私人手中购进股权，因此这个数字是不断变动的。在80年代私有化浪潮的冲击下，这个比例不断降低。

德国在企业中实行的"参与决定权"，是一种很有特色的措施，它不直接影响所有制，却对资本的权力进行某些限制，并从法律上给了职工参与企业某些决策的权力。德国的企业中有两个领导机构：作为监督机构的监事会和处理日常业务的董事会。监事会由资方和劳方代表共同组成。监事会中资方和劳方代表的组成情况有三种：在矿山和钢铁大企业中，双方代表各占一半，再加上一名由双方共同选出的中立的监事。在煤炭、钢铁和新闻界以外拥有2000名职工以上的大企业中，监事会也由劳资双方各出一半代表组成，但如双方发生争执，相持不下时，资方出任的主席有裁决权。此外，监事会雇员代表中必须至少有一名有管理权的高级职员。在不到2000名职工的企业中，资方代表在监事会中占2/3，劳方代表占1/3。

德国国有企业还有代表雇员利益的企业职工各个委员会。凡年满18岁的职工,不论性别、国籍以及是否为工会会员,都有选举权和被选举权。企业职工委员会拥有多种权力,特别在福利和人事问题上,没有企业职工委员会的同意,企业领导不得安排加班或缩短工时。

第四节 日本"政府导向型"的市场经济模式

所谓政府导向型市场经济,即政府对经济发展采取干预、管制的强硬措施,也就是运用国家的影响和力量制定经济发展战略和一系列政策、措施,干预指导国民经济各部门和市场活动,以便控制和诱导社会市场经济发展的方向及资源配置,把经济纳入政府的计划轨道。由此可见,在这种模式中,一方面,市场是自由竞争的;另一方面,政府的力量又是强大的。总体而言,日本政府对经济的干预主要是运用法律手段、经济手段和行政手段,干预方式主要是指导性经济计划、产业政策、外贸政策和财政金融政策。

一 日本的外贸与产业政策

日本政府主要是通过外贸政策与其产业政策密切配合对经济进行政府干预。20世纪五六十年代,日本外贸政策的目标是对其未成熟的重化工业,通过进口控制加以保护。产业政策的基本目标是促进出口,例如对所保护的重工业与化学工业的原材料进口和技术引进给以优惠政策,对出口给予优先的金融支持,以建立起不受外汇制约的经济。60年代,逐步放松了进口限额与关税,使原来受保护的产业与国外产业相竞争。出口结构的比较优势迅速地从劳动密集型产业(纺织)转移到中等知识密集型产业。七八十年代,知识密集或研究与开发密集的产品,如汽车、微电子消费品、机器人、数控机床与办公自动化设备等在出口结构中占据了重要地位。日本的国内产业政策,有其悠久的历史。早在30年代,政府通过行政控制与鼓励企业横向合作,以防止企业间的过度竞争。当时选定了26个重要产业部门,如钢铁、丝织、造纸、水泥、煤炭等组织了卡特尔,以解决当时棉纺、造船、电机等行业生产能力过剩。通过卡特尔组织,减少了企业间竞争,增加了企业利润。战后,日本的产业政策逐步成熟,其总的指导思想是保护夕阳产业的结构调整,选择培植在国内外市场有发展前途的产业。既鼓励竞争,又防止过度竞争。其实施手段则是多种多样。战后 50 年代，把财政补贴的 80%—90%（约占国民生产总值的 2%）给了农林业，其余 10%—20% 的财政补贴则给了中小企业与纺织业，在六七十年代，很大比例的财政补贴给了煤炭与海洋运输。这些都属于"防守型"产业政策，其目的：一是为了某种低生产率部门，例如农业提供半永久性保护；二是为了某些夕阳产业，例如纺织业、煤炭采掘业和海洋运输业提供暂时资助，以便结构调整和转移。

二　日本的宏观经济政策

日本财政政策有一个演变过程。1947 年制定了《财政法》，为了恢复战后的国民经济，采取了政府干预的"倾斜生产方式"，即把产业分为四类：第一类是煤炭、钢铁、化工；第二类是有色金属、石油、纺织印染；第三类是其他产业部门；第四类是生丝、金属、家具、化妆品等奢侈品产业。发展的重点是第一、第二类。对那些重点生产项目都从财政上给予"价格补贴"。1949 年开始，日本实行以"所得"为纳税基础的财政收入制度。经济发展后累进所得税收入的增加，为政府的经常账户提供了富裕的财源。1955—1964 年，日本经济增长迅速，财政的收支规模也不断扩大。在财政支出方面，政府开始转向有关社会保障与公共事业等支出。医疗费和道路修整费的规模急剧扩大。1961 年开始，又实施了国民年金和国民的保险制度，而且在政府开支中，社会保障部分的费用不断扩大。1971 年设立了儿童津贴制度，1972 年设立了老人医疗费支付制度，到 1973 年又提高了年金的支付水平。从这些财政支出中，可以看到行政管理导向型市场经济的特点。政府财政政策的调控经济包括几个方面：一是政府直接对公共事业的投资，为私人资本创造投资条件并开拓国内市场；二是利用减免税收、价格补贴等手段，以诱导私人资本的发展方向。政府财政政策的基本方向，则是更多地用于解决社会福利等问题。

三　日本的微观经济基础

日本企业竞争的目标，不是寻求短期利润的最大化，而是追逐市场占有份额的扩大与维持。竞争结果，导致单位产品利润及产品价格不断降低。企业还必须通过扩大生产规模并积累经验，以不断改进产品质量，求得在竞争中获胜。生产经验的积累又形成了日本工人队伍的稳定（终身雇佣制）及日本的年功序列工资制。这两种制度促进了有经验工人对低级工人知识和经验的传授。政府也鼓励私营企业对青工的教育和训练进行投资。日本企业能够适应经济变化（如石油冲击与日元升值）的原因有：

一是日本企业对职工提供了安全职业保障，但这不是对个别职工保持固定岗位，职工在企业内的岗位是流动的，企业也需为此付出巨大的再培训费用；二是日本企业从事多样化的生产活动；三是较易获得银行的低利率贷款，日本人民的高储蓄率为此也创造了条件；四是政府推动的合理化卡特尔，便于夕阳产业的结构调整。

日本政府投资和控股的企业被称为"公企业"（公有制企业）。目前公企业约占全社会总资产的 9%，总资本约占 7%，就业人数约 3.4%。尽管其所占份额不大，但发展后劲不小，因为调整中的日本产业政策的总趋势是把那些凡能由民间从事的事业尽量交给民间企业去办。日本的国有企业分为两级：中央政府所有的企业和各级地方政府所有的企业。不同级别的政府还可以合资办企业，县政府（相当于我们的省政府）与下属的市政府也可以合资办企业。东京最著名的而且运输量最大的地下铁营团，就是由中央政府与东京都政府分别出资 54% 和 46% 合办的特殊公法人企业。国有法人分类管理从法律形态上看，日本的国有企业大体上可以分成国营企业、特殊公法人企业、特殊公司法人等几大类。目前，中央政府有 18 个国营企业、80 个特殊公法人和 12 个特殊公司法人；地方政府有 8000 多个国营企业、4000 多家特殊法人以及 600 多家特殊公司法人。日本的公企业主要集中于基础设施领域，例如中央国营企业主要搞造币、林业、邮政等；特殊公法人多是资源、交通、金融等方面，例如道路、公园、森林开发公司、石油公司、水资源开发公司、住宅公库、中小企业金融公库等，国家全资的银行有进出口银行和开发银行。地方国营企业的主要领域则是上下水道、医院、交通等，特殊法人（地方公社）主要是住宅、土地、道路、旅游等。特殊公司法人更为广泛，涉及农林、水产、教育、福利、卫生等各个方面。政府并非一定要对自己出资的企业控股，例如东京投资育成股份公司的股东包括东京都等地方政府 18 个、金融、证券、保险和其他事业公司法人 147 名，没有一个个人股东。资金运用主要是对中小企业出资，它在把中小企业培育成熟后，卖掉其股份，公司的资本金也从刚成立的 1963 年的 25 亿日元扩大到了现在的 66.7 亿日元，总资产则达到 360.8 亿日元。因此，投资企业与被投资企业都壮大了。

四　日本的经济体制改革

日本作为"赶超型发展模式"的创始国，在战后短短的 18 年时间里，实现了高速增长的经济奇迹，同时，日本的成功也带动了被称为亚洲

"四小龙"的韩国、新加坡、中国香港和中国台湾在20世纪60年代开始的经济高速增长。但是，自1991年的泡沫经济破灭以来，日本陷入低迷和萧条状态，经济停滞不前，国际竞争力下降；而且，过去日本经济中存在的政府干预过多、官民互相勾结、依赖公共事业、不良债权严重等"日本疾患"相继爆发，日本模式的局限性和弊端逐渐暴露，进入被称为"失去的十年"的时期。由于日本经济衰退的压力，特别是日本为了缩小与美国的差距，自90年代起，日本政府一直在试图进行经济调整与体制改革。在日本体制改革的问题上，最为有力的改革呼声就是应当"缓和规制"，即所谓"规制缓和论"。其基本方向大致就是沿着限制和缩小"政府主导经济"的改革思路，放宽经济性规制，以使日本经济恢复生机与活力。1996年，日本政府终于提出了六大改革，即经济结构改革、财政结构改革、行政改革、金融体制改革、社会保障改革和教育改革；同时采取了有限的实际改革措施。如1997年，日本行政改革会议就改组省厅和改革邮政事业达成一致，将一部分邮政业务转为民营等措施；如日本将合并与收购作为企业重建和行业重组的手段等。这里还需指出，虽然并不是政府主导型经济模式就一定带来萧条与衰退，但是日本战后实施的政府主导型经济，"造就"了一个庞大的官僚阶层，他们对经济的垄断和控制十分严重，极大地抑制了企业和生产者的积极性。所以在日本，人们要求放宽限制的呼声十分高涨，而日本的放宽限制更有体制改革的意义。可以这样认为，日本经济若走出持续的衰退，必须对原有经济模式进行重大体制性改革，"通过种种摸索，例如将以官僚为主导的日本体制，改变为发挥'个人'和'民间'的自由独创精神和旺盛活力的方式，日本的再生就不是不可能的"。

第五节　俄罗斯与东欧国家的私有化与市场经济体制改革

进入20世纪80年代后，苏联和东欧各国的学术界开始学习和研究西方的经济理论。一时间西方各个经济学流派纷纷涌入东欧，在这些理论中，无论是主张政府干预的凯恩斯学派，还是倡导完全自由放任的新古典学派都有一个必不可少的假设前提，即整个经济体系的基础是私有产权，产权必须明晰，只有这样有效率的交易才能发生，各个独立的产权主体才能按利益最大化原则进行成本和收益的核算，"看不见的手"才能有效地发挥作用。特别是新古典学派认为只要私有产权明晰，相应的法律制度健全，整个经济体系就可以有效运行，经济增长和充分就业就能够实现。苏联和东欧的政府和经济学界深受西方经济思想尤其是自由思想影响，这些思想也就构成了他们进行私有化的理论基础。苏联和东欧各国在私有化上具有相同的理论基础，目标上也存在很大的相似性。中东欧各国的私有化的首要目标是通过私有化方式迅速扩大私有制的成分，改变公有制的经济主体地位，建立以私有制为基础的多种经济成分并存的混合所有制。其次，通过产权制度的变革，使微观经济主体真正成为独立的商品生产者和经营者。只有清晰的产权关系才能使企业成为独立的商品生产者与经营者，从而适应市场经济的要求。再次，通过私有化提高企业经营效率，建立高效的经济体系，这一目标也是实施私有化的出发点。最后，通过私有化造就一个中产阶级，几乎所有的苏联和东欧国家的政府都把建立一个中产阶级作为私有化的一个重要目标。

一　俄罗斯和东欧国家私有化的方式

（1）在私有化初期都出台了相应的法律法规为私有化提供制度上的保障。俄罗斯于1991年颁布了《关于国有企业和地方企业私有化法》，随后又颁布施行了《小私有化法》和《长期归国家所有的财产使用法》。捷克也颁布了《小私有化法》和《大私有化法》等一系列法律，这些法律的颁布和施行旨在使私有化的推行长期化、秩序化。

（2）采取激进的私有化方式，这是俄罗斯和东欧进行私有化最明显的特征。各国都要求在短期内完成私有化，普遍制订了10年左右使私有经济在国民经济中的比重达到70%—80%的计划。在初期有些国家如俄罗斯还采取了行政命令等强制的手段，俄罗斯和东欧各国的小私有化用了短短三年的时间，就连温和改革的典型匈牙利也于1994年年底基本完成了小私有化，同时俄罗斯和东欧采取激进的方式都带有被迫的性质，这些国家的新政府在旧经济制度迅速瓦解、新经济制度尚未建立的情况下，表示与原有经济制度划清界限，均采取激进的方式。

（3）俄罗斯和东欧各国在实行私有化过程中都遵循大致相同的原则：①私有化与实行社会公平相结合的原则，主要体现在无偿私有化和对企业职工领导的优惠方面。国有资产是社会主义经济制度建立后通过几代人的共同努力取得的，每个公民在私有化时都应得到自己应得的一份。无偿私有化也不宜过高，否则将违背私有化的目的。俄罗斯和东欧无偿私有化的比例一般为20%—30%。俄罗斯和东欧在实行私有化过程中都对企业的职工和领导实行了一些优惠，例如可以优先购买本企业的股票，购买本企业股票时可以享受一定的优惠，可以让职工自己选择私有化的方式。②实行私有化与吸纳国内外资金改善财政状况相结合的原则。俄罗斯和东欧国家通过出售国有资产的方式筹得资金，一方面可以解决基础投资不足对经济的"瓶颈"制约问题，另一方面又能缓解日益增加的财政压力，达到改善财政状况的目的。③实行私有化与国民经济重要部门保存国有资产的相对优势相结合的原则。国民经济重要部门是指对国民经济具有战略意义，关系到国民经济整体安全和长期发展的部门，如国防、军工、能源、动力、铁路和通信等部门。在私有化过程中国家对这些部门必须保持控股地位。

（4）在推进国有企业私有化的顺序上，俄罗斯和东欧各国都是从小私有化开始，然后再进行大私有化。小私有化主要涉及商业服务业和运输业，这些部门资金需求较少，社会容易接受，推行起来容易。同时这些小企业的顺利私有化可以使人们较快地尝到甜头，为下一步进行大私有化奠定基础。此外，俄罗斯和东欧国家对国有企业的私有化主要采取以下方法：①出售。这种方法包括整个企业地出售或部分出售，也可以公开拍卖或公开不公开地出售股票，出售是俄罗斯和东欧国有企业私有化的主要方法。②分配。这种方法包括有偿分配和无偿分配，两种有偿分配是以优惠的价格将国有资产转让给本国公民或本企业职工。无偿分配又称大众私有化，这种私有化首创于捷克，然后被俄罗斯和东欧国家普遍采用。③承租。把一些国营企业承包或出租给私人经营。④退还。这种方法是将没收的私人财产全部或部分退还给原主或其后代，除俄罗斯外，东欧国家基本采取了这种做法。

二 宏观经济管理体制的改革

在宏观经济管理体制改革中，俄罗斯主要在价格、金融、财税和对外经贸体制改革方面迈出重大步伐。

在价格方面，俄罗斯采取一次性放开物价的做法，已从世界上物价水平较低国家逐步发展成为物价水平最高的国家之一。政府打破了商品生产和流通的行政计划管理方法，放弃对价格的调节作用。物价上涨使人们滋长了"轻货币重实物"的观念，阻滞市场的正常发育。同时，物价上涨也导致居民生活水平大幅度下降，贫富悬殊有扩大趋势。

在金融方面，俄罗斯在不断增加中央银行独立性的同时，大批商业银行应运而生，二级银行体系已建成。银行资本集中趋势的加强，外资银行的出现，金融资本和工业资本的融合并形成金融——工业集团，对银行体制的改革具有重要意义。

在财税方面，俄罗斯提出了财政体制改革的基本框架，这就是缩小联邦财政职能，扩大地区和地方财政职能；财政与银行分离；实行统一性、完整性、公开性、真实性和独立性的预算制度，实行预算联邦制；调整国家财政支出和收入。同时，俄罗斯又提出了税制改革的基本内容：实行分税制，逐步确立增值税、企业所得税、消费税和个人所得税在税收中的主体地位。

在对外经贸方面，俄罗斯对外经贸体制改革的基本方向是：废除国家垄断制，实现对外贸易自由化；规范关税制度；吸引外国投资，建立合资和独资企业；限制易货贸易，扩大现汇贸易方式。同时，在经营方式、支付手段以及管理制度方面逐渐同国际通用的制度接轨。

21世纪以来，俄罗斯市场经济改革发生了变化。普京提出了一些与叶利钦时代不同的政策措施。在经济体制模式的选择上，主张建立国家干预的市场经济模式，以区别于叶利钦时代所选择的自由市场经济模式，确保市场的正常秩序，为市场经济的有效运转创造条件；在宏观运行机制方面，主张国家财政迅速向公共财政转化，形成新的预算体制和税收制度，完善两级银行体制，形成合理的融资渠道，建立有效的财政金融体系；在对外经济关系上，积极发展对外经贸关系，循序渐进地实现俄罗斯经济同世界经济一体化。

此外，为刺激经济的迅速增长，普京推行积极的工业政策，重点发展在科技进步领域处于领先地位的部门；实施合理的结构政策，以确保不同经济形式在经济发展中保持合理的比例关系；推行现代化农业政策，把国家的扶持和调控同农村及土地所有制方面所实行的市场改革有机结合起来；实行刺激经济增长的各项政策，确保实行市场机制与国家刺激措施相结合的投资政策，并为外国投资者创造有利的投资环境。

第六节 国外市场体制确立中值得借鉴的重要经验与启示

一 西方市场经济是以私有制为主的混合经济

在美国、日本、德国经济中，国有部分占 5%—10% 不等，80%—90% 以上均属私有制。而在私有制经济中，中小企业虽然在企业数量上占 80%—90% 甚至更多，在生产、销售、投资和就业等方面也占有相当重要的地位，但它们毕竟是补充和从属。例如在日本制造业中的中小企业，60% 以上同大企业有承包关系。在美国 20 万家工业公司中，最大的 50 家占了工业资产总额的 49%。在日本，以营利为目的经营的法人企业（不包括金融、保险业）有 175 万家，其中资本额在 10 亿日元以上的公司只有 2195 家，仅占公司总数的 0.13%，但他们占了全部法人企业资本总额的 41.4%。在德国将近 4.4 万个工业企业中，千人以上的大企业只有 1000 个，占企业总数的 2%，却占销售总额的 44%。

在所有制问题上，首先是对所有制形式本身，它们都确认自然形成的以私有制为主体的多种所有制并存，各司其职。例如，德国宪法《基本法》中并没有规定以私有制为主体或以别的什么所有制为主体，只是明文规定"保障财产权"。在那里，在各种所有制形式中，以私有制为主体是自然形成的。其次，对所有制政策，德国宪法在明文规定了"保障财产权"之后，紧接着又清楚地载明，"财产权含有义务"、"财产权的使用应有利于公共福利"。为了禁止滥用私有财产，德国法律规定，捐赠（向政党捐赠等）不得超过收入的 5%，超过者作为有政治目的看待，要缴纳 70% 的捐赠税。最后，对所有制的变动，西方国家采取基本稳定的政策，以自发演变或人为"催变"过程，都尽量采取渐进的方式，并在这个渐进变化过程中尽力做些"社会平衡"的工作。

虽然这些国家在形成混合所有制的范围和程度不完全相同，但是其基本做法及其效果还是明显的。主要包括：第一，出售国有企业的部分股权，将部分股权出让给私人，由私人与政府共同持股，而卖给私人的部分，既可能是卖给私人公司、银行以及其他法人机构，也可能是卖给本企业的职工或者社会公民。第二，对于政府不需要参与的企业，发达国家通常利用其发达的资本证券市场，逐步出售企业的国有股，直到完全实现私有化为止。例如，德国联合电力矿山股份公司过去是拥有大约700家企业的大型国营企业，1984年通过出售股票，将国有股权降到29.49%，1987年全部售出。第三，拍卖国有企业的有形资产，这是发达国家对国有企业进行改革最彻底的一种形式，其拍卖对象主要是竞争性行业中一些不能盈利的或者具有盈利潜力而当时亏损的企业和基础设施。

经过对这些部门进行混合所有制改造和兼并，使国有企业通过资本社会化形式，从过去由国家完全占有和经营，转变成国家与私人资本集团以股份制形式共同占有。

二 公有制经济和非公经济平等竞争与相互融合是市场经济的基本特征

所谓平等竞争，是指公有制经济和非公有制经济在资源配置中、在行业准入政策中、在政府对所有经济活动的管理中获得同样的对待。所谓相互融合，是指传统意义上的所有制要适应现代法治社会的财产组织形式，公有制和非公有制可以在现代公司制度的财产组织形式中相互渗透、相互交织，即使在特殊行业和领域中存在的纯粹公有制经济，也应该适应现代法治社会的财产组织形式，采用特殊法人等企业形态来清楚界定各方的权利和责任。公有制经济不仅包括国有经济和集体经济，还包括混合所有制经济中的国有成分和集体成分。公有制的主体地位主要体现在：公有资产在社会总资产中占优势，国有经济控制国民经济命脉，对经济发展起主导作用，积极探索公有制新的实现形式。股份制是否公有，关键看控股权掌握在谁手中。国家和集体控股，具有明显的公有性。目前城乡大量出现的多种多样的股份合作制经济，以及各种职工保险基金相继建立和迅速扩大，如养老基金、医疗基金等，这些将逐渐成为新的公有制形式。非公有制经济是社会主义市场经济的重要组成部分，个体、私营、外商独资经济在国家政策引导下迅速发展，以便动员更多的资金用于经济建设，安排更多的劳动力就业，生产更多的产品，提供更多的服务，满足社会多方面的需要，从而加快社会主义现代化进程。要适应社会生产力发展的要求，继续调整和完善所有制结构。在坚持公有制为主体的前提下，要为各类企业创造平等竞争环境，支持引导私营、个体企业尤其是科技型中小企业健康发展。

三 政府角色的合理定位

现代市场经济的运行并不是完全自发的、自由的,而是有政府干预和调控的一种市场经济,在市场机制失灵,即市场机制难以最有效地配置资源的时候,为了提高资源配置效率,政府应适时、适度地干预和调节经济运行。政府的干预和调控主要应该包括:(1)制定经济发展规划,对各产业的发展比例进行总量调控,确保各业有一个适当的比例关系。(2)维护市场秩序,为经济发展创造一个公平、公正、公开的自由竞争与交易的环境,限制各种不正当的竞争与交易行为。目前,一个很重要的任务是遏制市场上的销售假冒伪劣商品的"商业欺诈"现象。(3)校正"外部效应"现象。典型的外部效应现象是环境污染。从物质循环过程上看,环境污染是一个简单的物质传递过程,但从经济循环过程看,则是一个成本转移过程,即排污企业将应该用来控制污物排放的成本开支转移给社会。要保证国民经济的协调发展,政府就应对"外部效应"进行校正,如强制性地让排污企业控制排污,对不能或难以根治排污的项目和企业,应征收排污费,并将其转补给受害者。也可以通过建设排污权市场解决这一问题。(4)提供经济发展所需要的"公共物品"和"自然垄断"服务。经济发展需要消费各种各样的物质资料和服务,其中"公用物品"及"自然垄断"服务则需要由政府提供。从实际来看,需要由政府提供的公共物品包括:公共交通设施、公共经济信息、公共生产技术、公共治安服务、基础教育、防疫服务等;需要由政府提供的民用"自然垄断"服务包括电力服务、邮电服务等。

政府与市场在经济活动中要有一个合理的边界划分,二者的功能分区是明晰的,二者的边界随着市场经济的发展不断得到调整。在现代市场经济中,政府与市场的边界划分不当会引起市场秩序的混乱。政府角色"越位"或"缺位"都将成为市场秩序混乱的根源。所谓政府角色"越位",是指政府超越了自己的职能定位,做了本应由市场来做、市场可以做好的事情。所谓政府角色"缺位",是指需要政府介入的地方、需要政府发挥作用的时候,政府角色和作用又没有到位。我国正在由高度集中的计划经济体制向社会主义市场经济体制转轨。在这个转轨时期,我们既存在政府角色"越位"的情况,也存在政府角色"缺位"的情况。由于旧体制的惯性,我们的政府还在管理一些市场可以管好或做好的事情,例如政府规定农民种什么、使用什么种子,政府 X 规定什么样的经济主体有资格进入哪一类市场——政府要对经济主体的所有制性质、注册资本规模等条件进行审查，政府还在组织和管理大量的竞争性产品的生产。与此同时，在一些需要政府发挥作用的地方，政府还没有到位，有些规范市场秩序的政策法规或者没有建立起来；或者存在着名义上已建立，但实施上并不到位。因此，我国应该在进一步完善市场竞争机制的同时，对政府的角色进行重新定位，把建立自由竞争与和谐的社会主义市场经济作为我们改革的目标。

四　市场体制的创新目标：建立自由有序竞争、完善市场体系

市场经济体制之所以优于迄今为止的一切经济制度，是因为市场经济是一种竞争性经济。"完全竞争可以导致有效率（帕累托最优）的资源配置"。经济中的竞争程度越高，资源配置越接近帕累托最优；竞争程度越低，资源配置的效率就越低。要提高资源配置的效率，必须提高经济活动的竞争程度。那么，如何提高经济活动的竞争程度呢？根据对市场经济的性质和特征的分析我们看到，高度集中的经济，市场主体一元化的经济，资源和劳动力流动性差的经济，不可能是一种竞争性经济。因此，我们建立社会主义市场经济体制的任务之一，就是要通过经济体制改革，使经济主体多元化，经济决策分散化，减少资源和劳动力流动的障碍或成本，如地区封锁、行业壁垒、所有制障碍和政策限制等，促进资源和劳动力在各个市场之间自由流动。市场经济运行和发展的动力来源于经济当事人对自身利益最大化的追求，这种追求推动着经济当事人进行相互交易、进行成本—收益核算、选择成本最低和风险最小的消费决策和生产决策。私有产权制度可以产生这样的激励机制，因为私有产权制度把个人的权、责、利密切地联系在一起。但是，我国的社会主义市场经济不可能完全私有化。因此，我国经济体制改革的重点和难点是，如何建立一种能够提供适当的个人激励机制的产权制度。要建立这样一种经济体制，就要改变我国的所有制结构，改革财产关系。我国改革开放以来推行的国有企业经营承包责任制、建立现代企业制度、对国有经济进行战略性调整，都可以看作是建立这样一种产权制度的努力或尝试。

自由竞争的市场经济不是一种混乱经济，而是一种和谐有序的经济。市场经济应该建立在完整的、系统的市场经济制度和参与市场交易的各方当事人对市场经济制度的普遍遵从基础上。形成市场秩序的经济制度按照其起源可以划分为自发性制度与强制性制度。自发性制度是在人们的长期市场交易过程中自发产生的。自发性制度的例子有习惯、伦理规范、商业

习俗、诚信、文明礼貌。强制性制度是人为设计并强加给社会成员的。强制性制度的例子有《刑法》、《民法》、《交通规则》和其他司法程序等。自发性制度是被横向地运用于平等的市场交易者之间的,而强制性制度总是隐含着某种自上而下的等级制和强制。自发性制度大多是一些非正式制度,违反这些制度所受的惩罚通常是自发发生的。例如,一个人在市场交易中不遵守货币报价而自行其是,他将无法和别人进行交易。因此,这些制度的运行大多要依靠个人的自律。强制性制度主要是一些正式制度,违反这类制度要受到有组织的惩罚或第三方强制执行。这类制度的运行需要依靠政府的作用。当一个人不服从或违反某种交易制度时,就需要政府机构来出面进行审理和仲裁。没有政府的强制执行,这类制度就不能起到规范市场秩序的作用。自发性制度和强制性制度构成一个完整的制度体系,这个制度体系是覆盖所有市场的所有交易行为的。人们的经济(交易)行为,市场经济的运行就是依靠这个制度体系协调和规范的。只有这些基本的制度得到尊重,而且这些制度广为人知并得到广泛遵守,市场经济才能有秩序地运转。

诚然,市场经济的有序运行需要完善的市场体系加以保证。经过 30 多年的改革开放,我国市场体系发育已具有一定规模,在某些领域中的作用相当突出,但是我国还没有形成全国统一、公平竞争、规范有序的市场体系。首先,要建立主要由市场形成价格的机制。通过完善重要商品的储备制度和风险基金,形成商品价格调节机制。要打破部门、行业垄断和地区封锁,进一步放开价格,这样才能发挥市场在资源配置和结构调整中的基础作用。其次,培育和发展要素市场,大力发展以资本市场占突出地位的金融市场。重点完善企业债券市场,适当放宽企业利率限度,活跃债券市场。深化投融资体制改革,形成多元投资主体。发展创业投资基金,促进企业技术创新;规范和发展证券市场,培育机构投资者;开拓和完善我国的证券场外交易市场;规范股票的发行与上市,稳步扩大规模。最后,要加强市场监督和管理。要制定和完善市场规则,交易方式要做到公开化、货币化、信用票据化、交易规则化、价格机制规范化,交易行为自愿、非强制,平等互惠,禁止强买强卖和巧取豪夺;建立具有权威性、综合性的市场监督管理体系,保护合法经营,取缔非法经营,保护公平竞争,依法制止不平等和不正当竞争,规范流通秩序,保护生产者和消费者合法权益。

第五章 现代企业产权制度的国际比较与我国国有企业所有者人格化

第一节 契约解构、产权制度安排与我国国有企业改革

现代企业理论发展的重要成果，是把企业看作个人之间市场化交易的契约组织，或各利益相关者间的契约组合。然而，对于这样的组合到底是如何形成及其衍生变化的缘由机理等，却较少研究。这就需要在深入剖解契约构成的基础上，探讨分析基于各交易参与方利益关系的协调平衡而达成共同信守协定，并且使各签约方之间的组合得以维持和动态演变存续的内在机制。显然，这样的组合在客观上应是各签约方可自主进入和退出，并可确保各方投资与收益对等和风险分担的权利制衡经济实体。在这里，为了进一步深入探讨分析的简约便捷或如马克思所说，在科学理论思维中要尽可能地运用抽象力[①]，构建一个企业模型。即假设作为契约组合的企业，主要包含有人力资本与非人力资本所有者。虽然在本章以下的分析中，有时似乎仅只是在述说人力资本与非人力资本所有者，但这应不妨碍将非人力资本所有者作为委托人，将人力资本所有者作为代理人或经营者来理解。

一 基于契约解构和各交易参与方预期对委托—代理契约达成的分析

目前对于契约达成的探讨，大多以博弈分析的方法为工具。然而，仅做这样的分析难免存在有局限性。因为在博弈分析之前，首先要较为可靠地得知双方的收益矩阵，这显然难以得到确切保证。尤其是在新经济形态或"新商业世界"存在高度不确定性和未来难以预测，人们常以自身信

---

① 《资本论》第一卷，人民出版社1975年版，第一版序言，第7—8页。

息为资本或"商业机密"的情况下。这就使基于各交易参与方预期的分析方法显得较为合理。因为这样的方法更为贴近现实,即在并不可能明晰把握他人行为和未来收益的前提下,各交易参与方所抱有的通过与他人协商合作来获得自身收益的预期和意愿,使得先存的缔约企望决定了达成协议的可行性。当然,此时对于理性经济人来说,对资本投入回报的预估应是其首要顾及的问题。其中的非人力资本所有者,不可避免地要估算其投资收益率。而对人力资本所有者来说,势必要形成诸如对固定工薪、年薪、期权收益及企业经营权益等期求。总之,各参与方首先要形成各自的预想收益,其估量的恰当与否将决定是否有可能失去签约机会。同时在契约形成的过程中,亦存在着各交易参与方为确保自身利益和预期兑现的讨价还价。因而在这里,有必要对契约达成中的各方预期进行具体概要分析。

(一)非人力资本所有者在契约达成中的预期

作为企业经营委托人和财产风险承担者的非人力资本所有者,在无足够精力、才能或不愿投身企业营运劳务的情况下,其本意无疑在于通过尽可能充分的信息搜寻和甄别,来确认即将成为代理人的人力资本所有者的可靠性,以确保企业盈利或注入资本的保值增值。显然在现代企业"两权"相对分离,原生性地存在着委托人与代理人之间的责任不对等、激励不相容和信息不对称等突出矛盾,并且难以清晰度量和把握代理人的实际能力与行为动机,以有效防范规避其以权谋私"道德风险"的情况下,这样的人才选拔聘任几近于一场投下筹码的赌博。这就使非人力资本所有者,不可避免地要对自身资产构建设立各种事后保障机制,以不至于从根本上失去企业经营控制权。因而,他往往要求在契约上添加诸如经营准则、会计约束和审计监管等条款,以确保企业财产安全。其期望收益可以说主要依赖于可靠信息的获取以及事后保障机制的构建确立之上。当然,对于非人力资本所有者来说,这样的一些为确保自身收益的设想举措,又均不可能在明晰把握企业未来营运实情地做到完全、严格或无纰漏,即事先予以确切保证。这就使他在契约达成中的预期,不可或缺地包含有相互补充或互为保障的两个方面,即:

非人力资本所有者预期收益＝依赖可靠信息获取的收益＋基于事后保障机制确立的收益

(二)人力资本所有者在契约达成中的预期

在企业委托—代理经营中,作为招聘选拔对象的人力资本所用者,并不可能像非人力资本所有者那样，以其所拥有的企业资产来炫耀自身价值。唯有通过未来的市场竞争角逐和企业营运成效获取，来显示自己的才干智慧。因而，在与非人力资本所有者之间双向选择和签约谈判的过程中，难免处于相对劣势。他首先要考虑到的问题是如何以自身业绩和资历等，引起非人力资本所有者的关注。甚至在协商谈判中双方均有较强的合作意愿，但是相互之间又缺乏足够信任的情况下，人力资本所有者极有可能拿出自己的份额资本参与到企业中，以作为自身可信度提升的一种补充，如股权协议回购等。

当然，人力资本所有者在契约达成中的预期不可能仅在于希望受聘，即与一定职位权利拥有相关联的一般性稳定收益的获取上，还常包含有基于下述原因所产生的欲求。首先是以往就职企业的经历和投身该企业生产经营实务，使人力资本所有者形成自身技能的专用性。这样，一旦实行任职企业转换，即要着手进行适应不同环境条件的重新学习，以突破以往技能局限。并且以自身声誉和无形资产为抵押，来分担和承受企业营运成效求取中的风险与压力。为此在签约谈判中，势必要提出与这样的投入花费和风险承担相对应的企业经营剩余索取要求。甚至说会有些曾经一度业绩突出和自认才识不凡的应聘者，必将抱有这样的强势企望，以致在签约谈判中提出相对苛刻的要求和条件。同时，在未来任职和探索谋划企业增效制胜方略的过程中，其主观能动性的激发调动和内在潜能的发掘施展，亦往往取决于这样的投入回报是否可得到以及得到何种程度的满足。这就使他在契约达成中相应预期收益的兑现，成为与自身努力水平和强化投入程度密切关联，进而从总体上影响制约企业经营成效提升和自身收益增长的相对可控性因素。借此，以下式来概要表述人力资本所有者在契约达成中预期收益的构成。

人力资本所有者预期收益＝一般性固定工薪收益＋可控性强化投入收益

（三）非人力资本所有者与人力资本所有者合作契约的达成分析

以上分别对非人力资本与人力资本所有者在契约达成中的预期进行了阐述。从中可以看到，人力资本所有者为获取企业经营剩余而强化自身投入，为维护自身声誉和无形资产增值而严格履行其岗位职责的行为取向，正契合了非人力资本所有者为有效规避代理经营中的"道德风险"和确保企业成效稳定增长，而构建设置各种事后保障机制的最终目的。甚至说基于人力资本所有者从业谋生所必然要顾及的自身声誉受损，使非人力资本所有者在履约授让企业经营权的同时,亦拥有了促使人力资本所有者恪尽职守的威慑力,亦即作为企业代理经营中的委托人,完全可据此核查惩治代理人的不良行为和业绩欠佳的偷懒怠惰倾向。这就使非人力资本所有者凭借事后保障机制确立的预期收益兑现,亦成为相对可控性因素。当然,在人力资本所有者已做出相应投入和企业营运绩效提升的情况下,非人力资本所有者亦须严格履行其在议定契约中所做出的各项承诺,给予代理人以应有回报,从而在践约互信中维系和强化双方的协作意愿。这就使人力资本所有者与非人力资本所有者为契约达成而进行的协商谈判,在客观上成为双方为确保在未来合作中各自需要的满足即预期收益兑现,而在各方利益协调平衡的前提下,构建设置相互之间权力制衡关系的过程。这亦再次验证了本书第二章所述,企业在本质上体现为现实社会中个人之间市场化交易契约组织的论断。

在这里,由于非人力资本所有者预期中依赖可靠信息获取的收益,以及人力资本所有者预期中的一般性固定工薪收益,常取决于市场行情和机遇等非主观性因素或外生变量,因而难以控制并在协商签约时已予设定。这就使对两者预期收益中相对可控性因素的探讨分析,成为如何充分调动人力资本所有者积极性和持续提升企业经营成效的重要研究课题。

二 对于契约达成的深入探讨及其对我国国有企业管理体制改革创新的深刻启示

源于拉丁语的英语"契约"一词,原本内涵是指人与人之间的交易。与英语"契约"最为相近的词语,恰是"矛盾"这一概念。若由此从经济学上做进一步深入的关联性探讨[①],即可明确看到所谓的"契约",理应是指把拥有不同资源和需求,因而希望在协商交易中满足自身需要的行为主体以具有法律约束效用,亦即以相应权力制衡机制构建确立为保障的方式联系在一起的特定范畴。显然,基于人的理性本是自私的假定,在交易双方协商签约后的合作中,难以避免地存在有损人利己、投机取巧和瞒哄欺骗等矛盾冲突,甚至说常会采用非常微妙隐蔽的手段和耍弄狡黠伎俩的情况下,如果没有这样依法运行的权利制衡机制,对所有当事人的行为进行必要的监督制约,先决性缺失委托—代理契约签订和现代企

---

① 此处探讨研究,亦受钟祥财《近代上海的契约精神——钟祥财研究员在上海政协"学习茶座"的讲演》(参见《文汇报》2012年3月5日D版,"文汇学人·每周讲演专栏")的启发。

业制度构建中的合理产权制度安排,从而难以对各种失却诚信的不良倾向和违约行为给予应有警示与惩处,各签约人的预期即无从得以兑现。这就使所谓契约的达成,唯有依赖如孟德斯鸠所说的"以权力制约权力"的权利制衡机制,来有效规避和消除各签约方在履约过程中的各种对立纠纷,从而确保各方预期最终得以兑现才具有真正的实际意义。反之,也只能是信誓旦旦而不见其行的一纸空文。由此可得出以下结论,并从中引出对我国国有企业管理体制改革创新的诸多重要启示。

其一,这样协商议定的契约不仅出自于各交易方的意愿,即契合所有当事人的交往合作预期,因而具有合意性。而且在协商交易的签约过程中,各交易方均拥有法律上的平等自主地位,这就为确保各方预期收益兑现的权利制衡机制构建确立了重要前提。使得这样依法签订的契约又同时具备了履行中的正当有效性。显然这样契约的签订,绝不等同于封建专制社会那些握有强权的统治者为着压榨奴役劳苦大众,所强制推行的各种侧重于惩罚限令的法规条文。由于这样的"被签约",从根本上背弃了社会公平和对个人基本权利的应有尊重,致使契约的正当合理性荡然无存。而严格意义上的契约,正是立足于现代商业文明,在强调所有交易参与人平等自愿自主,亦即在确保各方议定合作规约合意性的前提下,来强化其自觉履行力度和约束性的合理有效规范。西方的社会契约理论,即是基于这样的平等自主理念,来剖解阐释作为契约产物的国家。认为人民之所以承认国家,愿意把原本属于自己的天赋权利的一部分"让渡"出来,其本意并不是在于对个人权利实行"剥离",其目的全然相反,恰是为着由国家统一实施法治,来有效保障和增进个人的权益。

这就启示我国的国有企业管理体制改革在政企尚未确切分离,作为"经济人"的国有企业员工并未直接享有国有企业经营剩余,亦即并未成为真正意义上的国资共有者成员。而且作为国资营运监管代理人的国资委,在其属性上仍然是国家行政机构的组成部分,而并非由广大国有企业员工按照一定法律程序推选组合而成的经济组织的情况下,理应按照合理有效契约签订所应遵循恪守的平等自主原则,通过国有企业员工应有权益的市场化兑现,以及国资委属性即其构建设立方式的转换,来实现国有企业所有者的人格化到位和产权制度创新、管理体制变革。通过国有企业盈利动机的强化和所有国有企业员工民主参与监管国资营运,以及其忘我劳动热情的激发调动,来大幅度提升国有企业经营成效和市场竞争优势。从而在根本上区别于西方传统私有制企业的资本雇佣驱使劳动，亦即在社会主义劳动者主宰自身命运和同心协力开创科技、社会发展新局面的历史进程中，实现社会主义基本经济制度与市场经济的有机融合。

其二，基于各签约方的平等自主，在委托—代理契约的签订履行中，与人力资本和非人力资本所有者预期中相对可控性收益兑现密切关联的关系契约，即自执行契约的确立实施，无疑将成为正式契约，即已做出诸多预设限定的强制性契约的重要补充。显然，在正式契约难以准确预知和把握未来，因而在客观上存在有先天不足和难以完备的情况下，唯有依赖各方履约的自觉性，亦即通过人力资本所有者的忘我投身工作、积极应对风险和妥善处置企业营运中的各种不确定性，并且从中取得突出经营成效，而非人力资本所有者亦即时给予应有回报和额外酬劳等关系契约的自觉能动履行，才能确保各方预期的最终兑现，以致在蛋糕做大的前提下实现各方合作共赢收益的最大化。

这样，关系契约的履行亦在客观上受制于各签约方出于自身愿望和期盼，在其主观所认定的对方应承担责任，以及对这种并未在契约文本中显示的，内隐性心理契约履行状况的评价判断。这无疑将直接影响所有当事人的公平感及其履约动机的强化，使得委托—代理契约的有效履行深刻关联到所有签约人之间的相互知晓、理解、认同和互信。甚至说这样的相互理解和认同，又更深层地依赖所有当事人在严谨自觉履行社会契约的过程中，逐步确立与信守的，那种真诚利他和无私奉献的为人处世思想观念。由此亦可明确看到，为促使我国国有企业管理体制改革取得突出成效，最终显现出传统私有制企业所难以企及的市场竞争优势，亦从根本上依赖所有国有企业员工，在共同占有国有企业产权和携手行使自身权利的过程中，逐步深刻认识到自身未来与国有企业强盛，以及全社会劳动者共同富裕之间不可分割的内在关联，从而凝聚形成那种勇于担当和忘我服务于社会演进发展的主人翁责任感。

其三，要有效地规避现代企业委托—代理经营中的责任不对等、激励不相容和信息不对称三大矛盾，尤其是在其中起决定性作用的，由传统产权私有制鸿沟在人与人之间所造成的各种难以化解根除的利害冲突，唯有依赖"财产社会性质的改变"和"重建个人所有制"，使国有企业委托—代理经营中的所有者、经营者和员工，成为仅有职务、权能和职责上的分工不同，而并无根本利益区分，亦即从本源上摒除了传统产权私有制条件下由资本雇佣驱使劳动带来不平等的国资共有者成员，实现国有企业所有者人格化到位。显然，由此所确立的我国国有企业产权制度变革和管理体制创新取向，不仅可以在一方面，通过身处国有企业产销一线的所有员工，全方位、多层面地民主参与国有企业营运监管，来有力鞭策推动经营者各项职责的履行，促使委托人对代理人行为的督察更加严谨、透明和高效，并且从中大幅度降低监督成本和确保所有者预期兑现。而且在另一方面，亦可促使所有国有企业员工，在承受竞争上岗任职和拥有所有者权益的双重压力下，以不同于以往的主人翁心态加倍努力投身工作，不断提升自身才智和自觉能动行使各项所有者权能。同时，又由于他们要与经营者共同分担企业风险，分享企业经营成效持续增长所带来的丰厚收益，因而亦促使他们由衷拥戴和支持经营者工作，刻意激发和推动经营者独立大胆行使自身权利，并且积极参与企业营运管理和业务流程的创新优化再造。

当然，经由各地和全国国有企业员工代表推荐竞选组合而成的营利性经济组织，其成员收益必然要与国资营运的局部或整体成效密切挂钩，并且抱有求取国资盈余最大化强烈动机的地方及国家国资营运监管机构，亦会从根本上代表所有国有企业员工和社会发展的整体利益，来严密监管国资营运，从而有效规避国有企业经营中的内部人控制现象和狭隘自利小集团主义。甚至说通过严格的国家立法，来严厉惩治和根除那些凭借行业垄断谋取暴利的不良倾向发生。促使经营者和所有国有企业员工，在严谨恪守诚信交易、平等竞争和谋取正当合法收益等商业道德规范的同时，逐步深切感悟到那种忘我利他、投身团队，为着国有企业整体长远发展而甘愿牺牲个人和集体眼前局部利益的献身精神，对于大幅度提升国有企业的商誉人气和不同成员、部门间相互信赖的协同创新合力，以致最终形成顺应时代发展和非产权公有制企业所难以比及的，市场竞争优势的重要决定性作用。显然，这样的产权制度安排和国有企业委托—代理契约签订中权力制衡机制的确立，无疑将深刻凸显出我国依照自身国情而构建的社会主义市场经济体制和国有企业，在严格遵循市场经济运行基本法则和尤为自觉能动地履行社会契约的过程中，所拥有的不断增进扩展自身的强势内在生命力。

在这里，为深刻验证所有者人格化对于我国国有企业深化改革的重要意义，促使国有企业管理体制变革取得应有成效，有必要深入考察分析和借鉴发达市场经济国家，立足于严格立法支撑、"权利明晰归属到人"和维护保障增进个人权益的营利性经济组织，并且尊重其资产出售转让自由，运用间接或直接手段，严密监控企业经营的现代企业产权制度特征，亦即对其在委托—代理契约达成中所构建设立的权利制衡机制，进行相对深入的探讨研究。当然，在这里需要说明的是，由于我国国有企业截然不同于西方国有企业从属和服务于产权私有制企业，而是能动地参与市场竞争和主导经济社会发展的重要市场主体。因而，出发于中西方国有企业管理体制的比较研究，落脚于对同为经济社会发展主导力量的西方私企的深入考察及其与我国国有企业的比对分析，将不仅有利于深刻揭示我国与西方国有企业大相径庭的本质性区别和孰优孰劣不可同日而语，而且，亦有利于我国国有企业在批判性吸收借鉴西方私人企业传承有益经验的过程中，亦即在切实兑现所有国有企业员工应有权益和有效构建国有企业权力制衡机制的基础上，卓然显现出社会主义产权公有和新型市场经济体制的强势内生驱动活力。

第二节 美国公司制企业产权制度特征

一 美国公司制企业的分散持股和经营者控制

如本书第二章所述，股份制企业最早并非源起于美国。然而，真正现代意义上的股份公司却在美国得到了迅速发展。时至20世纪初，尽管独资企业与合伙制企业在数量上仍占多数，但大多数大型企业均已采用了股份公司制度，并且其产值已在国民经济中占据绝对优势。美国股份公司的发展，不仅促使了企业规模迅疾扩大，而且使企业的产权形式、管理制度和组织结构产生了深刻变化，形成了以机构投资者和个人分散持股的公司所有权结构特征。

个人持股又分为直接持股与间接持股。所谓直接持股是指股东以个人的名义直接购买股票，间接持股指的是个人将私人财产委托给金融中介机构，通过金融中介机构持有股票。1952年美国全国有650万人直接持有股票，1982年直接持有股票的人数增加到3200万人。[①] 20世纪90年代以后，直接持股的人数一直保持在总人口的50%以上。同时，机构投资者持股比例也不断上升。以养老基金、保险公司和共同基金等

---

① 参见李维安《现代公司治理研究》，中国人民大学出版社2002年版，第85页。

为代表的机构投资者持股比例不断上升,这一趋势在 20 世纪 80 年代后期的发展更为迅猛。目前在美国大公司中,机构投资者的持股比例已经超过 50%。

需要提及的是,最早通过经验研究来解说美国公司所有权分散,以及由此引起企业所有权与经营权分离现象的经济学家伯利和米恩斯(Berle-and Means, 1933),通过对美国 200 家最大非金融公司的考察,发现有 44% 的企业和 58% 的企业资产不是由股东控制,而是被并未持有公司股份的经理人员操控。并且"随着经济力量的集中,由此产生的股份所有权向更大范围的扩散",将不可避免地造成一种"与所有权相分离的经济权势",从而使毫无控制权的财产所有权和毫无所有权的控制权,成为股份公司发展的必然结果。①

显然,伯利与米恩斯对于"股份公司发展必然结果"的最终论断,未免有失偏颇和未必切合实际。因为这不仅从根本上违背了所有者有偿让渡企业经营权,在有相对可靠获利保障前提下签署代理契约的委托人预期,而且在经营者行为不受任何监督制约情况下,其以权谋私的不良倾向势必危及企业的生存发展。然而他们的分析却深刻地反映了在美国公司股权高度分散前提下,对于握有企业生杀大权的经理人缺乏直接有效监控的突出问题。这是因为,对于为数众多的分散股东来说,凭借股票交易中"用脚投票"的间接所有权约束来确保自身的投资收益,原本即为便捷可靠。甚至说这些分散的股民与一些法人股东或机构投资者购买股票的目的一样,仅只是为了股息和红利,而对企业的经营决策并不感兴趣。这就难免造成经营者渎职和滥用职权现象,失去了促使企业有效营运发展的出资人制约。另一位经济学家勒纳(Lerner, 1966),也曾对美国 200 家最大的非金融公司进行了类似调查,并且以实证研究的方式与伯利和米恩斯的结果相对比,进一步证明了在美国企业所有权与经营权相对分离的过程中,失却"两权"有机制衡的"管理控制性公司"不仅大量存在,而且有明显增长趋势。为有效规避企业经营中的"无所有者控制",美国政府亦采取强化国家立法的方式,代替分散的股民监督制约企业。20 世纪 90 年代在美国一些公司,亦发生了股东联合起来迫使经营者下台,被诸多学

---

① 参见伯利、米恩斯《现代公司和私有财产》中译本,台湾银行 1982 年版,第 57—61 页。

者称为"所有者觉醒"的事件。

二 股权高度分散下的企业权力制衡

作为自身经济和文化观念历史演进的结果,股权高度分散的美国公司制企业已形成与其所有权体系相吻合,促使不同利益主体权利相互制衡的运行机制。从中亦深刻地体现出在产权归属明晰条件下,作为企业产权的终极所有者,即由严格法律认定的人格化对象——机构投资者和企业股票的持有人个体,出于自身的强烈求利欲望,对于企业营运成效及未来发展趋向的严密监察驱动。其特点可通过以下几方面来分析。

(一)企业权力制衡中的所有权制约

其一,个人股东所有权约束。由于美国公司股权的高度分散,使得分居各地的股民极难或无意通过选举董事,进而以董事会为代表来实现对公司营运的直接监控。其所有权的约束方式,主要是通过外部市场中介行使对公司营运的间接控制,即美国高度发展的证券市场在其中起到了重要作用,使得公司股份的流动极为迅捷便宜。当众多分散的股东极难或无意凭借"用手投票"来实现对公司营运的直接监控制约时,即可随即灵便采用股权转让的"用脚投票"方式来应对企业业绩欠佳和经营不善。尤其是当投资者大多卖出股票,股票市场行情看跌和企业价值大幅下降时,便会有人乘虚而入实施低价收购。一旦收购到企业的大部分股权,该收购者便可以通过临时股东会议投票,利用多数票击败不称职的代理人,以相对敬业和富有才干的经营者取而代之。

应该说这样的个人股东所有权约束,在客观上具有其不可避免的间接性和滞后性。然而,由于美国已形成极为活跃和富有竞争性的经理市场、产品市场和资本市场,尤其是那些操作规范和富有效率的证券市场交易,亦在无形之中对企业经营者构建设置了严谨履职的巨大压力和鞭策。当然对个人投资者而言,委托投票或代理投票也是其所有权约束实现的一个间接手段。[①] 如果一家公司董事会的席位被管理层提名的人选所垄断,那些持有不同观点又无足够股份的股东即可争取分散的投票权,通过行使代理投票权来获取董事会中的多数席位,从而握有实质性的企业经营控制权。显然这对于中小投资者,尤其是对个人投资者实现自己的目标欲求极为有利,而且也具有极大实现的可能性。

---

① 此处参考胡果威《美国公司法》,法律出版社1999年版,第十四章。

还应指出的是,在个人投资的保障上,如果投资者所关注的仅是尽可能充分、及时的可靠信息的获取,而对企业经营控制权的拥有并不十分在意时,即需要各种相对完备的体制和规约给予其必要保障。对于有着严格法律规范和股权高度分散的美国公司制企业来说,对此又做得相对完善。这至少表现在以下四个方面。

一是相对完善的企业信息披露。企业信息披露的目的是及时准确向市场提供自身相关信息,以保障投资者的利益。如果公司在信息披露中确有重大遗漏和误导,证券交易委员会即可依照证券法中的欺诈条款,采取行政手段予以惩罚,股东或者投资者亦可利用反欺诈条款追究其法律责任。这就使信息披露在客观上成为一种事先的威慑与事后索赔机制。作为美国第一部为保护金融消费者利益的联邦立法,即1933年出台的《证券法》,主要涉及公司首次公开发行股票时的信息披露。1934年颁布的《证券交易法》,则涉及上市公司的信息披露。此后所推行的诸多判例法,亦进一步丰富与完善了信息披露制度。企业应披露的信息,主要包含有公司经营信息、内幕人信息、关联交易信息及管理层信息等。

二是较为健全的独立审计制度。由于美国公司没有设立监事会,因而其财务状况一般由公司聘请外部独立的审计师事务所来审查。公司每年的财务报告,均要附有独立审计事务所的审计师所签署的审计报告。美国的五大会计行,即安达信、毕马威、普华永道、安永和德勤,曾经承揽了绝大多数美国上市公司的外部审计业务。美国政府的审计机构,也每年都要定期或不定期地对企业经营状况进行审计,同时亦要对审计事务所的资格进行审验。显然这样的官方审计与独立审计双重交合审查,在很大程度上保证了公司财务信息的真实性。美国注册会计师协会(AICPA),即曾在1977年颁布的16—17号审计准则中明确指出,注册会计师有责任制定审计计划,检查对财务报表有重要影响的错误,以及公司董事与经理从事不符合法律或公司章程的自我交易、利用职权收取贿赂和盗用转移公司资产等不正当或非法行为。为了保证注册会计师的独立性,由美国证券交易委员会(SEC)所制定的S—X条例,亦对审计的原则、财务报表的内容和形式,以及必备的证明文件等做出了明确要求。如企业不能拖欠独立审计师的费用,审计师不得违规与企业管理层或员工进行联系等。

三是严格控制公司内幕交易。所谓内幕交易,是指掌握公司内部信息者利用自身知情优势参与本公司股票交易，从中获取不正当收益的行为。对此，美国于1934年出台的《证券交易法》，1984年推行的《内部交易惩治方案》和1988年通过的《内幕交易和证券欺诈执行方案》等，均是有针对性的关涉到严格监察惩处公司内幕交易的典型法案。①

四是严谨推行外部独立董事制。1977年经美国证监会批准，纽约交易所引入一项新条例。即要求上市公司必须在1978年6月30日以前，设立并维持一个全部由独立董事组成的审计委员会。这些独立董事，不得与公司管理层有任何会影响其作为委员会成员独立判断问题的关系。至20世纪90年代，在密歇根州公司法率先采纳独立董事制度之后，独立董事制即在美国盛极一时，并且随之成为美国公司制企业的一大典型特征。由于独立董事明显区别于由企业内部人员组成的执行董事，及为公司决策营运提供各种专业性顾问服务的准外部董事，其重要职能是根据股东和社会利益检视评价公司管理层行为，并对公司业绩进行独立的监督审查。所以独立董事制的推行，对中小投资者降低参与企业风险无疑具有明显补益。② 如被称为金融经济学思想家的尤金·法玛（Eugene F. Fama, 1980）所说，将外来独立董事引入专职仲裁者行列，不仅增加了董事会实施控制权低成本内部转移的可能性，而且也降低了高层管理人员串通与收买股东的可能性。维斯巴齐（Weisbach, 1988）③ 的一项实证研究，亦深入验证了公司内部与外部董事在监督高层管理中的不同行为。发现以外部董事为主的董事会，比以内部董事为主的董事会更容易撤换公司的首席执行官。

至此，基于以上对个人股东所有权约束的多层面分析，并联系到本章第一节对非人力资本所有者预期的探讨，可用图5-1来做总体性概要显示。其中的相对完善信息披露、健全独立审计制度、严控公司内幕交易和外部独立董事监察等，显然是美国相对完备的体制规约，成为个人股东所有权约束落实，亦即其投资预期得以兑现的重要保障。

其二，机构投资者所有权约束。虽然作为法人股东的机构投资者受各种制约，并不像个人股东那样热衷于股票交易中的短期炒作，然而由于其

---

① 参见于潇《美日公司治理结构比较研究》，中国社会科学出版社2003年版，第151页。
② 在美国这样的独立董事，通常来自商界或学术界受人尊重的著名人士。为着维护和提升自身的决策控制专家声誉，他们亦大多严格履行独立董事职责。
③ 转引自［美］弗雷德·威斯通、［韩］郑光、［美］苏姗·E. 侯格《兼并、重组与公司控制》，唐旭等译，经济科学出版社1998年版，第401页。

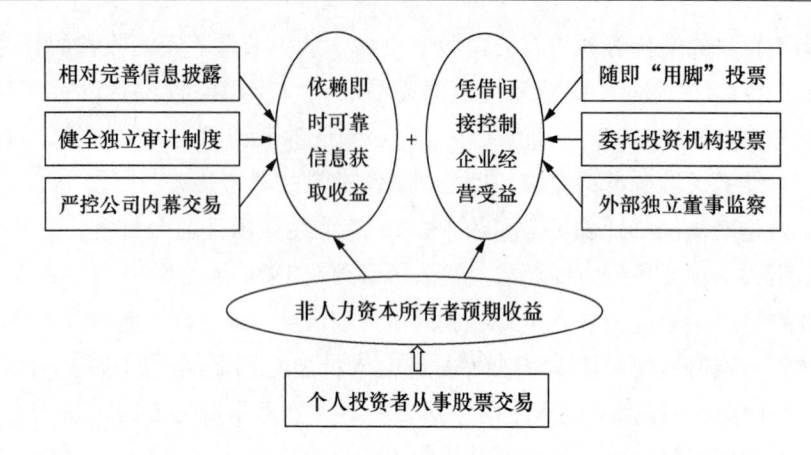

图 5-1　基于非人力资本所有者预期收益保障的个人股东所有权约束示意

拥有举足轻重的持股实力，如从 20 世纪 90 年代 IBM、通用和西屋电器等诸多世界级大公司被迫更换高层首脑，到 21 世纪初世界通讯等大公司的财务丑闻被揭示，都凸显出机构股东在美国公司治理中的重要作用。美国投资者责任研究中心（IRRC）历年对约 2000 家公司提案支持率的研究表明，有关反毒药丸的股东提案支持率从 1987 年的 29.4% 上升到 2000 年的 57.8%。要求公开董事会运作情况的股东提案支持率从 1987 年的 16.4% 上升到 2000 年的 52.7%。相对应由公司管理层提交的不公开董事会运作情况的提案，则从 1986 年的 88 份下降到 2000 年的 10 份。

在这里，可以"股东价值导向公司治理运动"的积极推动者，即美国加州公职人员养老基金（CalPERS）为例，来相对深入考察在美国公司股权高度分散条件下，机构投资者在强化公司治理中所有权约束的突出重要作用。作为世界上最大的基金之一，CalPERS 管理着 1510 亿美元资产。为着维护和提升自身收益率，它每年都要严格评估其股票组合中的美国公司绩效，并且要把那些长期绩效低劣的公司列为"CalPERS 焦点公司"，进而会见这些公司董事，讨论其绩效和治理问题。这些焦点名单的筛选确认，主要基于以下三方面的考查。即该公司过去三年的股东回报、经济增加值（EVA）和公司治理状况。这样在选出那些经济业绩差，同时又缺欠有力促使经营者严格履行自身职责的对象性公司后，CalPERS 将逐个对其进行深入察验分析，并且决定是否能通过参与公司治理来提升其经济增加值和公司绩效。据全球著名咨询公司威尔希尔（Wilshire Associates）的考察研究，62 家受过 CalPERS "焦点名单"系统关注的公司，在 CalP-

ERS 采取行动前 5 年，其业绩是 S&P500 指数的 89%。在 CalPERS 实施各项举措后的 5 年中，同样是这些公司的股票却超出了 S&P500 指数的 23%，每年大约给 CalPERS 增加 1.5 亿美元的回报。

(二) 企业权力制衡中的经营权行使

在现代企业委托—代理经营中，唯有赋予作为人力资本提供者的代理人以应有的独立经营自主权，并且严格规避所有者对企业正常营运的无端干预，才能有力地促进经理人深入把握市场需求趋势变化而随机灵动采取各种应对举措，从而为自身收益和从业声誉的提升而竭尽全力地求取企业盈余最大化。在这样的权力制衡机制构建中，若从在西方市场体制中具有突出代表性的美国企业出发，可从以下两个方面进行分析。

首先，由于美国资本市场相对极为发达，企业间并购重组屡见不鲜。这就使凭借自身才干、业绩和声誉谋职的经营者不可漠然视之。如果他们因自己营办无力造成企业绩效欠佳而被解聘，不仅将失去各种应得收益，而且使自身的人力资本价值大打折扣。这也正是促使经理人尽职敬业的重要原因。当然，在这里亦不排除确有一时意外原因而造成业绩不振，其股价被低估的公司存在。该公司所具有的潜在价值，一旦被那些蓄势待发的"猎杀者"觉察，即很容易被列为收购的目标对象。实际上，这样的"恶意收购"，在美国公司并购中发生的频率亦越来越高。这就涉及企业权力制衡中，经营者应有控制性权力确切赋予的基本问题，从而使其可自主能动实施各种反收购举措。

其次，为促使经营者求取企业营运收益最大化，将自身未来与企业发展融为一体，势必要对其实施包含企业剩余索取权给予的有效激励。如表 5-1 所示，美国企业对经营者实行的股权激励，对于构建形成和强化企业权力制衡中经营者的自主、自励动力机制无疑具有重要参考价值。这是因为在一方面，这样的股权激励实际是将人力资本与财务资本结合起来，强调了其抵押性特征，如所谓的现股激励和期股激励等。[①] 这对所有者以

[①] 参见陈卓勇、吴晓波《股权激励的不同类型及其运用》，《改革》2000 年第 3 期。所谓现股激励，是指通过公司奖励或参照股权当前市价向经理人出售的方式，使经理人及时获得股权，同时规定经理人在一定时期内必须持有股票，不得出售。所谓期股激励，是指公司和经理人约定将来某一时期以一定价格购买一定数量的股权，购买的价格一般参照股权当时的价格确定，同时对经理人购股后出售股票的期限做出规定。可见，这两种股权激励方式对经理人都存在持有风险，具备一定的抵押性质。

及经营者而言，无疑增加了相互之间密切协同合作的信任。在另一方面，这样的股权激励对人力资本所有者来说，亦是其在企业权益制衡中自主能动行使自身权力和获取最大投入回报的必然要求。因为从客观上来看，在越来越需要经营者做自主能动判断的商业活动中，期权收益在很大程度上弥补了固定工薪收益对其才能评价的不足。

表 5-1　　　美国 S&P500 家上市公司 CEO 报酬结构　　　单位：%

年份	基本工资	奖金	期权	其他
1992	35.53	19.78	21.80	7.39
1993	35.89	21.84	19.51	6.08
1994	31.83	23.51	25.65	6.94
1995	28.66	22.69	24.74	8.62
1996	24.30	20.99	30.82	8.46
1997	20.09	19.18	35.39	8.05
1998	20.89	18.58	37.65	8.86

资料来源：Tod Perry："CEO Compensation in the 1990s"，Table，April 2000，www.ssrn.com.

（三）美国公司制企业与我国国有企业权力制衡机制间的差异及对我国国有企业改革启示

由以上分析可明确看到，美国公司制企业在股权高度分散和所有者人格化前提下，其产权归属明晰和流转支付自由，明显区别于我国国有企业产权空泛虚浮地归属于难以明晰确认其行政或经济属性的组织机构，以及国有股"一股独大"、股权结构高度集中和灵活营运机能的僵硬乏力。国有企业作为拥有强烈求利动机的市场主体，其正常的市场营运交易活动时常要受到政府部门出于所谓公益目的和局部、短期的政绩需要，而随意施加的行政管制和干预。这就很难类同于美国公司制企业在股权转让自由前提下，促使产权在全社会范围内和不同产权主体之间依随价格信号转移流动，最终自行趋向资源优化配置的市场化高效营运机理。同时，与我国相比，其人力资本迁移及信息与技术资源流动简便。尤其在企业分配中，亦相对达到了等量的资本投入带来等量预期收益的兑现，从而促使不同投资方的整体收益趋向最佳。美国公司制度所以能够取得突出成效，主要在于两方面的原因。其一，是通过严格的国家立法和一系列规章制度确立来保护所有者的应有权益。这已成为吸引遍布全国各地的大量中小投资者采用"用脚投票"的间接监控手段来实现对企业的所有权约束,从而形成具有美国特色的所有者监督企业运营机制的重要保障。其二,是与强化对经营者行为约束密切关联对应的有效激励机制的构建。① 当然,在美国公司制企业中广为实施的股权激励以及各种可能的接管举措,都建立于相对发展完善的金融市场、人力资本市场和产品市场等,有机统一的市场体系根底之上。特别是其中与股权激励对应关联的,相对发展完善的人力资本市场的构建确立,亦成为可资为鉴和显见我国未来,促使我国国有企业员工和经营者通过激烈的市场竞争上岗任职和拥有所有者权益,在严格履行岗位职责和拼搏竞取向上的职业生涯中,不断提升自身才华胆识和敬业精神理念的重要改革取向。

第三节 日本公司制企业产权制度特征

一 日本公司制企业法人持股的形成

(一) 日本公司制企业法人持股的演进历程

与美国拥有众多股东、股票可以自由买卖的股份公司不同,日本公司制企业所有权最大特点是法人持股。其法人持股的衍生发展可划分为以下界限较为明显的四个时期。②

一是1945—1950年战后经济民主化时期。第二次世界大战前,日本公司所有权是以财阀家族控制为主,战后由盟军主事对其实行了经济民主化改造。由此而成立的"控股公司管理委员会",先将所有财阀家族、控股公司和子公司的股票转移至"控股公司整理委员会",再由该委员会将这些公司的股票出售给分散的投资者,从而使一般民众的持股比率大幅度提高,以致在1949年日本股票市场重建时,个人持股比率一度高达

---

① 美国学者本特·霍姆斯特罗姆与保罗·米尔格罗姆在合著的《多任务委托—代理分析:激励合同、资产所有权和工作设计》中曾明确指出,"在对委托—代理问题的标准经济学分析中,报酬制度起着配置风险和奖励有效工作的双重作用。在代理人厌恶风险时,这两个功能间存在冲突,因为为代理人提供的有效工作激励常常迫使他承担他不愿承担的风险。"摘引自 Bentgt Holmstrom and Paul Milgrom, "Multitask Principal – Agent Analyses: Incentive Contracts, Asset Ownership, and Job Design"、*Journal of Law, Economics and Organization*7 (1991), pp. 24 – 52。

② 此处参考于潇《美日公司治理结构比较研究》,中国社会科学出版社2003年版。

69.1%，而法人持股比率仅为 28.1%。此外随着家族财阀的解散，亦使支薪职业管理人员直接管理公司，使企业经营者获得了较大的权利。

二是 1950—1964 年个人持股占主导地位时期。在这一时期，个人持股虽然占主导地位，但是随着法人持股比例的不断提高，个人持股的比例持续下降。其主要原因首先是由于国际环境的变化，促使美国调整了对日政策。即在第二次世界大战后，随着美苏两大敌对阵营的形成，不同意识形态尖锐对立和军事冲突加剧，特别是 1950 年朝鲜战争的爆发，使美国不得不重新考虑日本在两大阵营对垒中的作用。其次，曾经严令推行的《禁止垄断法》趋于松缓。1947 年日本曾仿照美国模式，在颁布实施的《禁止垄断法》中严格禁止事业公司持有股票，并且规定金融机构不得持有每一公司 5% 以上的股票。然而在 1949 年对该法的第一次修改中，即放松了对事业公司持股的限制，仅禁止有竞争关系的公司相互持股。在 1953 年作重新修改时，又以"公司如果通过取得和持有国内公司的股份，同时根据这种持股关系，对一定交易领域的竞争产生实质性的妨碍，则不允许持有这种股份。此外，也不得通过不公正的交易方法取得和持有这种股份"等含混不清的表述，为法人持股提供了制度空间。最后，解散财阀的制度变革不彻底，以及战后公众缺乏吸收、消化大量股份的经济基础等，均为法人持股的复苏提供了可能。

三是 1964—1974 年法人相互持股的形成时期。这也是日本法人资本主义形成的重要时期。在这一时期，法人的持股比例从 53.2% 上升到 63.8%，个人的持股比例则从 44.8% 下降到 33.4%。其主要原因，一方面是日本证券危机的爆发。即由于 20 世纪 50 年代后日本经济快速增长，大规模的设备投资引起大规模进口，导致国际收支恶化。为此日本政府于 1961 年采取金融紧缩政策，法人企业为获得资金而纷纷抛售股票，从而使股票的价格暴跌。同时由于企业大规模的增资扩股依然持续，导致股票市场的供求关系失去平衡。1963 年日本股市陷入恶性循环，股价一再下跌。最终导致 1965 年证券危机爆发。由于在证券危机中个人投资者损失惨重，纷纷退出股票市场，致使个人的持股比例进一步下降。这样为了稳定股票市场，在政府的支持下，"日本共同证券"和"日本证券保有协会"相继成立，并且从股票市场、证券公司以及业绩不佳的信托公司手中购买大量股票，由此为后来的法人相互持股创造了条件。

另一方面是日本资本市场的国际化。日本已于 1960 年加盟 OECD。

按照 OECD 的规定，其加盟国必须要实行资本流动的自由化，然而日本企业却对此深怀戒心和不安。不仅是经营基础较弱的中小企业担心直接投资的自由化，会使自身生存受到严重威胁，而且汽车与电子等大企业，亦担心这势必要招致外国巨大资本涌入境内。这些数额巨大的外资，不仅能通过操控股权来获得企业经营的控制权，而且还可以控制和支配市场。这样，为了抵御外国资本的并购，日本财界开始商议对策，其中的重要举措即是采取"稳定股东"政策。亦即大企业为确保自身权益的稳定而寻找与己有关的企业持有自己的股份，同时本企业亦相应拥有对方企业的股权。这就形成了日本公司制企业之间相对稳定的法人相互持股。

四是 1975 年以后法人持股与相互持股成熟时期。1975 年以后，日本企业的法人持股开始走向成熟，法人持股比例稳步提高。在企业集团内部、企业主与银行之间，通过紧密的持股关系建立起长期交易携手链环。时至 1990 年，个人持股比率降低到 23.1%，法人持股率提高到 72.1%。同时，这一时期法人持股率中的重要变化是银行持股不断提高，即从 1975 年的 34.5% 提高到 1990 年的 41.6%。事业法人持股比率相对变化很小，1975 年为 26.3%，1990 年为 25.2%。

至此，可将 1949—1990 年日本股票市场中上市公司持股情况列入表 5-2，从中可概要了解日本公司的股权结构及其变化。

表 5-2　　　　　1949—1990 年日本上市公司股票分布　　　　单位:%

年度	政府、地方公共团体	银行(信托除外)	投资信托	证券公司	事业法人	个人	外国人
1949	2.8	9.9	—	12.6	5.6	69.1	—
1950	3.1	12.6	—	11.9	11	61.3	—
1955	0.4	19.5	4.1	7.9	13.2	53.1	1.8
1960	0.2	23.1	7.5	3.7	17.8	46.3	1.4
1965	0.2	23.4	5.6	5.8	18.4	44.8	1.8
1970	0.3	30.9	1.4	1.2	23.1	39.9	3.2
1975	0.2	34.5	1.6	1.4	26.3	33.5	2.6
1980	0.2	37.3	1.5	1.7	26	29.2	4
1985	0.8	40.9	1.3	2	24.1	25.5	5.7
1990	0.6	41.6	3.6	1.7	25.2	23.1	4.2

资料来源：康焕军：《当代日本股票市场研究》，东方出版社 1995 年版，第 64 页。

(二) 日本公司制企业法人持股方式

日本公司制企业的法人持股，可分为单项持股与相互持股两种形态。单项持股一般在系列化的企业之间进行。所谓的"企业系列"，即是指大企业与子公司和关联公司之间的垂直控制关系。日本大企业通过中小企业的发包和订货等方式，形成了核心企业、子公司和关联公司之间的紧密交易关系。核心企业对众多的子公司和关联公司，在资金、技术、人才及联合开发等方面予以支持和帮助。作为回报，子公司亦要保证提供高质量、低成本的产品、零部件和服务。为了保持这种长期的交易关系能够维持下去，核心企业往往通过持股的方式把中小企业纳入自身系列。

相互持股是企业集团内各成员相互持有对方股份的资本结合方式。按其复杂程度又可分为三类。一是"一对一"的单相互持股，即A公司与B公司相互持有对方股份。二是"一对多"的相互持股，即A公司与B、C、D等公司分别持有对方的股份，但B、C、D之间并不相互持股。如丰田汽车与樱花银行、东海银行、三和银行、日本长期信用银行、大和银行及三井海上等分别相互持股，但是后6家银行并不相互持股。三是"多对多"的相互持股方式，即不仅A公司与B、C、D公司分别相互持股，而且B公司与A、C、D公司，C公司与A、B、D公司亦分别相互持股。显然，这是企业集团内部一种环状或矩阵式的相互持股结构。如三菱商事几乎与其所有的大股东均有相互持股关系，其大股东如三菱银行、东京海上、三菱重工等，也同样有相互持股关系。当然在这样的相互持股中，企业间的支配与被支配关系大多很难清晰显现，各企业仅知道自己属于三菱集团。

1975—1994年，日本6大企业集团，即三井、三菱、住友、芙蓉、三和及第一劝业的内部相互持股比例如表5-3所示。据日本资本市场研

表5-3　　　　　　　　日本六大集团内部持股率　　　　　　　单位:%

年份	三井	三菱	住友	芙蓉	三和	一劝	平均
1975	17.5	27.8	25.9	13.8	14.1	14.2	18.9
1980	17.6	29.3	26.2	16.3	16.8	14.1	20.6
1985	17.9	25.2	25	15.8	16.8	13.3	19
1990	16.5	26.9	24.7	15.4	16.4	12.1	18.7
1994	16.5	27.5	23.4	14.6	16	11.7	18.3

注：相互持股比率是指在各成员企业发行股票总数中，由同一集团企业持有的股票合计所占的比率。

资料来源：东洋经济新报社：《企业系列总览》，转引自李黎明主编《中日企业法律制度比较》，法律出版社1998年版，第143页。

究会估计,在日本全国上市的股票总额中有 30%—40% 的股票是大企业之间的相互持股。

二 日本公司法人持股下的企业权力制衡

(一) 企业权力制衡中的所有权制约

1. 来自个体及家族持股者的所有权约束

第一,由于日本公司个人持股的比例很低,所以企业很少受个人和家族股东的控制,同时又因为企业的绝对控股者即法人股东相互持股,以致形成了相互牵掣制约的局面。所以,在正常情况下,大股东特别是其中的金融机构也很少干预企业的经营运作。特别是日本公司相互持股的目的是防止外资侵害而建立起来的相互依赖的长期交易关系,因而在法人股东之间,早已形成一种互不干涉的默契,这就难免造成"企业内部人控制"现象的凸显。在企业权力制衡中,其所有权约束主要体现在以下两个方面:

其一,来自主要委托人的主银行监督。[①] 作为公司股东的主银行,除持股和提供长期资金外,还负责企业的短期贷款和账户管理。它所关注的并不是股息与短期资本收益,而是将主要精力放在与企业保持长期的贷款关系和金融服务。这样,在一方面形成了作为主要控股股东的主银行,并不对企业经营实施严密监控,仅只是企业经营状态良好情况下的"平静商业伙伴"。[②] 另一方面,如果客户企业的利润下降,主银行即可凭借自己所处的特殊地位,通过查检其往来营业账户和短期信贷等来查询其存在问题。若企业营运状况趋于恶化,主银行又可通过召开股东大会或董事会来更换企业经营者。

其二,是日本公司所特有的"经理会"组织对经营者构成了相对有力约束。所谓"经理会",是指企业集团内的核心企业在相互持股融资的基础上形成的一种非正式组织,如三菱集团的"金曜会"和芙蓉集团的"芙蓉会"等。由于日本公司的"经理会"同时又是股东大会,因而每一公司的经理会成员虽然平等相待,但却又是众多成员共同支配的对象。这

---

① 由本节表 5-2 可明确看到在诸多日本上市公司中,银行持股所占有的重要主体性地位。

② 青木昌彦在试图用一种统一的模式来阐释日本公司经营运作时亦曾指出,主银行作为日企的主要股东,并不对公司的管理实施直接控制。在良好的利润状况下只作为平静商业伙伴存在着,只有在恶劣的利润情况下才显示出其对公司的控制权(参见《经济社会体制比较》1992 年第 3 期)。

就使大股东经理会拥有对集团内各企业的单项支配作用，形成了如日本经济学家奥村宏所说的"多数对一"支配结构。

第二，基于法人相互持股的所有权制约分析。由于后发性资本主义的先天不足和传统文化影响，使得已走资本主义道路的日本，从未完全遵照资本主义的运行法则来进行规约体制构建。其战后的财阀解体，虽在形式上瓦解了财阀家族的经营体系，却并未伤及支撑其传承复苏的传统文化和经营观念。我国学者冼国明等曾将日本的现代企业制度称为基于企业自身的规程设置，而将美国的现代企业制度称为基于市场构建的制度安排。这就好比是用"足球联赛"来表述形容美式企业竞争，其突出特征是规则明确，各球队公开自由参与，并且球员可以自由转会。而对日本式企业竞争最恰当的比喻就是用"相扑"，即所有的相扑手均有围内的各部屋从小培养，并且严守传统和等级序列，外人无法自由参加。[①] 这就使已走上资本主义道路的日本，其外部市场并不具备较强的信号效应。不同企业要建立起相互交易往来关系，要借助区别于价格信号导向的诸多"外在手段"，来消除和化解各种传统体制的制约局限。这正是日本公司制企业不同于美国的突出特点。

当然，日本企业间的相互持股，在客观上亦存在着自身内在的强势制度需求。这是因为，一方面，相互持股不仅会增强各关联企业间的可信度，而且还为不同法人深入了解和参与对方的营运决策提供了可能性。如在日本公司之间大量相互派遣人员在关联公司任职，即是一个明证。依据有关公正委员会的调查也可证实，这样的相互持股率越高，相互派遣董事的比率即越高，同时每家公司平均被派的人员也越多。如表5-4所示，可以看到在1997年日本六大企业集团之间相互派遣的人员多达6000余人，而且这些互派人员在对方公司中担任着非常重要的职位。

另一方面，由于法人之间的相互持股，可在企业之间建立起相对稳定的长期交易关系。尽管这样的相互持股在客观上是为了抵御外资侵害的不得已选择，同时其相互持股的形式亦不过是资源相互抵押的改头换面，致使各关联企业不可在市场自由交易资源，造成各方的退出障碍。然而也正是这样的相互持股，实现了单个法人所无法完成的企业扩张，成

[①] 参见冼国明、王东、徐冬《企业制度与国际竞争力》，经济科学出版社2001年版，第81—82页。

就了日本企业的整体性发展。显然,日本企业为应对外资入境侵害的这种联合行动,不仅可节省单个法人交易往来中的高额费用,而且为各关联企业求取长远丰厚收益的营运决策带来了诸多便宜。这突出表现在以下两方面。

表5-4　　六大集团向集团内上市公司派出人员情况(1997年)

表项	三井	三菱	住友	芙蓉	三和	一劝
董事长、副董事长	23	19	32	31	29	27
总经理、总裁	77	57	55	85	89	119
副总经理、副总裁	29	20	31	26	23	39
专务董事	67	53	64	64	77	104
常务董事	160	135	128	194	174	223
董事	281	311	206	359	379	481
顾问董事	4	5	8	4	2	9
专职董事	80	104	66	112	92	123
监事	172	147	136	192	92	301
合计	893	851	726	1067	221	1436

资料来源:李维安、武立东:《公司治理教程》,上海人民出版社2002年版,第360页。

其一,各关联企业可大胆进行有利于自身长远发展的战略性投资,而不会因企业间的争斗,困陷于短期投资收益回报。比如日本的诸多相互持股企业,均可无顾忌地实施一些并不能带来近期收益的基础性战略投资,可着力进行柔性制造系统、人力资源培训和全面质量管理等方面的系统优化再造,从而使企业整体素质大幅度提升,使自己拥有他人难以超越的核心竞争优势与持续发展潜能。相比而言,美国公司则对这些基础性项目少有问津,这也许正是20世纪80年代美国企业普遍投资不足的主要原因。

其二,有利于日本相互持股企业的互益发展。由于不同法人之间的股权联合即互以股权作押,使得各关联企业的个体行为,常要受制于相互持股前提下早已设定的利益分配格局和契约安排。从而使原本互为竞争对手的各关联企业,形成了在竞争中寻求互利发展的合作关系。比如,在与外商的交易谈判中,若对方选择的是与三家日本企业分别进行协商,以求获得最低报价和最大收益。然而,常让其意想不到的是三家日本企业不仅报价出奇的一致，而且最终参与谈判的企业，还会向两家中途主动退出的企业承诺交易成功后将支付退出费。

(二) 企业权力制衡中的经营权行使

与美国公司制企业的权力制衡不同，日本企业主要通过其富有特色的"三大神器"来构建形成经营者自主行使自身权力的鞭策激励机制。所谓三大神器是对日本企业制度的一种总称，指的是终身雇佣制、年功序列制以及企业工会制。其中的终身雇佣制，是指员工一旦被企业雇佣便可工作至退休，即使在企业经营困难而未及破产倒闭的情况下也绝不随意解雇。年功序列制是指随着员工在企业工作年限的增长，其工资、奖金和职位等将会得到同步提升。当然，新入社员工在享受过一定时期的资历待遇同增后，即要根据工作绩效的考核而逐渐拉开不同表现者之间的距离。尤其是在强化实施个人业绩与工资收入挂钩的能力主义工资制后，员工之间的晋级竞争日益激烈。值得注意的是，这样与欧美企业以自由劳动市场为基础的高流动性雇佣方式有明显区别的雇佣惯例在战后日本极为普遍。据日本经济同友会1963年的调查，发现终身雇佣制的施行，在资本金不足50亿日元的企业中占84.8%，在资本金超过200亿日元的企业中高达97.8%。①

日本企业三大神器中的工会制，是指工会是以企业为单位而非以产业或行业为单位筹设构建，并且具有高度的独立性。其特点是所有正式员工一般都必须加入工会，只为了工作方便和拥有一定职位的经营者常不参加。日本企业工会，常代表工人采取相对温和的方式与资方斗争。如每年的"春斗"和"秋斗"，以从中起到化解劳资矛盾的"缓冲器"作用。这样不仅有利于维护同为人力资本所有者的经营者利益，而且有利于企业的稳定发展。至此，可对日本公司制企业权力制衡中，对于经营权行使的鞭策激励作以下几方面分析。

首先，日本企业中的终身雇佣制，构建形成了企业与雇员基本利益相对一致的基础。包含有能力主义推行在内的年功序列制，又难免使所有雇员对企业产生分配公正和待遇平等的感念。但是从另一方面来看，这样制度的确立，亦使员工在不自觉中把自身命运与企业未来的兴衰际遇紧紧捆绑在一起。很难在企业普遍实行年功序列制的情况下，以自身资历与收益

---

① 宫坂纯一：《日本经营概说》，赵兴昌译，企业管理出版社1997年版。

的降低和从零做起为代价，转入其他可能有更好发展前景的企业。这实际上正是包括经营者在内的所有企业员工，以自身的人力资本为抵押来分担企业的经营风险。日本学者加护野忠男和小林孝雄，亦曾从抵押资源与退出障碍的角度对此进行了深入探讨研究。① 认为日本企业，特别是大企业与员工之间的关系并不局限于短期的雇佣契约，而是建立在长远利益紧密相关基础上的持久雇佣协定。这样的利害关联，在本质上正是企业扣押或员工向企业抵押了自身资源。其抵押又可分为两个方面，一是员工的"隐性出资"，二是员工在实际工作中所形成的，甚至是仅适应于某企业或只是在该公司工作才有意义的特殊知识技能，即为员工所拥有的特殊资源或特殊人力资本。② 其中的隐性出资是指在年功序列制下，员工在年轻或初入企业时所领取的工资常低于其劳动生产率，其中那些并未支付给他们的报酬积累起来所形成的对企业的投资。当然在工龄达到一定年限后，员工所领取的工资又会超过劳动生产率，其中的超出部分即是这种投资的回报。这可用图 5-2 来概要显示。

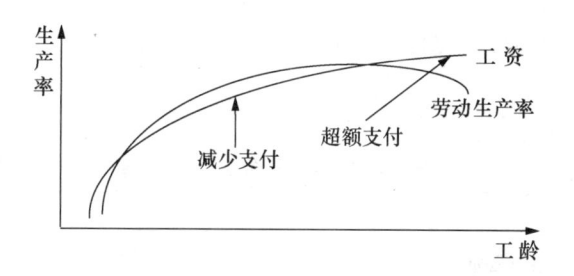

图 5-2 终身雇佣与年功序列制下的工资待遇与劳动生产率

显然，以上所说的包括经营者在内的日企雇员人力资本抵押只有持续在同一企业工作才能得到相应回报，而且其回报索取权益亦不能在市场上自由转让。这就难免造成员工及经营者的退出障碍，致使这样的抵押在客

---

① 加护野忠男和小林孝雄：《资源抵押与退出障碍》，转引自今井贤一主编《现代日本企业制度》，经济科学出版社 1995 年版。

② 参见松本厚治《企业主义》，程玲珠等译，企业管理出版社 1997 年版，第 69—70 页。青木昌彦亦曾在《经济体制的比较制度分析》一书（中国发展出版社 1999 年版）中指出，尽管特殊人力资本抵押是企业普遍存在的问题，但是在日资企业中尤其突出，这是因为日本企业更加强调特殊技能。

观上具有增加中途退出难度的功能。它不仅使任何试图废弃终身雇佣契约的中途退职，都必须要舍弃其应有投资回报，而且这样的损失，又必然要随着雇员在企业工作的年限、为提升自身素养尤其是特殊技能的投入和为企业所作贡献的增长而增大。因而这样的人力资本抵押，又常被称为公司扣留的人质。当然，这样的"绑架式"雇佣契约，又在员工与公司利益密切关联和不可分割的基础上，强化了从业人员对公司的控制，使得经营者控制性权力的拥有和一般性固定工薪收益及可控性强化投入收益的增长，与企业的长远发展和效益提升形成一致性。

其次，日本企业中的工会制，明显与欧美工会以产业或行业为单位，以及白领工人不参加工会和各企业工会与各级工会紧密相连不同。日本企业所推行的工会制有利于消除企业员工之间，尤其是管理者与非管理者之间因互不谅解和相互敌对而产生的不安全感。难以形成企业员工以工会为依托对抗管理者，从而导致劳资矛盾的激化。这就为企业团队氛围的构建聚合，为经营者立足与员工同为一体的制度设置，而着力行使自身应有权力奠定了良好基础。由此，可联系到本章第一节所述的人力资本所有者在契约达成中的预期，用图5-3来显示日本企业权力制衡中经营权行使的鞭策激励机制。

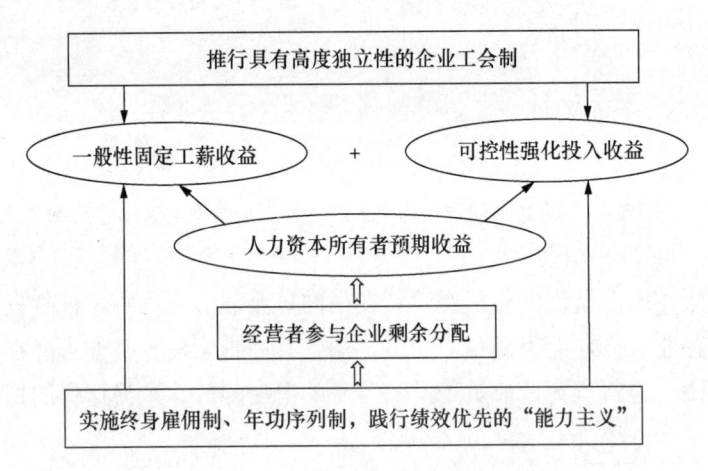

图 5-3 经营者权力行使的鞭策激励机制

（三）日本公司制企业与我国国有企业权力制衡机制间的差异及对我国国有企业改革启示

由以上分析可知，与日本公司制企业法人相互持股不可分割，"三大神器"中的终身雇佣制涉及企业资产所有者,与人力资本所有者即经营者和员工之间的长远合作交易。其中的年功序列制,又关涉在这样的交易中,为促使或"捆绑"、"扣押"经营者和员工持续久远地效力于同一企业,所采用的按工作年限不同而逐步递增的劳动回报方式。而企业工会制,又成为减少劳资矛盾和维护双方的长远密切合作,对企业与员工之间的利益纠纷和冲突,进行即时调整与缓解的组织机能。这就使三者从不同层面或视角显现了日本公司制企业的产权制度,即其在契约达成中所构建确立的企业权力制衡机制的重要特征。

显然,日本公司制企业中的终身雇佣制绝不可与我国国有企业员工在"财产社会性质的改变"中已然成为国资共有者成员,即从根本上摆脱了资本雇佣驱使劳动,身居主宰自身命运的企业主人翁同日而语。然而,这却从不同社会制度下,其属性有着根本区别的企业对比分析中,突出显现企业员工出于自身利益而由衷地关注企业未来和竭诚忘我投身工作,对于企业长远发展和兴衰成败所起到的决定性作用。这就从对不同国家企业产权制度的考察分析,验证了我国国有企业员工应有权益的市场化兑现,亦即使其真正成为与国有企业命运休戚与共的企业资产所有者的重要深远意义。同时在日本公司制企业中,极尽"人性化"趋向的产权制度构建设置,亦即其深入契合自身国情,或富有自身民族特色的企业权力制衡机制的构架运作,例如其在企业工会制中,为化解劳资矛盾而每年举行的"春斗"和"秋斗"等,亦从不同视角层面深刻启示我国国有企业管理体制的改革创新,唯有确切实现国有企业所有者的人格化到位,促使国有企业产权共有者成员中的员工个人、国有企业团队和国资整体营运监管机构,基于各方利益依然融为一体的社会实践,逐步成长为在由衷地关注他人利益和竭诚谋取共同富裕中求得自身收益的最大化,在严格履行社会契约和有效促进社会整体发展中,积聚形成传统私有制企业所难以比及的竞争优势的市场主体,才能带来应有的体制创新变革成效和突破国有企业深化改革的硬壳难关。

第四节 我国国有企业深化改革攻坚：基于权力制衡的国有企业所有者人格化塑造

一 人格化内涵、国有企业所有者人格化主体界定及东西方不同市场经济体制下的"经济人"异同探讨

社会主义产权关系的确立，理应是构建富有我国特色的社会主义市场经济体制和顺应生产力发展历史趋势，凝聚提升企业活力的重要保障。然而，在我国国有企业营运缺乏真正与国资命运休戚与共的所有者监控，即在国有企业现代企业制度创建中与法人财产权落实密切关联对应，并且在其中起着根本性制约作用的终极所有权主体虚置情况下，如何实现所有者的人格化到位，以及这样的改革举措在我国体制转轨和国有企业管理体制创新中有何决定性意义，我国学术业界却很少研究。因而，即有必要在深入探讨人格化内涵及国有企业所有者人格化主体恰当界定的基础上，深刻揭示这样的改革取向在破解我国国有企业改制难题，以及社会主义市场经济体制的构建完善中不可或缺的重要作用。

（一）人格化内涵的概要探讨

所谓人格，是一个包含内容十分广泛的人文社会科学概念。从心理学上看，是指个体所独有的不同于他人的思想、情感和行为倾向等心理特征的总和。由于它是在个体社会化过程中形成和发展，并反映了个体相对稳定和持久的整体性精神面貌，因而常与"个性"一词等同互用。从伦理学上看，是指时常处于他人或社会评价及自省反思之中的个人道德品质和修养操守等。如果从法律上看，是指个人作为权力和义务主体的资格，或理应受尊重、不得转让和被他人剥夺的自然人主体性要素的总称。总之，这一概念是指人的各种心理、社会性特质，在个体身上的独特稳定集合与惯常行为表现。而所谓的人格化，如果从文学写作或一般意义上看，是指赋予物以人的特性，使其具有人的思想、感情和行为。从经济学或社会学研究上看，应是指伴随着人类某种相互关系的确立而产生，并深刻地体现出这种相互关系，被广泛应用于人类社会交往活动的特定物质对象，对应查照于相应的个人和群体，或指人在一定社会制度制约和思想文化观念的影响下，逐步成为这样的物质对象忠实代表的社会实践过程。正如马克思所说：人们扮演的经济角色不过是经济关系的人格化。作为资本家，他只是人格化的资本。他的灵魂就是资本的灵魂。而资本只有一种生活本能，这就是增值自身，获取剩余价值。① 马克思亦曾明确指出，资本的人格不仅是资本家的人格，尤其重要的是资产阶级的人格。因为资本是集体的产物，它只有通过社会许多成员的共同活动，而且归根结底只有通过社会全体成员的共同活动，才能被运用起来。因此，资本不是一种个人力量，而是一种社会力量。②

（二）我国国有企业所有者人格化主体的恰当界定

在我国学术业界对国有企业所有者人格化问题很少研究的情况下，对于国有企业所有者人格化主体应当如何恰当界定的探讨就更为少见。据可查找到的资料，我国学者林炎志和季荣臣等，在具体分析西方产权私有制条件下刻意求取个人利益最大化的"经济人"，与市场机制这只"看不见的手"灵活配置社会资源有着自发、天然联系的基础上，指出社会主义市场经济体制中国有企业所有者的人格化主体，理应与之相区分地定位于既追求集体利益最大化又追求个人利益最大化的"集体经济人"。③ 因而，我国国有企业所有者人格化的关键，在于集体经济人利益主体的培育造就，而并非像西方市场经济可自发产生着力谋求个人利益最大化的"经济人"。

显然，这样的国有企业所有者人格化主体界定，在客观上具有重要的参考借鉴价值。它不仅明确强调了国有企业员工个人利益与集体利益的不可分割，而且把国有企业所有者的主体对象，妥善地归结于确有强烈牟利动机和经济目的的市场主体，即与利用价格信号灵活调配社会资源的市场经济存在着内在有机关联的"经济人"。④ 然而，这样的主体定位不仅有悖于莱宾斯坦所提出的"现代经济学研究对象的恰当单位，不应是笼统的家庭和企业，而应是构成它们的最小行动单位——个人"和"只有个人

---

① 《马克思恩格斯全集》第23卷，人民出版社1979年版，第103页、第260页。
② 《马克思恩格斯选集》第一卷，人民出版社1972年版，第266页。
③ 参见林炎志《国有资本人格化》，河南人民出版社1999年版，第135—137页。季荣臣《国有资本人格化与社会主义国有企业改革》，《河南金融管理干部学院学报》2005年第4期。
④ 马克思曾指出："人们奋斗所争取的一切，都同他的利益有关。"（《马克思恩格斯全集》第1卷，人民出版社1956年版，第82页。）"利益不仅仅作为一种个人的东西或众人的普遍的东西存在于观念之中，而且首先是作为彼此分工的个人之间的相互关系存在于现实之中。"（《马克思恩格斯全集》第3卷，人民出版社1960年版，第27页。）

才是社会活动的基本决策单位"① 的假定，从而使"集体经济人"概念的引入仍然存在有空泛、虚设之嫌。而且，亦从根本上背离了马克思在论及"财产社会性质的改变"中所提出的"重建个人所有制"之说。甚至说其中"集体"一词的引用，亦有忽略所有国有企业员工整体和全局利益的不当欠妥之处。因而国有企业所有者的人格化主体，只能恰当定位于国有企业产权共有者成员中的每一国有企业员工。这也就是说，只有使我国国有企业所有者的各项权益，市场化兑现于确有强烈牟利愿望和求胜图强能力的每一国有企业员工，才能与我国体制转轨和国有企业现代企业制度创建密切关联地谈及社会主义产权关系的明晰确立。只有使每一国有企业员工在享有企业经营剩余相应份额的同时，均可通过自身有组织的方式民主参与国资营运监管，才可言说确切实现了社会主义劳动者与生产资料的直接相结合，使得所有国有企业员工集合而成为主宰自身命运和把握经济社会发展方向的"自由人联合体"。当然，要深刻理解这样所有者主体界定的正确性，需要进一步剖析西方与我国不同市场经济条件下"经济人"的区别、关联或相似之处，以及我国国有企业所有者人格化到位在社会主义市场经济体制确立发展中的重要意义。

（三）不同市场经济体制下的"经济人"异同及对亚当·斯密人的理性假说的再探析

由以上分析可看到，我国国有企业所有者的人格化主体，理应恰当定位于国有企业产权共有者成员中的每一国有企业员工。这就使这样的主体对象，与西方产权私有制条件下的企业所有者相比，存在一定意义或层面上的关联、相似之处。即从一方面看，我国国有企业与西方私有制企业的所有权，最终同样归属或明晰体现于依法拥有自身独立自主权益的自然人或个体。② 从另一方面看，由于在我国国有企业员工的利益追求中同样包含追求个人利益的最大化，甚至说要在有我和忘我中利他，即在竭诚谋取

---

① Leibenstein, H., "On the Basic Proposition of X-Efficiency Theory". *American Economic Review*, 68, 1978.

② 马克思、恩格斯在论述代替阶级对立的资产阶级旧社会的劳动者"自由人联合体"时，曾明确指出，在那里，每个人的自由发展是一切人的自由发展的条件。（参见《马克思恩格斯选集》第一卷，人民出版社1972年版，第273页。）由此可见，在我国国有企业员工共同占有国有企业产权的过程中，每一员工个人理应依法享有自身相对独立的自主权益。作为国有企业员工的整体利益和权能，并不是对个人权益的剥夺或虚有化，而只能是所有国有企业员工个人确应拥有或正当权益的集中代表，是以严密的组织规约和运作程序，实现对个人权益的有效保障和增进。

共同富裕中实现西方私企所难以比及的个人收益的丰厚充裕。因而，作为我国国有企业产权共有者成员的每一国有企业员工，同应属于或者说在批判继承西方中又有着自身特定内涵和不同行为取向的，与利用价格机制来灵活调配社会资源的市场经济有着天然内在有机联系的"经济人"。

当然，如果从更深一层的意义上做全面探讨分析，即可看到我国国有企业与西方私有制企业的所有者又有着本质区别。这不仅体现在作为我国国有企业产权共有者的每一国有企业员工，是自身权益与整体利益和权能休戚相关不可分割孤立的"自由人联合体"一分子，从而使他们能够在共谋福利中领悟到，自身未来与他人收益及整体发展的密切关联，自觉能动把握谋求个人收益最大化的正确取向。而西方产权私有制条件下企业的所有权，仅是归属于一己占有或可相互分割离析的个体，因而常会使人在唯利是图、欺瞒哄骗，甚而是在钻营倒把和巧取豪夺中，最终陷入损人害己的"怪圈"。同时两者的本质性区别，更深刻地体现在我国国有企业产权的所有者，同为本是一体的企业经营者和生产者，从而开启了直接握有企业产权的国有企业员工，凭借自主能动的创造性劳动和团队合力，为自身成长和社会发展带来丰厚收益的新纪元。而西方产权私有制条件下企业的所有者，往往是凭借资本雇佣驱使劳动来获取高额经营剩余的食利人。即使在员工拥有数额极为有限的企业股权的情况下，其与企业财产所有者之间的收益差距，亦绝不可以简单的数字来概括。

这里，应该指出的是，仅就一般的"经济人"理性特质而言，在现实中并不存在着"全然"、"纯粹"天生或亘古流传、永恒不变的固有属性。这就需要我们对亚当·斯密在《国富论》中所提出的人的理性假说，进行全面、深刻的剖析认知和正确理解。应该说从一方面来看，人类作为天然的生物体，自从来世的第一天即存在着企求自身需要得以满足的本能，并且随着自身的成长与发展，这种需要又有着不断提升增长和期望以尽可能少的投入得到最大收益回报，着力规避那种得不偿失之举。显然，这样体现人类本能的需要或需求理性，不仅必然存在而且合理正当，在客观上成为保障和推动人类社会存续发展的重要前提和动力。① 然而，作为社会性延续或社会关系产物的人类，在关联到如何与他人妥善相处地满足自身需要

---

① 马克思在《德意志意识形态》一文中曾明确指出：任何人类历史的第一个前提无疑是有生命的个人的存在。（参见《马克思恩格斯全集》第3卷，人民出版社1979年版，第23页。）

的方式或路径选择上，特别是在经济资源稀缺有限情况下，又存在不同历史阶段或对不同阶层群体而言，不同水准层次的理性抉择取向。即在亚当·斯密所说的产权私有制占主导地位，人与人之间存在着难以逾越和消除的利益对立与鸿沟、屏障，尤其是存在着资本雇佣驱使劳动所带来的政治、经济不平等和弱肉强食的激烈竞争条件下，很难想象人们在刻意谋求和维护自身生存，或盲目追逐利润、无意顾忌他人，以求一己豪富的过程中，会产生那种出于对自身收益最大化和幸福美满，与他人富足充裕不可分割的清晰认知所抱有的竭诚通力合作，甚至是真诚忘我利他的思想观念。与此截然相反的，却是那些常见的虚与委蛇应对他人，及难以脱身和防范的尔虞我诈行为倾向。这就使社会经济在欠缺应有诚信和贫富两极分化中，不可避免地陷入周期性经济危机和"囚徒困境"。显然，在这样历史条件下的人的理性，难以规避地存在着其固有的历史局限性。在客观上处于狭隘、短视的低层次，或欠缺应有的充分理智的水平之上。当然，在产权私有制占据主导地位和资本雇佣驱使劳动的历史阶段，这样理性欠缺的形成，亦存在着雇主与雇员之间的自发、迫使他人，与被迫、无奈为之的区分。

若回望市场经济的发展史，即可明确看到它虽然产生于资本主义制度确立之前，却传承和兴盛于资本主义制度确立之后。从客观上看，市场经济确实与资本主义制度存在着某种天然的内在联系。基于对产权私有制的严格维护，"经济人"刻意求取自身效用最大化的利益驱动和科技迅猛发展、社会分工协作演进，使得市场经济与资本主义制度在互依互动中同相趋于繁荣发达，促使社会生产力在一定时期得到了迅猛发展。然而，要能够充分发挥市场经济体制的应有效应，并大幅度降低纯属人为造成的高额交易成本，势必要在凭借自由竞争价格机制导引社会资源向高效率者流动的同时，激发调动人们严谨守护平等、公正市场规约和由衷关注他人收益的自觉性。甚至如彼得·德鲁克所说，任何社会组织并不是为着自身目的，而是为实现某种社会目的并满足社会、社区或个人的某种需要而存在，因而其首要任务是要明晰确认和切实履行自身的职责与使命[①]，从而能动地确立作为组织成员的个人，严格审视查验自己为组织、他人和社会所做工作或提供服务的实际成效以求完美利他，并且密切关注协同互利中社会整体

---

① 彼得·F. 德鲁克：《管理——任务、责任、实践》，中国社会科学出版社1987年中译本，第55—56页。

发展的自觉行为意向，才能为有效规避市场经济的盲目性和因狭隘自利、欺瞒他人而陷入损人害己的"怪圈"、困局，设置重要的理智保障。这就使市场经济要取得超越资本主义制度下的再发展，不可逾越替代地依赖"经济人"理性的高层位提升，依赖社会主义产权公有制确立、国有企业所有者人格化和新型市场体制拓展演进中人们思想道德观念的深刻转化。

二 充分理性"经济人"繁衍对我国新型市场体制确立发展的重要意义及成长机制

（一）充分理性"经济人"繁衍对我国社会主义市场经济体制确立发展的重要意义

亚当·斯密在《国富论》中有关人的理性假说和市场经济运行机制等论述，已对经济学研究和社会发展产生了深远影响。以致有人断言他不仅是现代经济学鼻祖，更堪称现代资本主义之父。然而不容忽略的是，斯密在《国富论》中在对工人贫困痛心疾首的同时，怒斥资本家通过贿赂和操纵政客来榨取劳动者血汗，资本的贪婪摧毁了资本家的灵魂，损害了平等竞争市场经济的自然运作。我们更应由此看到，斯密在《国富论》之前首先出版的第一本重要著作，同时也是他在逝世前的最后几年，竭尽全力修订的一本书是《道德情操论》。他在身患重病和深知已时日不多的情况下所刻意求取的，正是希望通过对善恶、美丑、正义和责任等一系列为人处世不可无视避忌概念的深入探讨，来揭示人类社会赖以维系传承的秘密，足见关系到社会经济发展的伦理道德问题在其心目中的地位。1998年诺贝尔经济学奖获得者阿马蒂亚·森亦在深入研究中指出，《道德情操论》相比《国富论》给西方世界带来的影响理应属于更深层次，是市场经济良性运行不可或缺的"圣经"。1986年诺贝尔经济学奖获得者詹姆士·布坎南，甚至把经济学研究界定于"预测科学和道德哲学之间"，指出道德状态是不同制度的重要区别。美国制度经济学派的重要代表人物约翰·康芒斯亦在《制度经济学》中将道德视为制度的一个重要方面。

同样值得关注的是，近二三十年来在美国逐步兴起的美德伦理学研究。这一新兴学说之所以不同于存在诸多弊端的康德伦理学和功利主义伦理学，可有效解答一些现实问题，其中的重要差别，是美德伦理学在探讨揭示人类关切照应他人的友善行为缘起时，并非像康德伦理学那样着意强调和述说 sympathy，亦即将其归结于相对浮泛浅薄或难见由衷真切情意，以致常使受助人难以接受，感喟其为居高临下施恩的"同情"、"怜悯"

或"怜惜"。而是将引发这样道德行为的动因归结定位于 empathy，即出于对他人苦乐情感遭遇的深切体察，而产生的那种发自内心的"同感"、"移情"，或适于伦理学用语的"感同身受"更为贴切。显然，这就相对深刻地点出了作为社会关系产物的人类，缩短和消除相互之间的"心距"、隔阂，从而在深层相知、诚挚相处和互依互助中携手走向未来的重要处世基点。同时，也明晰显示出这样思想道德观念的提升，势必成为鞭策激励人们在竭诚相待，甚至是忘我利他和自觉履行各项职责义务中感悟真切人生的有力驱动。这就使具有这样品格素养情怀和处世思维理性的行为主体，不可或缺地成为我国社会主义产权公有制和新型市场经济体制得以维系运行的重要人格保障。① 当然，要有效提高人们的道德情操和精神境界，构建起适应我国社会主义市场体制确立发展的充分理性经济人的繁衍成长机制，又需要我们基于对制度创新变革和文化观念转换的认知，深切关注道德建设。亦即在已做出对制度与文化间关系剖解阐释的基础上，进一步深入地探讨分析道德与制度、文化之间不容忽略和分割的内在关联，即从整体上对三者关系概括释疑。

（二）探讨道德与制度、文化之间的关联关系，构建充分理性"经济人"成长机制

在这里首先要指出的是，作为衡量评判人们行为正当与否的观念标准——道德，并非依赖于强制执行的法律规章制度，而是凭借社会群体对不同行为的赞扬或鄙弃，以及个人依据自身的道德信守和价值取向所进行的自我评价，来实现对人们行为的制约、导向和推动。同时，对于来自外部的具有深刻渗透性的社会舆论压力，最终亦只有通过内因，即个人的自我反省和良知才能起到应有作用。道德虽然不像制度可通过严厉的惩戒处置，使得一些超越规约限界的行为在一定范围和时间内得到有效遏制。然而，在契约难以完备和制度并非万能，尤其是在社会风气趋于浮躁，以致在盲目逐利中罔顾其他的情况下，那种基于严谨自省自律和牵念他人忧乐、愧对自身失职等，由处世品格回望醒悟所激发出的强烈责任心和荣誉感，反而会有力促使人们自觉遵循和维护人与人交往相处的应有准则操守。甚至是

---

① 在这里需要说明的是，我国社会主义产权公有制在多种经济成分并存，并以混合所有制作为基本经济制度重要实现形式条件下所排斥摒弃的，完全是那些并非诚信关注他人收益，无视平等竞争市场规约和毁害市场经济正常运作，凭借机会主义手段和损人利己狡黠伎俩，蓄意图谋不正当收益和一己暴富的狭隘自利者。

刻意去做那些超越相对滞后的规章条例和定型僵化的陈规旧约，在俗常人看来是自找苦头或得不偿失的分外之事。因而，即有必要就我国国有企业管理体制的创新变革，概要分析三者之间的相互关系，以为我国新型市场体制确立发展和充分理性经济人的成长繁衍，构建设置必要的孕育催生助长机制。

基于本书第二章的探讨，若进一步深入阐述，在我国国有企业管理体制创新变革中所构建的刚性组织规约即制度，是集合整体意志和增进个人权益，从而使组织在严格规避惩处悖逆共同意愿的不良倾向，有效激励所有组织成员谋求任何孤立分散个体所不能获取的收益，并且将组织的运行驱动，落实于相互影响、比对和互为制约、促进的每一成员行为的过程中，形成组织存续发展生命力的重要前提和保障。[1] 这就使确保组织成为并非空泛虚构之物，而确为应然有机实体的制度构建，亦在客观上成为与之密切关联互动的精神文化，及相应道德观念得以传扬延续的重要基础。当然制度在本质上，又是一定历史阶段或不同社会精神文化中价值追求的实现方式。其贯彻执行，要靠人们在相应文化观念的深刻影响下，为自身所认知的自利行为来驱动。并且依赖一定道德理念准则驱使下的自律，来弥补其缺憾、不足或局限。甚至说在"上有政策，下有对策"的情势下，成为强化人们自觉执行制度意念，促使制度效应得以充分发挥的重要推手。制度创新变革的引发和深化，亦在客观上依赖于先进文化价值观念的兴起和突破传统思维框架禁锢的思想解放。

基于本书研究的出发点，即与制度确立运行密切关联对应的文化，是以一定价值观念为核心的思维方式和意识形态。它导向组织的制度化管理和道德建设，是凝聚人心，促使制度、管理创新变革演进和新型道德观念萌生蔚然，员工得以全面发展和精神面貌焕然风发的内生动力。那种为人们所感念心仪的高尚道德情操和舍身忘我，竭诚为社会发展和世人谋永福的事业心、责任感的产生与强化，亦是基于崇高理想价值追求的强势内在驱动。先进文化观念的繁衍传扬，又要以制度的创新发展为前提和保障。同时，要以员工道德观念的提升和道德行为的改善，亦即以我国新型市场体制创建完善中充分理性的"经济人"成为重要体现和支撑。

与相应制度、文化相辅相成的道德，是基于一定的善恶评价标准，运

---

[1] 美国著名管理学者斯蒂芬·P. 罗宾斯，曾在他所撰写的教科书《组织行为学》中明确指出："当组织开始制度化后，它就有了自己的生命力，独立于组织建立者和任何组织成员之外。"（参见工商管理经典丛书《组织行为学》，中国人民大学出版社1997年版，第521页。）

用舆论和感化等手段激发和提升人们调整、约束自身行为自觉性的重要方式。它既是一种思想意识，即在一定思想文化影响下为人们共同认知和信守的观念性行为准则，同时又深刻体现人类精神活动与实践活动的密切关联、不可分割，在客观上成为人们基于共同信守理念的驱动或社会舆论的压力，反思省审和调整把握自身行为，把既有的观念标准，转化为对实际行为正当与否的评价和教育与自我教育的过程。这就使"精神—实践"活动相互转化的道德，具有很强的渗透力，广泛、深刻影响到人类社会性生存延续的所有领域。在文化作为社会意识形态和行为价值取向，制度成为基于这样的价值取向，对于人们行为的制约限定和鞭策激励的情况下，同样是基于这样的价值取向，并且深刻体现出人类行为自主能动性的道德，相比于仅仅紧靠一定制约来限制防范人们行为超越底线，凭借一定预设"基准"来激发强化人们"达标"行为积极性的制度，在推动我国经济健康快速发展和民族振兴中，具有不可简单地揣度和难以枯竭穷尽的巨大潜在能量。相反，那种基于对金钱和财富的膜拜，在传统文化根基动摇中的道德沉沦、精神空乏和人生价值失落倾向，甚至是在断然指责他人之时，避而不谈或自欺欺人地无视、掩盖和淡忘自身之过的做派，势必将成为阻遏社会前行的不可逾越障碍。至此，制度、文化与道德三者之间的关系可由图5-4表示。

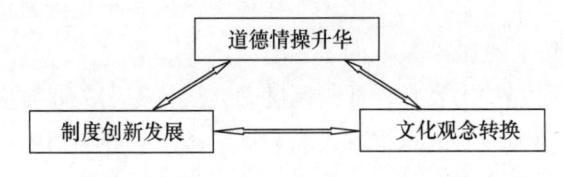

图 5-4　道德与制度、文化之间关联关系

由以上分析可明确看到，制度在三者之间的关系中具有重要的前提性作用。若从人类历史发展的过往轨迹及未来趋向的应然逻辑来看，亦可以明确地看到，唯有基于一定社会制度的变革演进，才可言及与之相适应的思想文化转换和全新道德观念确立。因而，为有力支撑我国新型市场经济体制运行发展的充分理性"经济人"处世品格素养的提升传承，要首先着力于探索分析国有企业管理体制和现代企业制度的创新构建再造。当然，在这里亦不能忘却和忽略与制度创新变革运行密切关联且更为深层次的，在党风转换和党的引领示范带动下，当前那种与我国传统文化中不良倾向"劣根性"有着千丝万缕联系的，为历史演进和久已变化时代所不容的陈俗社会风气的深刻转化提升。

三 基于权力制衡机制有效构建的我国国有企业管理体制和现代企业制度创新构建设计

在我国社会主义市场经济的创建中，基于企业所有权与经营权既两相分离，又相互有机制衡，确实兑现的国有企业管理体制和现代企业制度创新构建，是一个牵扯面广、涉及问题深和积结已久的难题，绝非并未触及根本或并不切合实际的简单一策一谋之见可以释疑。其正确路径取向的确认，势必要依赖长远社会实践的探索检验和反思求证。当然直逼眼下，甚至是自我国国有企业进入现代公司制改革以来一直悬而未决，至今为深化改革推进又刻不容缓、亟待剖析破除的疑难和障碍，即是国有企业所有权虚置和国资管理体制中的所有者缺位，以致造成国有企业营运缺乏根本性的资本增值扩张驱动，经营者行为失却权力制衡中所不可缺少的、势弱的所有者监控。同时亦有"政企"难以真正分开，国有企业经营者任免仍由上级党政部门裁决，企业正常营运时常遭受行政干预，以致使国有企业难以形成市场竞争主体本应具有的灵动营运机能和效益普遍欠佳。很难呈现作为新生产权关系的代表所本应彰显昭示的，传统产权私有制企业所无法比及的强劲发展优势或内在机能潜力。借此，本书尝试性进行初步逻辑推理分析，以为学者业界的深入探讨研究抛砖引玉。对于我国国有企业管理体制和现代企业制度创新框架的初步构想，可概括如图5-5。

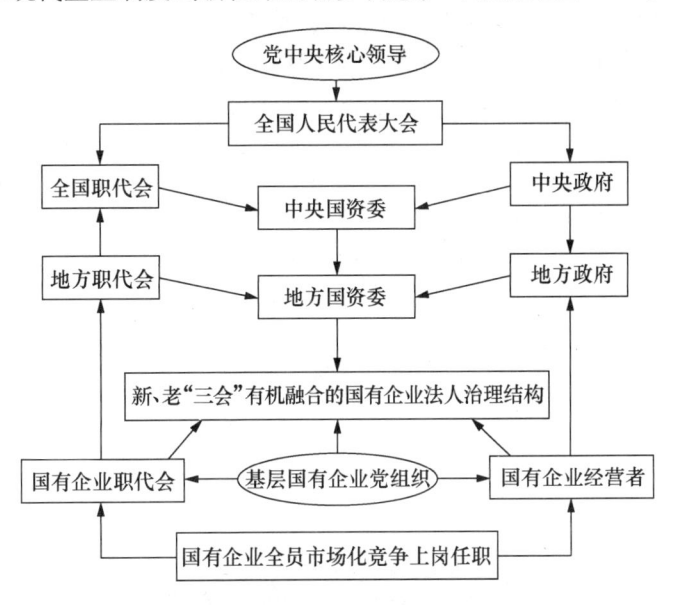

图5-5 国有企业管理体制和现代企业制度创新框架

以下对如图 5-5 所示的构想及这种构想形成的内在缘由进行概要说明。

一是作为国有企业员工权益的集中代表和在我国体制转轨中确立，并深刻体现出社会主义产权公有制和国有企业现代企业制度创新中国特色的，以"经理行政指挥、党委保障监督、职工民主管理"为不可或缺内在的，国有企业"三位一体"领导体制重要组成部分的国有企业职代会，在实际上却形同虚设。甚至如笔者实地调查访谈中一些国有企业员工所说："话说起来我们是企业的主人翁，但实际上我们却是不打折扣的有'职'无权"，即深刻反映了国有企业职代会作为应然的权力机构，其应有权能职责的实际行使状况。其原因在于国有企业的重大决策以及董事会的推举产生，并无类似于公司制企业国际通行惯例中的股东大会，通过表态议决等方式来行使自身权益的相关法规条文，从而使与我国国有企业股东大会有机融合的职代会成员，规范化参与其中。在实际上却反而使本应全心全意依靠以充分发挥其在我国国有企业法人治理结构中的特殊重要机能，显现出西方现代公司制企业权力制衡所无可企及优势①的国有企业职代会，依从附属于很难与之相互区分和几近雷同并立的，在不同社会制度和不同产权归属企业皆可合法存在的群众性组织，在我国国有企业却有一定行政级别的工会。在传统产权私有制企业中，企业工会确实着意维护劳工权益，力求改善其劳动条件、提高工资待遇和减轻劳动强度，甚至为此而在特殊情况下组织引发雇员与雇主之间的激烈对抗，但又绝不可能求得劳资平等拥有企业产权，以有效规避资本对于劳动贪婪欺诈的自发性组合社会团体。其本质属性，显然不可与作为权力机构的我国国有企业职代会相比。因而，为充分发挥作为国有企业员工权益集中代表的职代会，在我国国有企业管理体制和现代企业制度创新中的特有权能效力，并像国有企业党组织和经行政任命的经营者有上级党政部门作依靠和支持一样，使国有企业职代会归属于同样有着自身权力的各地区和全国职代会，并且最终归属于地方各级和国家最高权力机关即地方和全国人民代表大会。

当然，在经由国有企业员工民主推荐评议和平等竞争选任中确立的

---

① 显然，在我国国有企业员工兼祧成为国有企业所有者、生产者和经营者的情况下，势必促使其我国特色的国有企业法人治理结构，成为"两权"既相互分离制约又高度协同发展，以致形成西方传统私有制企业所难以企及的制衡机理。

各级职代会，亦要接受上级职代会的指导，并且最终使地方和全国职代会成为地方和全国人大依法确认的下属机构，从而使职代会成为国有企业团队、地方局部和全国整体利益不可分割的员工权益忠实代表。在这里，若相对前述反过来讲，国有企业工会亦应在着力维护职代会权益，以及活跃员工生活、提升员工素养和推动员工全面发展等方面，发挥出自身的无可替代作用，以致成为职代会权能积蓄、施展和强化的重要基础。同时在这里尤其还应指出的是，在国有企业员工应有权益的市场化兑现，着力推进在企业权力制衡中有着我国国有企业特有效力的所有者制约，并且通过这样的国有企业所有者全员职业化整合到位，以及同时亦为生产者的国有企业员工，基于其与经营者本为一体和共同承担国有企业营运风险，以致发自内心地拥戴和支持经营者的工作，从而形成对经营者权能行使的群体性高效协同保障监督的过程中，起着不可或缺的发动、导向和组合、强化等重要作用的，正是深入国有企业营运管理创新一线与员工群体有机互动，并由此更深刻体现出我国国有企业法人治理结构特色的企业党组织。至此若回溯既往，在当年正是基于这样的领导，使我国成功确立了新的社会制度。在当今社会主义市场经济的创建中，势必亦要凭借这样的党群鱼水相依和始于基层、自下而上、一脉相通，或多层尝试、由点及面、逐趋深化的不懈探索研究，来推动我国国有企业管理体制和现代企业制度创新高成效深化发展。当然，还应提出的问题是，由于国有资产在根本上归属于全体社会主义劳动者，及以混合所有制作为我国基本经济制度重要实现形式的情况下，是否应基于非国有企业难以设立职代会的特殊性，考虑在地方与全国职代会中，设有一定比例的民企员工代表席位，以充分体现职代会由衷代表和严格维护所有社会主义劳动者权益。同时，亦有利于职代会严正监察国有企业及各级国资委，严谨恪守平等竞争市场规约和竭诚服务社会、极尽破除垄断经营牟利的不法倾向。

二是作为不可与履行公共事务管理和策划国家发展战略的行政机构等同，不应在本质属性上悖逆市场主体确立应然逻辑，并且最终由平等竞争的市场机制裁决取舍的经济组织，即地方和中央国资委的构建及其成员尤其是负责人的确认，应参照我国国有企业法人治理结构的形成，在参考各级政府所推荐的人选，并且经由相应层级职代会的推举、评议和提名，最终在公正平等的竞争中选拔任命。其所有成员的收益理应与行政人员有别，皆应与国资局部和整体营运成效挂钩，并且如同国有企业员工，亦应依据每一成员的履职绩效，严格施行竞争上岗任职和职位随即替代。中国资委所有成员成为由衷代表国资增值扩张意志，以及在以混合所有制作为我国基本经济制度重要实现形式的条件下，着力扩增放大国资功能和有效推动社会经济发展的"资本活的灵魂"。以此在确切兑现"政资分开"的基础上有力促进"政企分开"，最终使各级国资委成为我国国有企业管理体制，亦即在国有企业资产所有者人格化已俨然扩展至全国国有经济整体的前提下，国有企业法人治理结构的有机组成部分。使我国国有经济，成为充盈灵动市场竞争活力的经济发展主导力量。若由此来看所谓的国有企业所有者人格化，其本质正是在所有国有企业员工应有权益的市场化兑现，及本与国资委成员同为一体的所有国有企业员工，基于对自身命运与国有企业未来不可分割，亦即对国有企业团队、地方局部和全国整体既相互区分又有机互动发展的逐步深切认知，而严格履行所有者权能和忘我投身生产营销劳作，从而成长为有力支撑和推动我国社会主义市场经济繁荣强盛的充分理性"经济人"的过程。

三是行政机构即各级政府，理应将国资管理职能与公共事务管理职能剥离，以从裁判员和运动员兼任地关注微观层面的经济行为中抽身，倾力筹谋宏观层面的发展规划，并为企业自主经营构建良好的外部环境，着意推进国家治理体系和治理能力的现代化。从而在充分发挥市场配置资源的决定性作用，与突出显现为我国政府所拥有的，深切洞察局势、果敢应对挑战、明断脉络契机和适时调控导向等治国理政效能的有机互动中，促使我国经济持续稳定快速发展。亦如我国学者史正富所说[①]，我国经济之所以不同于西方常规经济，能够在过去30多年中持续高速发展和超常规增长，其原因正是在我国经济体制中，除像西方拥有中央政府和竞争性企业两大主体以外，还存在另一个经济主体，即竞争性的地方政府，以致形成了具有中国特色的"三维市场经济"。这样在中央政府的战略领导力、地方政府的发展推动力与企业的创新活力，三者有机关联互动的情况下，即构成了推动我国经济迅速崛起的内在机理。甚至说正是有了中央政府在战略上的紧切把握全球化契机，果断融入全球分工体系和有效吸纳美国财政赤字，亦为我国经济高速增长创造了额外的市场机会。当然，在这样为我国

---

① 史正富：《超常增长：1979—2009年的中国经济》，上海人民出版社2013年版。

特有的经济运行机制中,起着重要基础性作用并成为经济发展主导力量的国有企业,亦应深切领悟和深层把握政府的政策导向和战略规划,并应把确切反映自身营运实情的信息及意见和建议,通过相应渠道及时向有关政府机构反馈。

第六章　各国公司治理结构及我国国有企业治理创新

企业治理或公司治理（Corporate Governance）是经济学家在研究企业存在问题时将其演化为企业契约制度的替代语。由于企业所有者不直接从事经营，而是把企业和资产交给经营者经营和管理。因此，所有者与经营者之间就形成了委托—代理关系。在所有权和经营权分离的情况下，企业所有者与经营者利益取向不同，在信息不对称情况下存在着经营者利用手中权力侵犯所有者利益的可能性。因而，需要一套监督与制衡机制来合理配置所有者与经营者之间的权利与责任关系。进而，公司治理这一概念现今被更加形象、集中地称作所有者和经营者之间的"制衡器"，即强调通过"两权"相对分离条件下带有根本性的权利制衡。公司治理的含义通常包含狭义和广义两种（王国成，2002）。[①] 狭义的公司治理，是指所有者主要是股东，对经营者的一种监督与制衡机制。即通过一种制度安排，来合理配置所有者与经营者的权利和责任关系。主要通过股东大会、董事会、监事会及管理层所构成的公司治理结构来体现所有者与经营者的关系，保证股东的利益最大化。广义的公司治理，则是通过一套正式或非正式的、内部或外部的制度或机制，来协调公司与所有利益相关者之间的利益关系，包括股东、债权人、管理者、雇员以及供应商、政府和社区等与公司有利害关系的利益团体，以保证公司决策的科学化，最终实现各方合法权益的最大化。公司治理不仅仅是体现相互间的制衡，制衡并不能充分保证公司各方利益最大化，关键是通过协调利益相关者之间的利益和权利关系，激发经营者在一定约束条件下的自主经营和创新经营，促使各方在共同契约下长期合作，最终使得各方权益得以有效实现。

---

① 本章论述的一些观点和思想受到王国成所著《企业治理结构与企业家选择——博弈论在企业组织行为选择中的应用》一书的启发。

对于一般组织而言,委托—代理关系一旦形成,公司治理问题就在所难免,国有企业也不例外。国有企业作为社会化大生产的一种特殊组织经营形式,具有其产生发展的客观条件和必然规律,无论发达国家还是发展中国家都是如此。20世纪中期涌现的一股世界范围内的国有化浪潮,使国有企业的比重和作用都得到了某种程度的提高。但是,随着各国经济的发展和客观条件的变化,国有企业存在和发展的外部环境发生了巨大变化,国有企业自身的缺陷也逐步显露出来,各国国有企业普遍出现效率低下现象,大量企业相继陷入亏损之中。一些发展中国家和社会主义国家国有企业的经营状况更差。因此,如何治理国有企业,成为各国政府的重要任务。

产权制度改革一直是国有企业改革的核心问题。产权由一组或一束权利组成,其中包括所有权、使用权、收益权、转让权形成的产权结构,是人们在交易过程中获取一定收益的权利,具有可能转让的特征。根据产权含义,国有企业进行产权制度改革主要涉及两个方面问题:一方面是部分国有企业非国有化,它是一种所有权意义上的改革举措。国有企业可以通过拍卖、兼并、控股等方式"脱胎换骨"转为非国有企业;也可以通过非国有企业承包或租赁国有企业,与国有企业合资经营、联合经营,实现国有企业同非国有企业的有效"嫁接"。另一方面是国有企业内部的产权制度建设。国有企业改革最困难的是,在国有制的范围内建立公司制的现代企业制度。按照现代企业制度的要求和国有企业现状,国有企业的公司制改造主要涉及两个方面内容:其一是按明晰产权的要求建立以资产为纽带的公司制度,形成多元投资主体的产权组织形式;其二是按权责分明要求建立企业的法人治理结构。

公司治理理论研究和各国治理实践表明,公司治理结构的发展和不断完善,是建立在对企业产权契约改进和完善的基础之上。各国在进行国有企业改制实践中,根据各自的经济发展模式、社会文化传统和政治法律制度,结合国有企业的发展历程和企业制度的演变特点,对国有产权契约的设计采取不同的方式,构建各具特色的国有企业监管体制,进而形成了不同的公司治理模式。

1978年以来,我国国有企业改革一直是国内经济改革的难点和重点,也是国内经济体制改革的中心问题。随着改革的不断深化,必然要触及调整优化治理结构这一关系国有企业存亡和整个改革成败的关键问题。理论和实践的发展表明,不同的市场体制、文化背景和制度安排下的企业,治理结构的模式和效果差异迥异。本章通过比较各国公司的治理结构及其国有企业治理结构的产生背景、改革特点和发展趋势,并结合我国国有企业公司治理的实际状况,来探寻研究国有企业治理结构创新的正确方向。

第一节　美国公司治理中的国家立法和"个人主财产权"意识导向

一　"个人主财产权自由市场"意识形态下的治理模式

由于受民粹主义的影响,美国体制中的企业治理以"个人主财产权自由市场"(Allen,1992)意识形态为基础,形成美国公司治理模式的如下特点:

(1) 公司内部机构由股东大会、董事会和首席执行官组成。按照《美国标准公司法》规定,公司不设监事会。董事会一般由内部董事和外部董事组成,是公司的最高决策和监督机构。公司性质的不同,董事会的构成也不同。公司首席执行官兼任董事会主席是一个普遍现象。

(2) 美国股份公司对经营者采取"股票期权制"激励方式,即授予经营者在一定期间内按约定价格购买股票的权利。由于股权高度分散化,股票在证券市场上的流动性强,使外部治理机制较内部治理机制具有更强的约束力,股东可以采取"用脚投票"的方式形成对经营者的约束。近些年来美国开始重视公司内部治理机制的作用,并且在内部治理中,通过设立独立董事实施监督和约束的作用。

(3) 高度分散的、流动的股权结构,形成"市场控制主导型"的公司治理模式。强大的金融市场,给股东的有效监督提供了场所和手段。公司不设立专门的监事会,而是由公司聘请专门的审计事务所负责审计工作。公司董事会内部设立的审计委员会,只起协助董事会或总公司监督子公司的作用。

(4) 在企业融资方面,以股权融资为主、债权融资为辅。公司资产负债率较低,银行受法律限制,表现为纯粹的资金提供者,不持有公司股票,也不直接参与公司治理,在外部治理中难以发挥作用。

(5) 股权高度分散化,机构投资者和个人是公司的基本持股者,其中最主要的持股者是机构。迅速发展的机构投资者,在外部治理中扮演着日趋重要的角色,但分散的股权仍限制其作用的发挥。

(6) 股东财富最大化是企业治理效率的衡量标准。①

二 法制化、市场化的国有企业监管体制

美国政府对国有企业实行分级分类管理体制。一类是资本所有权完全由联邦政府或州、地方政府掌握的完全国有企业;另一类是所有权由政府和私人资本家共同拥有的国有混合公司。联邦、州和市镇议会,代表公民拥有产权。政府借助法律,结合行政、经济手段管理国有企业。

在国有企业的外部监管构架中,实行国会和审计署双重监督体制。国会通过立法,决定从企业设立、董事会组成,到经营目标、经营范围,甚至包括市场准入和销售领域以及价格权限等一系列重大问题。联邦政府能否组建一个国有企业,必须经过美国国会的审议和批准。州和市镇政府的国有企业,必须经同级国会的批准,才能成立。国有企业的董事长由同级议会任命。当州和市镇与国有企业在执行政策法规上与上级政府有关部门或法律发生矛盾时,州和市镇国会针对所属国有企业提出的问题,进行调查研究,并向上级国会申诉,以求调整政策和法规,保证所属国有企业的权益和运行。国会决定对所属国有企业是否给予财政拨款,给予多少拨款,拨款的无偿或有偿,以及有偿款项的偿付方式。此外,国会随时审查国有企业运行情况,实行财务监控,并可相应做出重大决策,包括撤销、兼并和出售某一国有企业。政府根据国会的决议专设委员会,运用行政的和经济的手段对国有企业实行监管,包括政府投资、政府采购,利用价格、补贴、税收、工资等经济杠杆对企业活动进行调节。

美国审计署对国有企业的经营状况、财务收支和债务前景进行监控。美国审计署是一个地位很高的机构,署长由国会任命,任期长达15年,工作向国会负责,预算由国会批准。在美国各地分10个大区,派驻办事处,共有工作人员4000多人。审计署对国有企业的监控有三个机制:其一是企业内部审核机制,要求企业按规定报表,说明财经情况,审计署对这些报表进行审计。其二是在各级行政当局,包括联邦政府有关部门和州、市镇政府,也要设有一定的机构进行审核,最近,美国议会正拟通过一项新的法案,要求各部门设置财务负责人,总管行政预算和支出。其三

---

① 郑林:《国有企业治理结构研究》,河南人民出版社2002年版,第20—23页。

是任何公民觉得国有企业有舞弊现象，均可给议员写信。议员转审计署，审计署则应进行调查，并做出结论。美国审计署每年大致审计 5—10 个国有企业。审计署将国有企业的审计情况和结论报国会，一旦批准则需执行。

同时，资本市场的信贷工具、股东的"用脚投票"，以及来自经理人市场和产品市场的压力，都构成对企业直接或间接的监督。[①]

当然，国家在保证其有效宏观监控的前提下，也给国有企业提供程度不等的经营自主权，主要体现在国有企业市场化、法制化的运行机制中。在公平或优先的市场条件下和法制框架内，以高度的自我管理和自主经营保持企业的发展。从市场条件看，国有企业不仅享有一般的市场竞争条件，而且往往被允许有特定的销售市场领域或销售对象，在市场准入上也仰仗政府而享有特权；从法制条件来看，一些国有企业往往被赋予法律法规的特许权宜，包括市场控制权和价格制定权等。国有企业必须与私人企业一样严格执法，否则将同样受到制裁。在运营上国有企业享有私人企业的充分自主权。国有企业的激励机制是利润和效益，例如可以使个人收入增多；国有企业的约束机制，主要是法律和法规，一旦违反规定、舞弊或失职，按照法律规定，不仅要追究法律责任，而且还要接受严厉经济处罚。

三　美国国有企业改革及其特点

与其他国家和地区相比，美国的法人国有企业占比例比较小。因此，美国政府改革国有企业的主要方式，集中在政府职能的转变和国有企业经营市场化改造两个方面。

（一）政府职能的转变

转换政府职能主要采取两项办法：一项办法是出售国有资产，即联邦政府分期分批出售其控制的国有财产，重点是出售联邦政府的国有资产，让政府退出相关领域，以便私人企业来接管。通过出售国有财产，把本属于国有部门的政府职能转让给私人企业；另一项办法是政府继续给国有企业部门提供财政补助，但把一大部分国有项目，由私人企业承包或进行经营管理。这种做法实质上是所有权与经营权的分离，即国有民营。政府对

---

①　中共上海市委组织部上海市国有资产管理办公室编：《国有资产监督机制研究》，上海财经大学出版社 2001 年版，第 116—117 页。

这一类企业是通过合同条款实施监控，特别是成本分析和财务审计。

（二）国有企业经营的市场化

美国政府放松了对国有企业的市场管制，以提高国有经济的市场活力。在放松市场管制中，重点是取消对国有通信行业和公共汽车业的政府管制计划，让私人企业与国有企业展开竞争。

第二节 日本公司制企业的主银行制度

一 交叉所有权关系下的治理模式

从历史角度看，日本公司制企业的体制，是私人和公共所有权的混合。因而，其企业治理是通过广泛的交叉所有权关系来实现的。这种"关系"，是一种能够保证所有者和企业管理层之间产生长期互益的体制。具体治理模式特点是：

（1）日本公司的董事会设置多重行政级别，董事与经理相互交叉兼职，基本实行业务执行机构与决策机构合二为一。董事会中股东代表极少，大部分是内部中高层经理管理人员等。董事会成员全部是内部董事，不设独立董事和外部董事。

（2）以银行为中心的法人之间相互持股，是公司股权结构的基本特征。法人相互持股虽不受法律限制，但并非漫无边际，而只是公司与公司之间、银行与公司之间相互持股。再加上大多数法人股东之间不仅保持着相互持股关系，而且保持着某种经营联系，其结果使得法人股东之间的关系变得既长期又牢固。可以说在日本，企业在很大程度上是由建立在法人股东相互持股基础上的，既相互信任又相互支持配合的企业家阶层来控制。这是日本公司拥有强大的管理自主权，倾向于高积累和能够以较大自由度来追求长期经营效益的根源所在。

（3）严密、主动的股东监控模式。日本银行的双重身份，决定了其必然在固定行使监控权力过程中发挥积极的领导作用。日本银行及其法人股东通过积极获取经营信息，对公司主管实行严密监控。银行参与公司治理的方式是"相机治理"，即公司经营正常时，银行不加干预，只是作为"平静的商业伙伴"而存在。若公司经营出现严重问题，银行会凭借其特殊地位，随即获取信息和及时发现处理问题。在情势恶化时，还可以通过召开股东大会或董事会,来更换公司的最高领导层,实施直接干预。日本公司还通过定期举行的"经理俱乐部"会议,对公司主管施加影响。

(4) 日本公司的自有资本率比较低,资金来源主要依靠银行贷款。商业银行是公司的主要股东,涉足经营事务,形成具有特色的主银行体系。银行在融资和企业监控方面,有实质性的参与。银行作为集团的核心,通常拥有集团内企业较大的股份,主要债权人,并且作为公司的大股东,控制了企业外部融资的主要渠道,对公司治理有实质性的影响。

(5) 以内部治理即"用手投票"机制为主,外部治理机制较弱。日本公司的个人持股只占30%左右,而企业法人持股则高达60%以上,这种高比率法人持股结构,内在决定了直接"用手投票"的监控机制特征。

(6) 社会资本回报最大化,是企业治理效率的衡量标准。

二 日本政府对国有企业的管理体制

日本中央政府和地方政府所属公有企业的管理体制基本相同,其主要制度如下:

(1) 通过立法管理国有企业。日本国有企业的设立,必须依据公司法及其他公法、特别立法、行政法规等法律。这些法律代表了国会的意图。如日本国铁就是依据《日本国有铁道法》设立。而且,对国有企业的人事、财务、业务各方面的管理,都有详细的法律规定。

(2) 公益事业国有企业的特权和义务。政府对于从事公益事业的国有企业,基于公共利益的考虑,给予一般企业所没有的特权,包括垄断权、资金援助和征用特权。同时,从事公益事业的国有企业必须承担提供服务、兴办事业、发展事业和维系事业的义务,并对提供服务的费用、财务和人事等方面加以限制。

(3) 政府对国有企业的人事管理。国有企业的工作人员都是国家公务员,在人事管理上和政府机关一样,受国家公务员的约束。国有企业对一般工作人员有一定的人事权,但主要领导人员的任免权大多在国会和政府手中。地方国有企业的人事任免权也由地方政府决定。

(4) 政府对国有企业的财务管理。在财务管理上,国有企业实行独立核算的企业会计制度,有一定自主权。但是,企业在预算的执行、利润的分配、资金的筹集和运用等方面都由政府针对不同情况进行限制。

(5) 政府对国有企业的业务管理。在生产业务管理上,国有企业的经营范围、投资规划和方向、产品价格及企业发展规划等,都置于议会或政府控制之下，企业的自主权很小。日本地方政府对其所属国有企业的管理与中央类似，只是在地方所属国有企业的组织、财务和职工等问题做了特殊规定。

（6）政府对国有企业的劳务管理。日本国有企业的劳动条件必须服从政府或议会的规定。日本银行、公团、事业团等企业，基本没有工资决定权。另一种是由劳资双方自主决定，大部分国有企业属于后者。①

三 日本国有企业的改革及其特色

从日本国有企业的管理体制不难看出，日本政府对国有企业的管理存在着过度干预。因此，在20世纪80年代高速增长的日本经济显露颓势时，日本政府对国有企业进行了改革。改革的核心是调整国家经济职能。基本思路是充分发挥市场机制的作用，尽量减少政府的限制，努力扩大国有企业的自主权，以增强企业活力，促进企业行为的合理化和效率的提高。具体措施如下：

（1）减少国家对企业经营的干预，扩大企业自主权，实现企业的市场化经营。日本政府对一些没有实行股权多元化改造的特殊国有企业，通过人事及组织管理制度的改革，使其成为具有相对独立法人特征的企业，由此充分发挥市场机制的作用，提高国有企业活力。

（2）改革国家所有制，把国有企业转换为股份公司。以"三公社"为主的日本国有企业改革获得了成功，民营化的股份公司改制取得了巨大经济绩效，提高了企业的经营能力，扭转了经营颓势。

（3）对不同类型的国有企业实行不同的管理模式。对政府部门直属企业，实行国有国营，由政府部门直接经营管理，企业自主权最小；对国家参股公私合营的股份制企业，实行民营化管理，企业自主权较大；对特殊法人企业，依据企业的不同性质实行不同模式的管理，企业自主权介于上述两类企业之间。

（4）实行国会监督下的归口管理监管体制。在国会监督下，由政府有关部门对不同类型的国有企业实行差异化分类归口管理：对国家直接经营的企业，采取直接和最为严格的监管；对国家间接经营的企业，由主管大臣对其进行监督、命令；对股份制经营的企业，给予较大的经营自主权

---

① 史忠良等：《国有资产管理体制改革新探》，经济管理出版社2002年版，第12、87—90页。

和较为灵活的经营方式。采用监察人的专门监督和一般监督相结合的方式，将对经营者的监督制约权限，程度不等地赋予多个公司法律关系主体，是日本企业监督体制的特点。

（5）健全法制，引入竞争。日本国会众议院通过制定相关的改革法案，取消了私有企业进入的限制，打破了铁路、电信等行业过去独家垄断的局面，充分鼓励竞争。

第三节 德国公司治理中的"双重董事会"制和"全能银行"核心地位

一 公司治理模式的特点

（1）"双重董事会"的法人治理结构，即既有董事会又有监事会。股东大会选举监事会成员，监事会再选举董事会成员。监事会是权力监督机构，是德国国有企业的最高领导和决策者，它由股东代表和职工代表组成，双方各占一半名额。董事会（或理事会）是执行监事会决议、负责日常经营的执行机构。监事会有权对董事会工作提出意见和建议，但不能干预董事会工作。当监事会与董事会不能达成一致意见时，需交股东大会裁决。监事会成员不得兼任董事会成员。

（2）职工参与的民主化管理。职工参与决策制度，是德国监控机制的一个重要特征。德国共同决定法规定，本企业的职工与产业工会的代表，有权在公司监事会中占有一定席位参与决策；监督法规执行情况，在社会福利方面有与资方对等的表决权，对企业生产经营状况享有知情权和质询权。股份公司职工一般持有公司股票，可以分享公司利润。国有企业的管理机构中一般采取比例代表制。例如，在德国国有企业的董事会中，实行国家代表、专家、知名人士和企业职工代表各占1/3的"三分代表制"。

（3）双层董事会的监控机制。德国公司的业务执行职能和监督职能分离，成立了两种管理机构，即执行董事会和监督董事会。监督董事会是公司股东、职工利益的代表机构和监督机构，也是大股东行使控制和监督权力的机构。由于大公司股权十分集中，使得大股东有足够动力去监控经理阶层。由于银行本身持有大量的投票权和股票代理权，这就使银行在德国的公司治理结构中的作用突出。

（4）企业融资以股权融资和债务融资相结合，并以债务融资为主。证券市场不发达，多数企业以银行作为主要的财务支持，政府也持有一部分股份。公司治理主要靠"用手投票"而不是靠"用脚投票"。

（5）银行处于公司治理的核心地位。从公司治理的角色看，德国的银行是公司的大股东。银行不仅直接持有公司的股份（持有一家公司多少股份并没有法律上的限制），而且还作为大量分散股票的"保管银行"，代表小股东行使表决权。从具体功能上看，德国的银行是"全能银行"。银行既可以向企业提供各种贷款，又可以经营证券业务，还可间接持有公司股票和从事保险业务。因此，银行既是债权人又是大股东，掌握了控制公司的大部分权力，成为公司治理中的关键角色。银行的参与创造了较稳定的治理结构，使得管理人员追求中期和长期的企业目标。

（6）追求人力资本最大化是企业治理效率的衡量标准。

二 社会市场经济理论指导下政府对国有企业的监督与管理

在德国，政府对国有企业实行分级、分类管理和多渠道监督体制。德国国有企业的资产分属中央、省、地方三级所有，三级政府都拥有各自隶属的国营企业。三级国有企业的经营方向和经营目标各有侧重。在实行分级管理的同时，政府主要根据国有企业是否具有竞争性、行业是否存在规模效益、是否需要大量基础设施的投资这三个基本标准，把国有企业分为垄断性和竞争性企业两大类，并以此确定国有股所占比重的大小，由政府部门或国有金融机构进行分类管理。

对国有资产的经营管理，德国主要采取"国家监督管理、公司经营运作、员工参与管理"的方式，实行以财政部为核心的管理模式。由财政部作为国有资产的所有者代表，对各行各业的国有企业进行统一管理和监督。

在管理手段上，主要从控制、保护和监督三个方面实施有效管理。通过设立监事会控制和监督国有企业的目标、方针及重大举措。监督同时赋予企业有限保护措施。一些牵扯国计民生的重要经济部门，受到国家保护，完全不参加市场竞争，或只部分参加竞争。对竞争地位脆弱的传统工业给予大量补贴。另外，政府对国有企业实行多渠道的监督机制。除了上述的"双重董事会"监控机制外，还有来自联邦财政部、经济审计人，以及联邦审计署对国有企业的共同监督。其中，联邦财政部的监督着重于产权监督，代表国家行使国有资产所有权，负责审批企业的成立、解散、合并等重大经营决策事项；经济审计人的监督，主要指对公司年终结算进行检查；联邦审计署是德国的最高稽核单位，政府所属国有企业均由联邦审计署稽核。该署的职责，是稽核政府及国有企业的开支账表和经济行为的合理性。

三 德国股份制改革及原民主德国国有企业的托管改造

20世纪90年代以来，德国政府对国有企业着力推行股份制改革，主要对象是国有企业中的营利竞争企业，而在一些基础设施建设和供应部门、交通邮电部门、金融保险及科研部门中，仍保持原有的国有企业规模。德国进行股份制改革的目的，不在于出售国有资产，而是为打破垄断、激励竞争、强化监督、提高盈利能力，并通过立法来规范政府对国有企业的监督和管理。

在德国政府看来，对国有企业私营化不是经济政策的目的，而是改善企业经营的手段。就国有企业的所有者而言，个人股东的参与将增强企业效益的提高，而国家股的存在则对公共利益起到监督作用。按照德国法律的规定，持股超过25%以上的股东，就有对股东大会的否决权，持股超过50%以上的股东就拥有了决策权，可以控制该企业。为此，德国政府根据各个企业的性质，将有的股份全额出售，而有的企业则保留较大比例的股份。

两德统一后，德国政府按照两部企业的模式对民主德国的国有企业进行了托管改造。所谓"托管改造"，就是成立"托管局"（即国有资产信托管理局），利用"托管"形式对民主德国一大批设备落后、效益低下的国有企业进行"注资改造"。托管局作为东德国有企业控股总公司，共接管国有大中型企业8000多家，国有小企业3万多家。国有企业在托管局的支持和监督下进行分类改造：对于多数可以改造的企业，政府以巨大的财政投入作为支持，通过投资、兼并或购买等多种方式进行改造整顿；对于符合破产条件的企业，按照一定程序坚决使其破产，以减轻政府的负担。

第四节 各国公司治理结构的比较与发展趋势

一 各国公司治理结构的比较分析

通过对各国公司治理模式的分析与描述可以看出，各国公司治理模式各有其产生原因或历史渊源，也各有其存在的合理性。

美国公司治理模式借助于发达的证券市场，通过兼并收购和公司控制权的争夺，对经营者构成持续威胁，充分体现了外部机制的约束作用。同时，借助股票市场的流动性和信息的公开性，能够比较准确地反映公司经营业绩和现金分红情况。日本公司治理模式股权高度集中，以银行为中心的治理机制可以充分发挥银行的监管作用，使公司在决策时能够立足于公司的长远稳定发展；在资金面临流动性困难时，可以避免痛苦的金融衰退；在经营状况不佳时，可以避免昂贵且有破坏性的敌意接管。德国公司治理模式和日本公司治理模式均重视银行在公司治理中的作用，而且德国模式比日本模式更加重视银行的这种作用。银行作为股东和债权人参与公司治理，对公司治理结构的改善起到了积极作用，从而提高了公司经营绩效。可见，不同的治理模式（见表6-1）在各国经济发展中发挥了不可替代的作用。

表6-1　　　　　　　各国公司治理结构的比较分析

比较项目	美国	日本	德国
股权结构	相对分散，单个法人持股比例受限制	相对集中，法人交叉持股	相对集中，企业间交叉持股，股份公司职工一般持有公司股票
资本结构	证券市场是主要资金来源，负债率较低	银行贷款是企业筹资主要来源，负债率较高	银行贷款是企业筹资主要来源，政府也持有一部分股份
激励机制	股票期权制度	终身雇佣、年功序列工资制度	公司职工持股并参与决策制度
控制方式	市场监控力度很大，监控主要来自企业外部各市场体系，"用脚投票"	市场监控力度相对较小，监控主要来自企业各相关利益主体，"用手投票"	证券市场不发达，监控主要来自执行董事会和监督董事会双层监控机制，以及职工参与决策制度，"用手投票"
银企关系	银企分开，银行只是纯粹的资金提供者	"主银行体系"：债权人和大股东双重身份	"全能银行"：债权人、大股东和大量分散股票的"保管银行"多重身份
治理模式	市场控制主导型	股东监控模式	股东监控模式
治理效率衡量标准	股东财富最大化	社会资本回报最大化	人力资本最大化

续表

比较项目	美国	日本	德国
面临的主要挑战	对利益相关者的关注；敌意接管频繁等	经济自由化；金融市场的开放，政企和银企关系转型等	证券市场的发展；银企关系转型等
发展或变化趋势	强化内部监控	完善和强化外部监控	完善和强化外部监控

资料来源：胡军：《跨文化管理》，暨南大学出版社1996年版，第142—143页。

  面对新的经济形势，以上各国不同治理模式的弊端也日益显露。美国高度分散化的股权结构，弱化了股东对公司经营的监控，造成了经营者的短期行为和频繁的敌意接管。而股权结构相对集中的日德公司，法人相互持股或企业间交叉持股从融资的角度看，不能增加全社会的融资总额；从治理机制度看，虽然加强了对公司经营者的监控，却使得证券市场疲软；大股东相互持股，且经营者又作为本公司对其他公司持股的股权代表，使经营者被凸显出来，难免造成"内部人控制"；企业之间的相互持股人为降低了自然人的持股比重，损害了最终投资者的利益，利益相关者的冲突有增无减；以致日本的"主银行制"导致"泡沫经济"产生。

  对此，各国都出现了改革公司治理模式的迹象，并且呈现趋同化。在美国，公司过去一直重视证券市场的作用，而忽视银行和机构投资者的作用，现在通过变革，放松银行对持有公司股票的限制，机构法人股东的持股比例也呈上升趋势；随着金融全球化发展，日德公司开始加速证券市场的发展，强调个人股东的利益，市场直接融资在企业的资金来源中占有重要地位，公司负债率呈下降趋势，交叉持股的数额也有所减少。[①] 各国的变化说明，公司治理结构正在相互靠近、互为补充，大有趋同之势。也就是说，各种治理模式在某些方面的趋同将是有效率的，这一点对于转型经济国家的公司治理改革提供了宝贵的经验。特别是对于我国，在建立现代企业制度过程中，如何借鉴各国公司治理改革实践的成功经验，以设计出特定国情下符合自身情况的公司治理结构，是一项紧迫的任务。

---

① 李维安等：《公司治理》，南开大学出版社2001年版，第222—224页。

二 各国国有企业治理结构发展的几点启示

通过对各国国有企业经营与改革现状的分析不难看出,由于各国国有企业处于不同的政治、经济、文化背景,以及差异化的市场体制和制度安排之中,各国在经营与改革过程中采用了不同的治理结构模式和改革方式。总结各国国有企业治理结构的成功经验和教训,可以得出以下启示:

(一) 不能以产权的私有化改革来替代国有企业的优化治理

有缺陷的企业产权制度是造成各国国有企业亏损的一个根本原因。产权不明晰,国有资产的保值增值很难保证,改革这种状况势在必行。将公司制应用到国有企业,使企业的组织形式公司化,股权结构社会化,是国有企业实现产权清晰、责权明确、政企分开和管理科学的有效途径。在各国公司治理结构实践中,采取了不同程度的产权私有化形式,表现出各自的优劣。事实上,有关国有产权的潮流性转化对企业绩效的影响一直没有定论。有相当一部分学者支持产权中性论的观点,即产权归属与企业绩效之间的关系没有必然联系(Demsetz and Lehn,1985;Vining and Boardman,1989,1992)。在我国也有一批学者持类似的观点,如林毅夫、刘芍佳和李骥等(余菁,2008)。简单、片面地强调产权对国有企业治理的重要性,在理论和实践上都很难让人信服。张春霖(1998)介绍美国学者玛格丽特·布莱尔的理论时曾写道:在大型企业中,产权刺激的有效性,高度依赖公司治理结构和金融市场的有效性。不能因为产权刺激机制在小型企业中的有效性,就想当然地认为这种机制在大型企业中也一定同样有效,并因此而认为只要用改革小型企业的同样办法来改革大型企业,大型企业的问题就可以解决。

国内众多上市公司的实践证明,没有良好的公司治理,国有企业改革无论采取公司化的办法,还是采取所有权结构多元化的办法,都不会真正带来实效。即使私营公司,如果没有完善的公司治理,也难以摆脱"短命"现象。因此迎合趋势,按照国际规范建立和完善加强公司治理,是加快中国的国有企业改革和私营企业发展的必由之路,也是增强中国企业国际竞争力的有效途径。

(二) 以市场化方式来推进国有企业治理结构的完善

产权改革和产权结构的多元化,本身不是国有企业改革的目的,是打破垄断、激励竞争、强化监督、提高盈利能力的重要手段。虽然各国在经营、组织、产权和管理等改革形式上各异,但是,让企业自主、自律和走向市场、参与竞争，是各国对国有企业改革的共同要求。政府通过减少以致取消国家保护及各类优先权，引入私人资本、消除垄断，让国有企业平等竞争，形成自我生存、自然淘汰的机制。在企业市场化改革过程中各国采用了不同的方式。有的国家采取"财产私有化"方式，即国家直接出售一些没有必要或没有能力直接经营的企业，既可减轻财政负担，又可筹措到一笔资金用于其他方面；而有的采用"经营私有化"，即"国有民营"的经营方式，通过租赁、承包等形式，出售经营权，把经营权私有化，所有权仍由政府掌握。除此之外，各国政府也采取其他一些改革措施，来改善尚存国有企业的经营。这些措施主要是消除国有企业的额外社会负担，减少国有企业的行政性，增强其商业性，尽可能创造与民间企业平等的竞争条件。

（三）重视多边治理和职工在国有企业治理结构中的作用和地位

从各国公司治理结构的发展趋势看，是以"股东至上"为基础的单边治理，向以公司利益相关者为基础的多边治理结构转变，多边治理已成为大多数国家设计和制定公司治理原则和方案的基本指导思想。职工是公司重要的利益相关者，职工参与公司治理是现代工业文明的成就之一，它引发了人们对于公司本质与目的等一系列根本问题的再思考，更何况是职工具有国有资产所有者身份特点的国有企业。如德国颁布实施的一些公司治理的相关法典，不仅从制度上确保了监事会对董事会的有效监督，而且在一定程度上保障了员工对公司的民主管理权，能够较好地保障员工的利益。在欧洲的其他国家，例如丹麦、挪威、奥地利、法国、瑞典等大多数欧洲国家，都有职工参与公司治理的立法规定。

（四）注重有利于内部治理和外部治理相结合的制度环境建设

企业治理得以有效运行，离不开所在的制度环境。美国强调以外部治理为主的治理结构有效运行，完全取决于其建立了一个相对比较发达、监督制度比较完善的金融市场环境。同样在内部治理中，则需要从法律制度上保证各公司利益相关者，在参与公司治理中的权利和义务。此外，在市场经济条件下，若对国有企业和一般竞争型企业不在法律上加以区分，则可能出现国有企业阻碍平等竞争，不利于市场经济运行的情况。为此，世界各国在修改和废除旧的限制企业进入的法律规范、打破国有企业传统组织经营方式的同时，都十分注意通过法律、政策的制定，支持公平竞争环境的培育。健全法制是以市场为取向改革的一项重要任务。① 比如英国,先后制定符合公用事业自身利益和社会利益的相关法规,以起到既有利于提高企业的运营效率,又能抑制企业经营行为损害公众利益的作用。

总之,各国在国有企业治理结构的实践过程中积累了丰富经验,对我国国有企业改革是有益的启示。虽然在不同的市场体制、文化背景和制度安排下的国有企业治理模式,不可能简单替代套用,但是"他山之石,可以攻玉"。我们可以通过分析国外公司治理结构的不同模式,以及各自国有企业的改革与发展,以从中汲取成功的经验和受启于前车之鉴,帮助我们更好地设计符合在我国国情的国有企业治理结构。

第五节 博采众长和继承传统的我国国有企业治理结构创新

一 我国国有企业治理现状分析

始于1978年的国有企业改革一直围绕着"减少政府干预,增强企业活力"的主线,以渐进方式推行。20世纪90年代以前,改革措施基本上是"放权让利"思路的产物。90年代以后,为了搞活国有企业和实现国有经济与市场经济的有机结合,提出以"产权清晰、权责明确、政企分开、管理科学"为特征的现代企业制度,并通过《公司法》的颁布,推动国有企业进行股份制改造。

这种以市场为取向的渐进式改革取得了一定成效。一方面在改革的推动下,现代化的市场体系逐步形成,适应市场经济要求的宏观经济管理体制、有中国特色的社会保障体制逐步建立。另一方面,为了适应激烈的竞争和复杂多变的外部市场环境,国有企业不得不在经营意识、战略目标、产权制度、治理结构以及组织管理等方面做出调整,在一定程度上增强了企业活力,提高了经营绩效。因此可以说,1978年以来的国有企业改革,不仅是企业产权制度与产权结构的改革,而且是国有企业治理结构的突出创新,即从单一行政治理结构,到现代企业法人治理结构的创新。

但是,根据20多年改革实践的结果,比照西方各国公司及国有企业

---

① 刘中桥:《中西方国有企业发展比较》,经济科学出版社2000年版,第117—118页。

的治理实践经验和特点，不难看出我国国有企业治理结构尚存在有许多问题。主要表现在以下方面：

（一）政企不分，权责不对等

众所周知，政府的职责是维持一国的社会经济秩序，着力在国家治理现代化中起到其应有作用。除了在经济现实中校正市场失灵需要政府弥补失效，或者由于某些基础产业、风险行业的特殊性，必须由政府直接监管国有企业经营，以及政府为了实现某项特殊需要、特定目标而直接关注商务活动外，没必要直接参与微观领域的企业营运。但是由于多种原因，政府在近几十年中经营的国有企业大大超出上述范围，广泛涉及实际上无须政府经营的制造行业、服务行业等。就某个具体企业的经营过程而言，由于存在政府与企业利益偏好的异质性和信息的不对称性，为强化对企业经营者的监督及控制，政府对企业同样实施了多头行政干预，以致形成了国有企业独特的行政干预下的经营者控制型企业治理结构。在这种行政干预下，无论是资源调配、权利机构设置，还是人员配备以及利益分配都渗透着国家行为，这种多行业、宽范围的干预行为，严重影响了行为主体在企业中的地位、主动性与积极性。虽然在以现代企业制度为目标的国有企业渐进式改革推进中这种现象有所改进，但是，政企分开也仅只是表象下的形式分离。

同时，在国有企业有效公司治理结构尚未建立的情况下，委托—代理关系实际上只进行了行政权力的划分，而在经营上的责任并未充分分解，造成国有企业所有者和经营者的权责不对等，往往呈现权大责小。政府部门拥有各项权利，但是没有一个部门会为国有企业的亏损承担责任，也没有一个部门为经营者的选择失误而承担责任。作为"无产"的经营者，事实上拥有企业大量的控制权，但对因其经营不善所导致的恶劣后果，也只是承担非常有限的责任。这种权责不对等性，助长了经营者的投机心理，增大了对经营监控的难度。

（二）国有企业一股独大的股权结构缺陷

若从现代企业制度改革来看我国国有企业，直至目前其股权集中度仍然很高，特别是国有股的集中度很高，一般都超过50%，多的则高达80%以上。按照股份制原理，股权的高度集中有利于所有者控制，从而保证其利益。但是，由于我国国有股本身存在代理问题，即其产权模糊和出资者代表不明确，及计划经济体制下控制方式的沿袭等缺陷，造成国有企业治理结构中出现事实上董事会凌驾于股东大会之上的混乱局面。同时，非流通股处于主导地位，抑制了股东通过股票市场以"用脚投票"方式行使控制权，导致内部人控制现象严重。

（三）人力资本产权残缺与经营者内部人控制

如果从产权的法定意义上讲，人力资本产权包括对自身人力资本的所有权、占有权、使用权、支配权和收益权等。若从企业所有权配置的角度看，人力资本产权应该体现在对剩余控制权和剩余索取权的有效配置上。完整性的人力资本产权，应该是两权即剩余控制权和剩余索取权的对称配置。然而在我国国有企业中，行政性的人事调派、企业利润的全额上缴和个人收益的二次分配，以及企业家激励机制的缺乏和有限的企业经营控制权等，都说明国有企业人力资本产权的残缺特质。当然，通过改革人力资本产权的实现得到了一定程度的改善，但是人力资本产权的残缺问题并没有根本性地解决，特别是回报机制扭曲，这是国有企业内部人控制现象产生的关键性因素所在。虽然在所有权和经营权的分离以及契约难以完备的条件下，内部人控制现象在各国具有不可避免性。但是，在我国转轨时期的国有企业中，由于人力资本产权制度的残缺，形成了中国特有的"行政指令下的经营者控制现象"。随着企业和经营者自主权的进一步扩大，内部人控制、经营者腐败等问题迭出。

（四）内部治理结构缺陷特质

一是股东大会虚设与股东控制权虚置。股东一般通过"用手投票"和"用脚投票"方式行使控制权。但是，由于我国政府行为的越位、国有股过度集中，使得股东大会形同虚设，而中小股东因持股太少而被剥夺出席股东大会的权利，导致经营者的投机行为；同时国有股的非流通性，使得股东也无法通过股票市场以"用脚投票"的方式行使控制权。因此，政企不分、国有股的过度集中以及国有股的非流通性，造成股东的"用手投票"和"用脚投票"方式都失去效用，导致控制权掌握在经营者手中。

二是董事会与经理的制衡机制扭曲。一般而言，有效的董事会机制对经理人员具有较大的约束作用。其中，突出表现在对经理人员的人事任免权上。根据我国《公司法》规定，经理人员由董事会聘任或解聘，对董事会负责，行使法定的和公司章程规定的权利。但是在国有企业治理结构中，由于董事会与经理人员事实上都是单一大股东，即国家行政命令的产物，以致使董事会的权能虚化。① 而且从实际情况来看，董事会成员与经理人员高度重合的现象比比皆是。由于这种现状过分强化了经理人员的职权，从而大大削弱了董事会的权利。董事会与经理人员之间这种不规范的关系，从国有企业发展的角度来看是明显不可取的。

三是"新三会"与"老三会"之间的矛盾凸显。"新三会"是指企业的股东大会、董事会和监事会；而"老三会"则指企业现存的党委会、职工代表大会和工会。其中最重要的是党委会在公司治理机构中的地位问题。在多数我国国有企业中，党委成员仍以行政领导者的身份参与工作。职工代表大会和工会作为员工参与民主管理的机构，在企业新、老三会并存的格局中，始终未能发挥积极作用。从实施效果看，新、老三会由于利益目标的异质性和职能、权力的交叉性，使得企业新、老三会之间的矛盾和冲突不断，造成监督成本增加、监督效果下降，直接影响了企业改革治理工作的有效运作。

四是不相容的激励机制。国家利益和企业利益的矛盾，企业经营者和企业职工同所有者利益的不一致性，在企业的治理过程中表现为激励不相容性，它是内生于国有企业的治理障碍之一。这种激励不相容性主要表现在利益特别是经济激励方面的冲突。在企业收益一定的条件下，双方参与利益分享的过程，实际上就是一场此消彼长的博弈过程，其结果必然使企业的运作效率及经营效果都大打折扣。

五是有效监督缺位，产权约束弱化。国有企业的监督机制不健全，企业内、外部监督主体繁杂，监督组织和机构重叠、权力交叉，导致廉价监督和监督虚置，形成监督的组织低效率。一般而言，公司治理结构中的内部监控，主要是通过股东大会监控董事会和监事会，监事会监控董事会和经理人员，董事会监控经理人员等方式来实施的。股东大会主要通过人事任免来监控董事会和监事会成员。然而，在我国国有企业的内部治理结构中，由于国有股占绝对优势，监事实际上是由国有股东指定而非股东大会选举产生。其结果是监事会成员的组成，可能就是董事和经理人员意志的体现，其监督职能常难以规避地背离应有旨意。而且监事会成员、股东、董事、经理人员和其他内部人员，普遍缺乏监控动力和监控能力，制衡意

---

① 郭金林：《企业产权契约与公司治理结构——演进与创新》，经济管理出版社2002年版，第274页。

识也没有到位,使得各级委托—代理之间并没有形成有效的相互制衡机制。行使监控职能的专司机构监事会在实际运作过程中的不规范性,注定其不可能充分发挥监督作用。因此,国有资产在近似无人监管的体制下,浪费现象也就不可避免,更不必说国有资产的保值和增值了。

长期以来,国有企业内部缺乏对国有资产强有力的专司监督机构,外部更无健全的监督法规。虽然曾指定由财政部和国资委负责监管,但因监管对象不清晰,监督内容不具体,手段不强硬以及责任不明确,使得监督工作难以到位,以致造成代理成本增加,不完善的市场制度使得国有企业的外部约束十分软弱。虽然既往改革打破了传统的管理体制,但是市场及其支持体系并未相应建立起来。发展过程中的市场及其不完善的支持体系,致使国有企业经理人的越轨行为成本大大降低,预期的风险收益大大增加,从而扭曲了他们的从业行为动机。

总而言之,我国国有企业存在的问题既有与其他国家共同的一面,也有其特殊的一面。因此,不可盲目照搬他国经验,而要从实际出发,走出自己的改革创新之路。

二 我国国有企业治理结构创新的基本思想:构建共同治理机制

利益相关者共同治理模式是指人们对相关主体即股东、经营者、管理者、债权人、职工、客户等利益相关者的角色、功能和责权利形成价值认同,并产生相应行为预期。从契约理论分析企业内部各要素主体之间的关系问题,企业是众多要素所有者结成的契约网,各要素主体的行为都是出于自愿,在法律上具有平等签约地位。他们之所以自愿组成企业而不采取个人行动的方式,是因为企业内部的分工协作劳动可以创造更高的生产率,最大限度满足个人效用。这是企业制度核心理念的表述,也是理论上的重大创新。

随着我国社会主义市场经济目标模式的创新发展,理论和现实两方面都充分验证了利益相关者共同治理模式存在的合理性与必要性。企业共同治理结构模式,遵循的是"利益相关者合作逻辑"。这种逻辑强调职工、经理人、债权人甚至供应商和客户投入的资产都可能是专用性的,各主体均要承担相应投资风险。因而,企业不仅要重视实物资本所有者即股东的权益,而且要重视人力资本所有者的权益。不仅要强调经营者的权利,还应关注其他利益相关者实际参与企业治理。按照风险与权力对等原则,利益相关者可以通过一定的契约安排和治理制度来拥有一定控制权,进而分享剩余索取权。在各国实践中，各利益相关者也以不同方式在不同程度上分享剩余控制权。如欧洲大陆国家的共同参与制，以及以贷款人身份居于公司治理结构核心地位的德国全能银行等。因此，单独考虑股东所有者利益就显得过于片面，企业形态进化中协调各权益主体的关系，合理配置企业所有权就显得十分重要。

显然，有效解决我国国有企业存在的"内部人控制"问题的对策，就是根据企业所有权要求，即剩余控制权和剩余索取权相匹配的原则，引入共同治理机制，实现企业所有权在利益相关者之间的分散对称配置（杨瑞龙、周业安，1997），以在共同治理契约下让拥有私人信息的各方共同拥有企业控制权和剩余索取权，共同决策并分享剩余。这种契约安排的最优性已得到了杨瑞龙、周业安等人理论上的支持与论证。其具体实现途径，主要是通过建立国有企业法人治理结构，完善企业运行机制，以保证企业家通过竞争进入企业成为经营者，或者经营者在竞争中成为企业家；并有效制定经营者的利益和风险机制，促使具有充分自主权的国有企业经营者根据市场经济要求，积极主动地为企业的生存、发展和完善而开拓进取。同时，应充分发挥国有企业员工的主人翁作用，通过职工代表大会、工会等组织，实施对经理人员行为的有效监督。鼓励他们参与经理人员的选举，甚至让既有意识又有能力的社会主义劳动者，有平等竞争的应有渠道成为企业家，并相应制定职工利益与企业经营状况挂钩的多元化薪酬体系等。这些都是有效的安排方式，完全符合企业所有权的匹配原则，也是符合社会主义公有制要求，能够充分体现国有企业多元主体平等地位的一种配置模式。

三 我国国有企业治理结构创新核心：基于所有者人格化的委托—代理关系构建

根据我国的所有制理论，国有企业资产所有者是全体人民，作为整体意志体现的国家代表人民行使对国有企业的所有权。然而，"国家"这个概念过于虚浮、抽象化，为此只能依靠各级政府委托企业经理人行使既定的权力。企业不拥有各种资本（人力资本、非人力资本）的所有权、占有权和处置权，其经营决策权也是在制度刚性边界下有限行使，企业对国有资产只是"代为使用"，表现出较强的约束性、封闭性、代理性和无偿性。因此，在国有企业的多层级委托—代理关系中，国有企业的产权地位可以表述为一种"没有财产所有权的代用关系"。尽管国有企业的出资者在理论上是明确的,实践上则表现为出资者含糊、没有人格化的投资主体,任何上级政府部门都可以代表国有资产出资者行使一部分国有资产产权的权能,而谁又都不对国有资产负责。由此,构建基于所有者人格化的国有企业委托—代理关系,成为国有企业治理结构的核心和关键。

(一) 建立所有者人格化到位的委托—代理关系的动因

首先,在于现有国有企业委托—代理关系存有突出内在缺陷。我国生产资料公有制,为每个劳动者提供了公平参与社会和企业管理的机会和条件。在国有企业的委托—代理关系中,名义上是初始委托人,从根本上看应是全国人民。但实际上是国家政府代理行使初始委托人的权利,然后通过层层代理委托,使所有劳动者成为最终的代理人,表现为自上而下的委托—代理关系。从委托—代理链的各个环节上看,处于上层的各级政府或管理机构,作为实际上的初始委托人监督积极性不高、监督动力不足,缺乏充分的激励,也没有实在的约束。而处于下层或基层的劳动者,只能被动地接受这一制度安排,甚至被剥夺了监督国资营运和分享盈余的权利。这样两大突出问题的存在,大大降低了国有企业委托—代理关系运行效率,使每一级委托—代理关系所实现的,仅是一种非最优的纳什均衡。因为在这样的委托—代理关系中,既没有充分的激励,也没有实在的约束,谁也不愿意承担无谓的损失,最终使之落入风险陷阱。

其次,缘于委托—代理关系中凸显激励和监督困境。国家行使公共产权的所有者角色,享有相应的控制权和剩余索取权,而全体劳动者作为初始委托人只在法律上赋予明确地位,相应的剩余索取和经济利益,只能通过国家控制的再分配来获得。国家在取得公共产权的代理权后,必然要建立纵向的授权链,形成多级的委托—代理关系。尽管理论上政府取得公共产权的代理权后,享有相应的控制权和剩余索取权,但在实践中随着代理级数的增加,对各级代理人的激励动机逐步降低。这是由于在现行体制下,公共产权的剩余索取权和控制权的配置仍由行政行使。并且公共产权的剩余索取权不可转让(因为剩余索取权一旦转让,企业的国有性质就难以维持),使得难以设计一种近似市场衡量标准的激励机制。作为代理人,尽管可以建立一种激励政策,使其可在尽力保护国有产权利益前提下获得一小部分剩余。但当他可以通过偷懒或违约的方式来获得额外收益时,他可得到全部好处却只承担部分成本,最终致使他们以损害出资人的利益为代价,来满足自身利益的最大化。这样,国有产权在多级代理过程中，就更多表现为逐级的委托人向代理人的放权。但是，代理人有可能利用自己的内部人优势采取机会主义行为，从而损害委托人的利益，由此使监督问题显得至关重要。

针对国有企业委托—代理关系的实际监督情况看，并不理想。代表国家行政委托人职能的政府官员拥有选择和监督代理人的权力，但他们的收入水平并不直接与监督努力程度相关，或者相关性不高。这种"廉价投票权"的存在表明，委托人也可能存在道德风险，监督不力，放纵代理人的偷懒行为，甚至与代理人合谋获得私利。事实上，在我国国有企业治理结构中，对监督者的有效监督始终没有得到很好的解决。显然，要解决这样的问题必须从根源入手。即要在公有产权归属理论上清楚、实际行使中却出现偏差的情况下，着手使公共产权落实到具体的人格化代表上。具体来说即使广大劳动者既是初始委托人，是真正的公有产权的代表人，真正有权决定公有产权的使用、处置和收益。同时作为委托—代理关系中的最终环节，不能仅仅是被动的接受者，而且要真正体现委托人的角色，有效地维护公有产权的权益。

再次，为维护社会主义劳动者在新型市场经济体制下的应有权益。我国国有企业的最终受益人，理应是每一社会主义劳动者或国家公民。同样，国有企业治理结构改革的基本取向，亦是维护和保障公民的应有权益。由于在我国探索性向新型市场经济体制转变过程中，对效率的追求一度压倒了对公平的维护，对公民权益的保障。因此，追求效率和公平的兼顾既是大势所趋，也是国有企业发展和改革自身的要求。

在我国国有企业治理结构中建立人格化的委托—代理关系，是在承认产权公有的前提下，摒弃财产私有化分割的狭隘观念和简单思维，化"不利"为"有利"，最大限度地体现公有产权在资源配置中的基础地位和特有属性，维护和保障作为公有产权受益人的每一国民权益。并且充分发挥员工在国有企业中的主人翁作用，有利于形成国有企业员工与企业休戚与共的认同感，凸显我国国有企业相比于私有制企业的特有内在优势，从而推动国有企业高效迅速发展。人格化的委托—代理关系让员工参与公司治理，既是人的"经济价值"提高和民主理念向公司内部延伸的结果，也是缓和劳资冲突，提高公司组织效率的需要（陶广峰、魏恒荣，2007）。

最后，利益相关者共同治理的要求。利益相关者共同治理是公司治理的发展趋势，理论和现实两方面都充分验证利益相关者共同治理模式存在的合理性与必要性。这种模式强调，职工、经理人、债权人甚至供应商和客户投入的资产，都可能是专用性的，他们与股东一样都承担了企业的相应风险。因此，企业不仅要重视实物资本所有者（股东）的权益，而且要重视人力资本所有者的权益。不仅要强调经营者的权威，还应关注其他利益相关者实际参与企业治理。公司应归利益相关者共同所有，他们通过剩余索取权的合理分配来实现自身的利益，通过控制权分配来相互牵制、约束，从而达到长期稳定合作的目的。有效率的公司治理结构，是利益相关者共同拥有剩余索取权与控制权力。对每个利益相关者来说，相应的两种权力都是对应的。

（二）人格化的委托—代理关系的实质：构建委托—代理环

前面已经指出，现有的国有企业治理结构存在委托—代理关系的内在缺陷，其本质上是一种单向的委托—代理关系。这种治理结构对企业经营者的激励和约束功能不能得以有效发挥，并导致国有企业运营的低效率。这种单向的委托—代理关系，实际上并不符合真正的产权公有制下委托—代理格局。作为所有者的国有企业员工，其剩余索取权和主人翁地位并未得到应有体现，人的主动性和积极性难以充分发挥。在这样具有若干级的委托—代理链中，上一级代理人就成为下一级的委托人。如果委托—代理关系进行到最后一级代理人，而这样的代理人同时也要行使"初始委托人"的权利，这就把委托—代理的最后一个环节与初始的环节打通，形成了委托—代理的回路环形。在这种委托—代理环中，各级委托人和代理人直接进行着无穷多次的博弈。根据博弈论的理论，在一个具有相同结构的博弈中进行多次，其均衡结果就会大大不同于一次性的博弈，最终实现具有帕累托改进的最优博弈均衡，如图 6-1 所示。

初始委托人 → 代理人/下一级委托人 …… → 代理人/下一级委托人

图 6-1 国有企业中人格化的委托—代理环

构建委托—代理环，从制度上保障了国有产权体现于每个员工，从而实现了国有企业产权的人格化，实现了社会主义劳动者共同占有生产资料，并改变了只有少数人行使实际委托人的权利。一旦有效实现每个人都能成为委托人，这种公有制实现形式就能最大限度地发挥人的主观能动性和创造力，把每一个体的才能智慧充分展现在为国有企业创造更多的价值之中，由此创造出远比私有制企业更高的效率。这将对现有理论中公有体制势必带来效率低下的观点形成极大的挑战，进而跳出用单一的产权私有化方法进行国有企业治理结构改革的思路，着重探讨在国有企业中公有产权进行人格化兑现的具体实现方式，为创建有中国特色的国有企业治理结构创新找到切实可行的路径。

四　国有企业治理结构创新途径：构建所有者人格化的委托—代理关系推动机制

（一）公有产权的人格化兑现：实现国有股的代理权市场

建立人格化的公有产权委托—代理关系，实现公有产权的人格化兑现，关键要解决两个问题：一是解决行使公有产权权利过程的各级代理人的约束和激励；二是公有产权的利益可以得到合理兑现，从而受益于国有企业员工和全体公民。

对于第一个问题，通常对代理人的约束和激励有两种主要途径：一是组织手段；二是市场手段。前者更多地运用组织行为和方式，后者更多地依赖外部市场机制，两种手段各有优劣。考虑到公有产权的特点，对于组织手段，可能更多地与政府的干预和行政手段相联系，这其中的弊病显而易见。相反，市场手段则通过公有产权的代理权市场，以公开透明、竞争性的机制，对代理人能产生更为有效的约束和激励。对于第二个问题，必须要找到一条合适的途径给予公有产权进行合理的估值评价，并通过某种方式兑现利益，回报国有企业员工和全体公民。

在公有产权人格化兑现的具体实现方式上，可以有两种方式：第一种方式是股权多元化。即通过在适当的时候出售国有股权，减少国有成分引入外部投资者，进而形成以投资主体多元化为核心的国有企业治理结构，这也是当前被广泛所接受的一种方式。第二种方式是在不改变国有股权性质的前提下，引入合适的公有产权代理人作为外部治理主体，成为能代表公有产权，具有市场意识和为公有产权谋取最大利益的主体，从而形成以外部治理主体多元化的治理结构，增强国有产权主体的实力和控制力。我们认为，公有产权人格化兑现应采用第二种方式，不能仅仅停留在减持国有股的简单化操作模式。打破国有产权属性较低国有企业效率的固有观念，需要采取重构的方式进行国有企业治理结构的改革和创新。Aghion、Blanchard 和 Carlin（1994）指出，在转轨经济中，国有企业改革研究的重点应在于重构而非民营化。我们提出的第二种方式，在本质上是把公有产权看成一个整体，对国有企业的治理结构采取"重构"。由于法律限制其剩余索取权的转让，因此对公有产权的代理权自然成为重点，问题的关键是转化如何产生合适的公有产权代理人。我们对这一问题的解决方案是，通过市场化机制来选择公有产权的代理人，从而实现有条件的"国有股流通"。

（二）委托—代理环中的激励约束机制构建

按照建立现代企业制度的规定与要求，将国有企业改革成真正的法人主体和市场竞争主体，在市场竞争中发展壮大，确保国有资产的保值增值。这其中最重要的是处理好委托—代理双方和劳动者之间的关系。我国国有企业经理人员激励与约束不对称，是导致"内部人控制"的重要原因之一。因此，重新设计有效的内部激励和约束机制至关重要。

1. 对企业家的激励和约束

企业家是推动国有企业改革和国有资产增值的重要力量，是市场经济及其体制最有力的依靠者和促进者，更是自我实现与发展需求强烈的阶层。但是在我国计划经济条件下，国有企业管理人员只是高度集中的行政命令制的产物。国有企业管理者的选择、激励与约束机制的行政化，窒息了企业操持人的创新精神，挫伤了他们对事业的成就需求。如果说传统观念催生了他们弃商从仕的思想，不合理的管理机制则将这种思想变为现实。尽管计划经济体制在我国已成为历史的旧迹，但这种制度的惯性不可能立即消除。在目前我国企业家市场不发达和约束机制不完备条件下，行政性行为就成为企业所有者对经营者的偷懒和道德风险控制的最佳选择。行政性行为对企业家健康成长的影响很大，它形成了企业家即国家干部的事实，决定了企业家"官本位"的行为取向，窒息了他们承继开拓创新的优秀文化传统。成就需求是企业家精神的核心，是企业家献身本职的强劲动力。然而，我国企业家有效的报酬激励机制还没有形成，企业家的名义报酬普遍偏低。微薄的收入和简单、粗放的激励方式不能反映企业家的特殊贡献，企业家的成就需求无法从企业经营成效中得到满足。残缺的约束和监督机制还会埋下他们以权谋私、藐视法律的祸根。因此，在市场经济转型中只有建立完善企业家激励和约束机制，才能充分发挥企业家阶层对改革的推动作用。

　　有效的激励机制，应能够促使企业经营者根据市场经济的特性与需求，积极主动为企业生存、发展和完善而开拓进取，排除各种障碍。按主流经济学的观点，假定劳动只能给人带来负效用的话，人力资本所有者愿意与非人力资本所有者缔结契约组成企业，主要为了获取收入以满足消费与发展。而且，由于人力资本所有者与非人力资本所有者在委托—代理契约签订中拥有对等的权力地位，因而使两者都希望获取企业的剩余控制权，以提高个人未来消费的效用，并为自身发展打下基础。可以说企业所有权（剩余控制权和剩余索取权）的获取，是企业家实现个人消费、发展的必要途径。因此，对既有意愿又有能力的经营者赋予一定控制权，使企业家的收入与企业的经营成果挂钩，采取年薪制与股份制相结合，使其真正从企业长期发展的战略角度关心企业资产的保值增值，关注企业在市场上的生命力。当然，除了利益激励，还包括精神激励机制（又叫无形报酬激励或荣誉激励机制），主要是指对企业家工作价值的肯定，以使成功的企业家不断获取施展才干的机遇，以及事业的发展和与此相联系的社会地位、社会声望的提高，从而维持企业家前进的动力。

　　当然，在激励机制的完善中亦要建立健全约束机制，以防止企业家的不当行为，使其不至于为图谋一己私利而损害所有者的利益。国有企业经营者约束机制，必须将内部约束与外部约束有机结合起来。通过建立规范的法人治理结构和健全的管理规章制度，实行出资者或授权经营组织和国有企业员工的民主监督，即通过进入董事会的职工代表大会和工会代表实施监督等内外部结合方式，防止权力腐败或权力被滥用的法人治理结构。简言之，利益与精神激励相结合，短期激励和长期激励相权衡，激励和约束举措相对称，是有效的激励和约束机制不可或缺的三个要素。

　　2. 对劳动者的激励：实现"自利"到"自励"理性的转化

　　国有企业员工虽然不能整体分割地个人或集体占有所有国有企业资产，但是历史逻辑和法律制度的安排规定了社会主义劳动者，并突出体现于国有企业员工的所有者地位，即全体人民是法权意义上的初始委托人，理应有权参与国有企业治理。然而，从目前我国国有企业治理结构的改革实践来看，行政干预下的经营者控制，使国有企业员工参与管理的权利以及收入都处于受侵蚀状态。劳动者的地位与作用受到较为严重的限制和忽视，明显违背改革本意和偏离帕累托改进方向。因而，强化劳动者的主人翁意识，让国有企业员工参与治理是进一步深化国有企业改革的必然趋势。

在国有企业改革实践中，一方面，要改变原有对待劳动者的态度与看法和尊重群众意愿，引导、保护和激励群众积极参与治理，采取员工持股、参与选举和决策等多种激励方式，激发他们参与治理的积极性。另一方面，要加强对劳动者的培育熏陶，强化他们在新体制下的主人翁意识。我国在实行计划体制的初期也曾经历了经济的跃进，这种体制下的国有企业亦显示出其在国民经济发展中的优势地位。国有企业拥有当时国内最先进的生产设备和技术手段，企业劳动者也是整个社会中获益最多的一部分人，优越感和满足感强烈。这种思维上的惯性使其在新体制下缺乏迅速、积极的应变反应，安于现状和留恋既得利益，对改革持观望、犹豫态度。为此，发挥劳动者的主人翁作用，鼓励他们参与治理，让既有意识又有能力的劳动者有资格成为企业家，使广大劳动者阶层成为改革进程中一支强大而持久的主体推动力量。

(三) 建立以共同治理为核心的董事会和监事会

董事会的主要作用是监督经营者，并协调股东和经营者之间的关系。然而，现实中的我国国有企业董事会与经理层的关系，越来越趋于同化和胶结状态。致使经理层占据了制约失衡下行权的位置，成为事实上拥有企业大量控制权的阶层。因此，需要研究通过怎样的机制制衡经理，以保证投资者利益，充分发挥董事会在公司治理结构中的积极作用。对于我国国有企业而言，首先应该摆脱依赖行政任命的董事人员安排，加大通过出资人代表的民主选拔，即以股东大会推举方式来产生董事会成员的力度。在具体董事会成员结构上，应提高职工董事的比例。其次，提高外部董事的地位和作用。这样可避免董事会成员与经理人员极度重合，实现决策权与执行权的分离，以保障董事会集体决策的有效执行。同时，外部董事并不代表出资人、股东大会、董事会、管理者任何一方的利益，由此从企业发展需要出发，通过外部董事在人数和专业（法律、管理等）上的优势，立足全局地行使对执行董事和经理的监管权，捍卫所有股东的权益，形成有效的制衡机制。由此可以看出提高职工董事的比例，可以极大改善经理人"内部人控制"的局面。当然，为了防止内部人进行合谋，需要大幅提高外部董事的比例，也就是引入外部治理的力量，这股力量能最大限度上维护国有股东的利益，对内部人实行制衡，实现公司治理的内外平衡

(郑海航，2008）。

我国的公司法虽然规定监事会是公司内部的专门监督机构，但从实施效果看，这一组织实际上并没有发挥应有作用，究其原因主要是在于动机的缺失。监事会功能的发挥要依赖于具体的行为人，而任何行为人同时都是经济人，需要予以不断激励。然而目前国有企业的激励机制设计中，更多探讨和分析的是对企业经营者的激励，缺乏对监督者的激励。因此，应当将企业外部监管部门人员以及企业内部监事会成员的激励，纳入激励—监督结构体系中。当然激励方式上可以加以区别。除了物质激励外，更重要的是通过权利的配置形成激励，即赋予监管人员更大的独立处置权。不论是在监事会人员的任命和调用方面，还是在资金等要素使用方面都应保持相对独立性，以免影响监督职能的正常行使，这正是关键所在。当然，在赋予权力的同时也要明确责任。监事和监事会工作人员的职责由公司章程规定，同时由董事会对监事会人员的工作勤勉度可进行反监督。如果能够建立这样的有效双向监督机制，国有资产和所有相关者的利益才会有更大的保障。

（四）实现"老三会"与"新三会"的有机融合

"老三会"是我国传统企业制度的精髓，也是建立具有中国特色现代企业制度的要求。根据共同治理的宗旨，国有企业员工是重要的利益相关者；国有企业所有者的人格化到位，应体现在国有企业员工权益的兑现，每一员工是国有企业合法的所有者。当然，所有员工又是有组织地共同占有国有企业财产，而这一有效组织者的角色，理应由国有企业组织来担当。因此，在体现共同治理的框架和原则下，为充分发挥党委会领导作用和体现员工的企业主人翁地位，势必要配合"新三会"治理企业，实现"老三会"与"新三会"的有机融合。

国有企业"老三会"在新体制下的主要作用，是有机融入和积极配合支持"新三会"有效运转，协调企业中的各种关系，对企业重大问题具有参与决策权和建议权，同时行使、保证监督作用。不仅要监督企业经营行为，确保企业的经营活动符合国家法律和平等竞争市场规约，维护国家和国有企业利益，而且要监督和约束企业经营者的个人行为。党委会必须通过法人治理结构的有效运行，才能发挥自己的组织领导和政治核心作用，才能有力地推动高素质企业家队伍和企业职工队伍成长壮大，从而提高国有企业竞争实力。党委会可以对公司的重大决策问题提出意见和建议，但不能完全代替公司董事会和经理层进行重大决策。职代会与股东大会不存在隶属关系，职代会是独立选举代表进入董事会和监事会，并按规则行使董事和监事的权力。工会则是维护职工利益，在不破坏公司治理关系和原则下，依靠与董事会和监事会有机融合的职代会，对公司权力机关进行监督。因此，有机融合协同新、老三会，正确处理两者之间的关系，逐步形成"各负其责、协调运转、有效制衡"的公司内部治理结构，是我国国有企业治理结构改革的应取方向。

五　我国国有企业治理结构创新的灵魂：治理文化建设

有关公司治理的理论与实践在我国没有传统的根基。现有国有企业治理结构的实践，在整体上明显带有移植或复制而来的西方企业治理结构特征，因而常常是仅具形似而不得精髓。事实上外在有形制度的引进，需要一个与自身内在或本土文化传统、习俗以及意识形态的融合过程。与此同时，外在有形制度的变革亦可以重塑人的认识模式，并以此引导自身内在制度传统的变迁。但是，如果说外在有形制度多多少少可以"移植"或"复制"的话，则与公司治理绩效有着千丝万缕联系的公司治理文化，却很难依靠"移植"或"复制"。因为文化传统、商业惯例与约定俗成、诚信机制，所有权意识与股权文化，组织政治与经济知觉、决策民主意识，非正式组织文化与压力集团演化机制等隐性制度，各自均具有其生存与发展的土壤与环境。作为公司各利益相关主体在公司治理实践中，逐步形成的关于公司治理的哲学、理念与伦理，公司治理文化及其适应性重塑，是一个随着公司治理环境变迁及公司自身成长而不断动态发展的过程。我国国有企业治理重构的演化，必须基于自身治理文化的适应性重塑。即除在整体性适应市场化营运的动态演进和企业治理法律法规体系的完善，以及企业隐性制度环境的优化等改革进程中，重塑企业治理的理念、目标及伦理等多元要素之外，各类或每一国有企业，还基于自身的资源禀赋、经营环境以及经营目标战略，考虑对其治理文化进行适应性重塑（严若森，2008）。

（一）公司治理模式是企业制度模式和文化思想的融合体

作为一种制度安排，公司治理模式的选择，总要依赖于特定的文化背景和制度环境。不同的文化和制度背景，决定了公司治理的不同模式和特征。文化因素与公司治理的这种内在关联性，使得公司治理与文化因素息息相关。如下所述，各国公司治理模式的演变对此提供了充分的例证。

第一，美国文化与其外部监控型治理模式。美国是一个行动导向、奉行实用主义和自由主义的国家。这种文化特征使得政府对企业外部环境的管理，主要通过财政、货币政策进行宏观经济调控，对企业干预相对少得多。同时，企业受文化环境的影响，其领导体制往往实行较大分权，企业中通过正式制度进行协调，员工间的关系建立在工作任务分派协作的基础之上，与我国传统文化重视亲缘、人情和面子等非正式关系大相径庭。美国人对于风险高度的忍耐性和低程度不确定性的规避倾向，使其更偏爱经营活动中的项目创新。高度个人主义化特征，也是造成美国企业股权高度分散的原因之一。在外部市场体系和法律制度环境相对完善的情况下，采取外部市场化的监控模式。

第二，日本文化与其内部监控型治理模式。该治理模式是基于利益导向多元化的相关利益主体主权模型，是以保证各相关利益主体的公司治理模式，与人本主义思想相融合为前提条件的。日本的文化特征为内部监控型治理模式的建立提供了精神基础和文化上的铺垫。集体本位主义、忠诚感、个人服从集体利益，是其最典型的特征。在这种文化特征影响下，日本企业大多采用集体决策方式，注重从企业内部选拔经营者。公司股权结构中法人持股率较高，股权缺乏流动性。日本民族的武士道精神和来自内忧外患的压力，使企业更注重长远利益。等级观念使企业在利益分配时采用年功序列制，等级工资看重资历和年龄。

可见，文化因素对公司治理模式具有重要影响作用。各国的治理模式都是企业制度模式和文化思想的融合体，因而呈现出不同的类型和特征。当然若从长期看，这种影响是动态的演进过程。随着外界环境的变化，滞后的文化会成为企业治理结构变革的阻碍因素。这一点对于我国国有企业治理结构的改革尤为重要。

(二) 我国的民族文化及其对企业的影响

我国是一个历史悠久的国家，经历了两千多年的封建统治。以儒家学说为核心的传统文化，已经在悠远延绵的历史中深深地根植于人们的思想意识和行为之中。由于我国国有企业是传统计划体制下国家战略目标和国家行为的特殊产物，其制度和文化的环境依存性，在很大程度上决定了国有企业治理中浓重的文化色彩。

我国传统文化主要体现在儒家思想的影响上。当代中国人际关系从根本上说，仍是以重人伦为本，是"亲缘"关系的扩展。人情是维系当代中国人际关系的主要纽带，"面子"在现实中调节着我国人际关系的方向和程度。重"信用"与"和谐"，是我国人际关系建立的心理起点。整体主义原则在处理人际、群我关系中，仍发挥着潜在的作用（王晓霞，2000）。我国文化传统对企业的影响，既有积极的一面，也有消极的一面，应该一分为二地对待。

第一，重人伦、等级化与权力距离。儒家认为人伦是国家社会处理一切人际关系的共同准则。以伦理为人际关系的通则，必然会导致人际关系的道德化和等级化。在旧的伦理观念影响下，人际关系的伦理化，极易使人际关系出现因循守旧倾向和人与人之间地位不对等的等级化现象。从治理结构角度看，国有企业的基本特征为全体人民是产权的主体，劳动者是企业的主人翁，企业成员法权上具有平等性。但是传统的等级化观念，强化了法权与应权之间的不对等性（不否认还有制度等因素的影响作用）。很难想象一个受等级观念影响深重的企业员工会去积极争取自己被无视、剥夺的合法权益。似乎遵守与服从才是他们的最佳选择。

第二，亲缘与关系网。国有企业中的人际关系从某种角度讲是儒家"亲缘"关系在企业中的扩展。如费孝通所说，中国社会关系是按照亲疏远近的差序原则来构建的。从契约理论上讲，企业是以企业家为中心签约人的一系列契约的组合。这个开放的系统与经营中的一切亲疏有别的"利益相关者"，在特定传统文化的深刻影响之下于不同方面和不同程度上发生关联，即形成了盘根错节的企业人际关系网。在人际交往中，越靠近亲缘的核心，越容易被人们接纳，也就越容易形成亲密合作的正式或非正式伙伴。反之，若远离亲缘的核心，就容易受到排斥。由此形成的人际关系，极易造成企业利益上的"公""私"不分。以亲缘建立的人际关系，必然造成裙带风和家长制作风，影响企业正常运行。当然，也要认识"亲情"确为一种情感，更是一种人际互动的纽带。如果加以合理运用，可以加强人们彼此的亲近感和认同感。

第三，整体主义与集体主义。儒家特别重视国家与群体的作用，强调个体的发展必须以群体中他人的共同发展为前提。这有利于促进人际合作，减少人际冲突，使企业有较强的凝聚力。但整体主义过分讲求重公抑私，压制个人民主、自由和个性的发展，容易导致受压抑的个性缺乏创造性。因此，社会主义企业理应批判性地吸收传统文化，倡导兼顾个体差异和独立性的集体主义价值取向。当然，由于长期的封建统治和儒家思想的影响，在国有企业集体主义的实际运作中，人的个性仍未充分体现。集权领导、个人决策、单一的精神激励方式等，都是整体主义在企业现实中的表征。

第四，协和与不确定性的规避。中国儒家文化传统强调追求协和是人类最高的价值取向。其根本思想就是在"天人合一"，既强调人应当效法天地，按宇宙自然的规律规范自己的行为，又强调应当发挥人的主观能动性，自强不息、奋发精进、积极作为。在人际关系上，儒家文化提倡"和为贵"。这种"协和观"，对于企业正确认识和处理企业内的人际关系，企业与其他相关团体或组织，乃至企业与自然和社会环境的关系上，有着积极的指导作用。只有"万物各得其益，刚柔协调互补"，企业才可以缓解现代竞争带来的人际关系紧张，才能在一种最高的和谐中生生不已。

然而，近百余年来的社会动荡、文化变迁以及诸多制度的低效，使得健康而富有活力的优良传统趋于失落，泛起了纷杂的数千年文化沉淀中的沉渣。就国有企业经营者，缺乏自由竞争意识和冒险精神，对不确定性表现出高度的规避性行为方式，已经远远背离了我们的传统文化精神。缺乏社会责任感、道德沉沦、奢侈浪费和短期经营行为等，成为寻求个人利益的重要表现。不仅给国有企业带来了严重损失，而且造成了极其不良的社会影响。相比之下，国有企业职工被动承受那种相对偏颇的传统"协和"观念，虽然不是造成经营者行为缺乏严格制约的重要因素，但却是阻碍企业经营效率提高的不可无视因素之一。尤其是那种崇尚平和、安于现状的心理普遍存在。在计划经济体制向市场经济体制转换过程中，在职工的"铁饭碗"被打破的无奈情况下，对旧体制深感不满地选择了"退出"企业，但却是保留工职的有限"退出"。更多人却表现出对既得利益的过分留恋，对收益和风险并存的改革持观望态度。显然，这绝不是自强不息和积极作为地承继优秀文化传统的表现。

第五，信任与治理成本。我国位于儒教文化圈的中心，社会资本天赋最低，属于低信任度文化。信任一般局限于血缘等关系，人际关系更具有特殊主义和集团主义色彩。社会中存在着各种由特殊人际关系编织而成的"圈子"。在圈子内部，人们可以较低的交易成本达成交易，而由一些原本不具有特殊关系的人组成新经济组织（如公司治理机构），其组合运行（如从事公司治理）成本相当昂贵（林周二，1989）。

以上分析表明，随着制度和文化的变迁，有的文化传统正逐步被淡化，有的在社会实践中的负面效应比正面效应显示了更大的支持性。我国国有企业的治理结构，一直难与美国、日本那样相对规范和完善的水准相比，部分原因也在于此。

（三）国有企业治理结构与民族文化的交互影响

回顾我国 30 多年来的改革历程，国家关于国有企业改革的政策方向和逻辑是清晰的，改革措施也是沿着市场化方向不断深入。国有企业改革实践中经历了从单一行政治理结构到企业法人治理结构的创新过程，并取得了一定效果。但是，对当前国有企业管理体制模式和运行程式进行分析，不难发现，国有企业内部滞后的制度结构及文化形态的不匹配、文化变革的不同步，使得深化改革步履维艰、问题迭出。阻碍国有企业经营效率的主要原因，突出表现在如下几点：

1. 国有企业治理主体的"平等治理"观念模糊

国有企业是国家代表全体社会主义劳动者投资创办的企业，是利益相关者在以产权公有制为经济发展主导力量的国情下，缔结形成的特殊"契约"结晶。各利益相关者在企业中投入资本，目的是为获取单个产权主体无法获得的合作收益。这种共同治理结构，并不否定每个产权主体的自利性。每个产权或利益主体都有参加企业所有权配置的机会，而且机会均等。然而，从我国国有企业改革实践不难发现，在国有企业所有制关系及产权关系中存在的矛盾始终未得消除，"平等"问题始终未予解决。国有企业职工理论上处于主人翁地位，与其被动工作、被动收益甚至被动下岗的现实形成反差。在渐进式改革中对于经营者的软约束，致使其利用非正式与隐性手段谋求个人利益。而债权人和国有企业职工等其他利益相关者的被剥夺的不平等现象比比皆是。作为一方缔约人和共同治理的主体，当其利益受到损害时，有权要求改变利益格局，可以提出重新谈判。但是，传统文化中的集体主义取向与协和观念，让受害方选择了"无为"方式。这不仅使其自身利益受损，更助长了经营者恣意处置权的膨胀欲，以致造成国有企业经营恶化和国有资产严重流失。显然，这样治理主体的"不作为"，正是治理观念模糊的现实反映。说明他们并没有意识到在社会主义市场经济条件下，公司董事与经理层人员在履行职责时，主要代表的是所有利益相关者的权益。

2. 国有企业治理规范的缺陷窒息了优秀文化传统传承

国有企业治理规范的缺陷，对文化的影响突出反映在政企不分上。由于国有企业与政府之间的无形纽带并没有根本性地割断，造成国有企业人员的甄选、激励与考核机制中行政性质凸显。行政性的人事安排是政府对国有企业的基本原则。企业家激励机制的低效，首先表现在经由行政任命并具有行政级别的人员，就任国有企业经营者的"双重"身份，使国有企业经营者不具有独立的市场人格，不享有独立的个人利益。由各级主管部门所实施的行政性国有企业考核，是政府以政治目标考核国有企业经营绩效的重要方式。对于国有企业经营者这样的激励与约束机制，明显窒息了企业家开拓、创新的优秀文化传统，挫伤了国有企业经营者对事业的成就需求，甚至造成企业家行为模式扭曲。一些国有企业经营者出现了谋求"非正式私有化"利益的倾向，典型的即"内部人控制"现象。在我国企业家市场不发达、约束机制不完备的条件下，制度惯性的不可根除性，决定了国有企业经营者的"官本位"取向会继续延续，并构成深化改革的巨大阻力。

3. 我国传统文化中的不良倾向，对国有企业治理结构改革的负面效应

迄今为止，我国国有企业的治理结构不规范和不完善。除了制度本身的缺陷外，部分原因在于传统文化中不良倾向的深刻影响。国有企业的特有属性及计划体制下的思维惯性，致使利益主体和责任体系的诸多非人格化（植草益，1992）。而民族文化传统不良倾向的负面效应，对非人格化症象的凸显起到了推波助澜作用。若从理论上讲，国家代表所有社会主义劳动者行使资产管理权和投资权，也代表他们行使投资利益的收益权。用于投资的国有资产既为全民所有，且投资的收益也将用于为全民提供服务，这是国有企业拥有公共特性的基础。其"公共性"的社会目标和经济目标的双重性，形成了国有企业与其他所有制企业不同的利益分配格局。在计划体制下利益归国家所有，个人的收益并非直接从企业盈余获得，而是通过国家财政的二次分配取得。这种非排他性的分配方式，使得每一成员都不会因为个人对企业承担了更多的责任与风险，做出了更大的个人贡献而增加个人收益。

在我国传统文化中，以"仁"为核心的儒家学说，讲究伦理道德、协和平均和重公抑私，有积极的一面，但是过分强调这些传统观念，只能造成思想僵化和缺乏竞取向上精神，安于现状和逃避个人责任，使得人们默然无视规范的公司治理制度。国有企业经营者在行业取向上往往表现出强烈"官本位"思想。对上级主管部门处处依赖，并不以求取国有企业长远发展为自身事业和职业追求，反而把本职工作当作仕途晋升的机会，

其行为的短期化倾向明显,由此强化了国有企业治理结构上的根基性缺陷,使得政府行政性干预常成为理所当然之事。因此责权利不对等,始终是制约国有企业营运成效提高的关键性因素。

以上分析表明,我国国有企业治理结构与传统文化之间有着交互作用。如果让那些传统观念中的不良倾向与陈腐意识继续保留,势必与公司治理结构的规范化形成极大的张力,从而严重阻碍国有企业改革创新。继承我国传统文化中的积极成分,改造其中的消极影响,以营造有利于提高国有企业治理成效的文化氛围,是当前深化改革的重要内容。

表6-2　　　　　　　　我国国有企业治理模式和文化特征

	治理特征	作用与效果	文化特征
主要所有权归属	国家(唯一性)	所有者缺位、虚拟化	强调协和平均,讲究权威等级,重视人情脉络,风险规避度高,有限信任关系
治理力量	行政安排、个人权威	缺乏自主性、积极性	
人际关系	传统等级型	单向沟通;"小集团"影响	
决策与领导方式	传统"集体决策",实质上的代理人独断行事	决策失误大;利益独享,责任、风险共担;合谋"寻租"现象	
创新模式	政府导向为主,自主创新不足	被动、低效,责任推诿	
激励机制	行政级别、精神享受激励	引发"非正式与隐性激励":腐败、过度在职消费	
考评机制	政府行政性考核,缺少个人"权责利"的确认及评价体系	权责不对等,经营低效,资产流失严重	
监督与约束机制	事后行为;承诺可信度低	"稻草人"式监督(约束形同虚设),加速资源浪费	

(四)国有企业治理优化与传统文化观念转换的同步演进

随着经济全球化进程的加速,不同国家和地区公司治理文化的跨界交接,使得不同观念的矛盾与冲突日益凸显,文化因素对公司治理的负面效应也日渐显露,从而使人们越来越关注公司治理文化的建设。我国国有企业的改革实践也证明,文化因素确实构成了我国公司治理存在诸多问题的主要根源之一。因此,在治理改革中,必须重视制度与文化的同步建设,这样才能取得更好的公司治理成效。

公司治理的正式制度与非制度文化因素之间的相互关联，内在决定了两者之间的累积因果、交互作用关系。就像人的心理活动过程与个性心理特征，是由一定社会文化熏染而成一样，企业也是在制度变迁和文化观念的转换中逐步实现自身的社会化。在社会主义市场经济体制下，制度的转变先决性地使企业成为"经济人"，而非制度文化因素则使这些"经济人"深受这种制度下道德规范的约束，成为基于相应情感价值取向而谋求自身收益的"社会人"。在制度、社会文化等因素共同作用下，企业变成具有不同特质的社会单元。如果不能明晰认知不同社会文化背景上的差异，制度的变迁就很难得到社会广泛认同。即在与既有文化价值取向不相容的情况下，人们就会拒绝接受它，甚至为它设置障碍。国有企业改革步履艰难和问题迭出，其深层原因即在于此。因此，对于古今、中外不同文化观念中优良成分的接收与融合，是国有企业治理在制度创新变革中首先应解决的基础问题之一。当然，文化对制度并非只是单向作用。正式制度的变换也可以起到重塑人们思想观念的作用，成为促使先进文化观念演进的重要力量。非制度文化因素由于内在传统根性和历史积淀，它的变迁是缓慢和滞后的。伴随着变迁，时而还会泛起数千年文化沉淀中的沉渣。正式制度的变革就是扫除传统文化观念中的糟粕，继承与弘扬我国优秀文化宝藏的过程；消除国有企业治理的内部障碍，实现与国际通行企业制度接轨的过程，其本质就是既与世界各国有企业制度趋同化，又为着独具中国特色，而挑战对我国数千年传统文化正确认知和批判继承的过程。通过建设与现代企业制度和我国优秀文化传统相适应的国有企业治理文化，实现国有企业改革的进一步深化。

对于国有企业的市场化改革，绝不意味着企业的文化价值观念也随着制度变革完全转向唯利是图的贪得无厌心性上来，转向新、旧古典经济学所信奉的狭隘利己主义。社会主义市场经济的本质特征，决定了它必然要拥有自身建设发展所特有的人格理性特质。亦即在这样的新型市场体制中起主导作用的国有企业生产资料公有制，决定了国有企业员工基于对自身利益与他人收益，个人未来与国有企业发展不可分割的深刻认知而形成的，人格本质上的在利他中利我和在共同富裕中求得自身收益最大化，甚至是为着利他和利公而忘记自我的充分理智特性。

总之，社会经济的发展从来没有停留在一种水平上。各种经济制度、管理形式和思想文化观念也从未固化在一种形态上，变革和调整是社会经济关系的常态。国有企业作为我国经济建设的主导力量和市场竞争主体，在推进其治理结构改革和建立现代企业制度的进程中，理应深刻体现出其本身所拥有的社会主义特质和民族文化特色，即应与当前国有企业所处的现实基础和国情相契合，以动态、权变的观念解决特殊矛盾和问题，建设"人本主义"特色的现代公司治理文化。

第七章　企业家成长机制构造与社会主义企业家的造就

第一节　企业职业化经营及以企业家精神界定的企业家概念

在我国进行不同于西方的社会主义市场经济和国有企业管理体制创新构建的过程中,对于拥有自身特有品格、才智和精神面貌的社会主义企业家的培育造就,显然,对于激发我国国有企业进取向上,具有现实意义。而这样特定人才的批量涌现和产出,又在客观上依赖对企业家概念的特定内涵,即对萌发生成于现代企业职业化经营的企业家精神内在的深切把握,并且通过对西方发达市场经济国家企业家萌生传承机理的深入比较研究,有效构建我国社会主义企业家所特有的孕育成长机制。

一　企业职业化经营与企业家精神：制约现代企业兴衰的首要因素

由于现代科技迅猛发展,企业资源的组合调配与随机变换越来越要求具有专业化素养的专家或专家集团来经营。20世纪初由泰罗制的创立所导向和推动的"管理革命",如果从社会分工意义上看,正是在于立足亚当·斯密的分工理论,把管理看作区别于一般劳作的特殊复杂劳动,从而主张管理职能与执行职能相分离。在实际上开辟了由拥有专门技能并享受特殊待遇的专职管理人员,职业化承担各项管理职责,从事在推动科技进步中管理增效研究的历史先河。这与泰罗为提高劳动生产率所创建的一系列科学管理方法,几乎具有同等重要的意义。甚至成为引发人类社会进化发展"三分技术、七分管理"杠杆效应的重要支撑基点,成为管理持续创新蕴蓄再生的动力源泉和社会实践基础。

为企业整合营运的科学化、连续性和减少出资人的投资风险,现代企业发展的另一个重要标志，是以"两权"分离为内涵的"经理革命"和股份有限公司的出现。至此，人们对于企业产权关系的认识发生了历史性逆转。不再认为企业无条件依从于出资人，反过来认为出资人在客观上归属于企业。相对抽象拥有企业资产实物的所有者，只有通过现代公司的规范化运作，以"用手投票"方式干预企业重大问题的决策和选择经营者，以保障盈余索取。以"用脚投票"的方式，在出让手中股权的前提下收回投入企业的资金，以规避投资风险。由"经理革命"所造就的利益相对独立，其命运又与企业营运成效休戚相关的职业化经营者阶层，以及这一特殊权益主体得以施展自身智慧才能的舞台，即现代企业的独立经营和存续发展，成为相互依存和关联互动的企业活力所在，成为开创现代企业营运奇迹，发掘蕴含在新的社会阶层分化和生产关系演变中，生产力发展巨大潜在能量的体制保障和助长催生要素。

由于"新商业世界"的高度不确定性和未来难以预测，带来企业技术创新和捕捉发展机遇时的高风险，促使握有企业控制权与股权的经营者，在职业生涯沉浮和优胜劣汰的市场竞争博弈中，逐步凝结形成了那种超脱狭隘物质欲求的企业家精神。亦即为探索预期未来，成就企业绩效与人生价值的最大化而甘冒风险和舍弃一切，突破传统思维框架与惯常行为模式的高度事业心、责任感和创新意念。尤其是在知识经济或人力、智力资源资本化的条件下，市场体制承认以人为原创性载体的知识和情商、毅力有价，从而运用货币投票手段来评价和售卖人们的创新智慧与勇气，推动传统沿袭中个人"单打独行"的学习方式，转化为知识共享前提下的组织学习与团队创新，促使由此带来的企业知识创新投入。如微软公司以高度密集的知识创新，推动奠基信息时代的电子软件程序开发，极似苹果公司的众多企业"以智能激活知识"，不断提升产品的科技含量与文化品位，成为最具增值潜能，亦即凝聚企业核心竞争优势和持续发展动力的新兴知识资本形态。在这样的趋势下，由企业家精神对团队创新能量的激发组合调动，依然成为决定现代企业成败的首要因素。知识资本的有机构成，即包含企业员工的人力资本，以及支撑人力资本创造财富的结构性资本或企业家的才智与胆略。

由经营者替代所有者独立营运企业，实际上是一种延续持久的历史过程和不断深化的体制变革。近些年来，GE、宝洁、朗讯等世界顶尖级大企业中，许多名噪一时的老总或情愿或被迫地离职，作为新兴"知识产业"代言人的比尔·盖茨在正当盛年之际，把由自己创建的软件帝国全权交给职业经理人巴尔莫经营，都深刻体现出新一代"经理革命"来势更加迅猛。面对与经济形态的演进并不适应的企业家才能和道德缺失，唯有通过代理人的遴选更替来扶危救困，在企业的持续蜕变中确立新的创业起点。据美国学者对有关统计资料分析发现，每100个新增企业中约1/2在2年内倒闭，5年后仅剩下约1/3，其失败原因大多在于经营者管理不善。据2005年5月出版的英国《经济学家》报道，一家名为"创新领导力中心"的研究机构在统计调研中发现全球CEO"下课"的速度惊人，大约40%的首席执行官在上任后18个月内即遭解雇。2008年年初，被美国亚洲协会官方网站称为"中国电子商务巨人"的马云，就在预言寒冬即将来临和迅即进行的阿里二次创业改革中给CEO、COO放了长假。我国国有企业经营者对企业职业化经营的认同率，亦随着1993年国有企业改革定位于现代企业制度创新迅速提升（见表7-1）。

表7-1 我国国有企业经营者对企业家职业化的认同

年份	认同者所占比例（%） 总体情况	国有企业	集体企业	"三资"企业	私营企业
1994年	60.0	63.7	68.7	62.4	—
1995年	81.3	80.1	80.6	78.2	87.5

资料来源：中国企业家调查系统。

二 企业家精神内涵

作为一种稀缺的社会资源，职业化整合营运企业的企业家才能或企业家精神，对经济增长和社会发展的重要作用已经得到广泛认同。这尤其为美国经济的发展所验证。作为发达市场经济国家典型代表的美国经济，正因为在本质上是以企业家精神或企业家主流文化为导向的企业家经济和创新经济，才推动它迅速进入了新的经济形态。然而，对于何谓企业家精神及其生成的内在机制或主客观制约因素，却至今未在学术研究和业界引起足够的重视。以致造成经济学思想史和企业家理论的构建中，对于这一重要命题尚未有深入的科学分析。

我国有学者只是简单地把企业家精神看成对企业家才能的替代性说法，直言"经济学界也常称企业家才能为企业家精神"。甚至有学者以熊彼特等对企业家概念的分析代替对企业家精神的诠释。认为拥有一定股权并担负相对独立经营职能的企业家,理应成为熊彼特所认定的不断在经济结构内部进行"革命突变",对原有组织方式实施"创造性破坏",以实现生产要素创新组合的领军人物,成为推动社会经济持续发展的主体。由约瑟夫·熊彼特于1929年所提出的经济发展或企业创新理论,实际上也正是在当代经济学中酝酿萌发的企业家理论。在他对企业家应承担创新职能的科学阐述中,已蕴含着对企业家应有精神观念的客观需要。这尤其体现在他为企业家所设计的基本行为模式之中,即要富有进取精神不因循守旧,敢冒一定风险背离一般的标准规范,依靠个人的直觉判断行事,在决策中起领导和创新作用。

熊彼特的论断成为我们深入理解企业家的内涵本质,亦即深刻认知和界定其职责与才能、资质的重要启示。甚至可进一步从他对企业创新领域的具体分析出发,对何谓企业家或企业家才能做出明晰判断。即那些只会因循常规行事,在企业营运中不能引入新的产品或提供新的服务质量,没有采用新的生产方式和获得新的半成品或原料供给,不能激起新的消费需要,为顾客带来新的满意和开辟新市场的经营者,尽管也在效仿翻版他人中开办着"新"的企业,也绝算不上真正含义的企业家。由此,亦形成了现代经济学对企业家才能的一般定义,即专门对稀缺资源的优化配置做出判断性或开拓创新决策的能力。然而,像这样单纯从企业家的才能或职责出发来解说企业家的内涵本质,以及在其中所包含的对相应创新观念的需要,并不能代替对企业家精神这一特定研究对象的深入探讨与把握。

对于人类的精神范畴,1999年版的《不列颠百科全书(国际中文版)》在对其内涵剖析中特别强调,它体现出人与自然界其他事物的鲜明区别,即作为人所具有的高度发展的思维能力和情感,并能采取有意识的行动。《辞海》的解释是,人的意识、思维活动和自觉的心理状态,包括情绪、意志和良心等。从中可以明确看出,它不仅一般性地指人的反应、思维和能力等,作为"自在人"的内心世界和既有素质,更特别强调包含在其中的从根本上体现出人的本质的特定内在。即所谓人类精神,更是指人在特定的社会实践中,由自身特有的情感、意志和良知等所制约和导向,在作为"自为人"能动改造客观的不息进程中,相关联地不断超越和再造自我的心理机制与意识倾向。因而所谓企业家精神,不仅包括一般人们所理解的,受一定实践认识和历史发展所局限的,经营者为承担自身职责所应具备的能力和才干，更蕴含着促使他们在未来的市场竞争中，为把握发展机遇和企业的持续蜕变或创业、再创业，而能动开发提升自身内在潜质和能量的意念素养。他们最终的成功，离不开面对特定的环境、机遇和制约条件，对成功企业发展路径的选择、谋划与构建。企业成功的绩效，又离不开他们人格素养中所"固有"的，或更确切地说是在切身实践中不断发掘和造就出的明智与决断，以及那种在逆境和风险中不屈不挠，渴求成效并永无休止的渴望。甚至是凭借如熊彼特所说的直觉和预感，促使风险与压力转化为对自身创造性灵感和潜能的激发。所谓企业家才能，正是这样在企业家精神驱动下动态再造的对象。

在对企业家精神内涵的探讨中，张军指出，"我们几乎都认为企业需要一个好的企业家，但是几乎没有人反过来想问题，企业家也需要有自己的企业"。"企业家是通过创办自己的企业才成为企业家的。企业家的出现必然是一个'自己选择自己'的结果"。因而，在现代企业委托人对代理人的选择中，实际上并不存在可以进行明晰判断，并且拥有"现货"或"成品"的企业家市场。因为事先很难以一定预设的标准和尺度去衡量与判别那些只有在未来的市场角逐和"突围企业困惑"的创新实践中才能见分晓的人选对象。真正含义的企业家，并不可能像会计师、医生和律师那样，通过严格、正规的教育和采用考试的方法来选拔造就。从根本上依赖于拥有相对独立权益的经营者，凭借自身所特有的天赋与灵感，在随机应变、因势利导和开创性营运企业的实践中，对自身应有才能素养的不断发掘、积累和重塑。在偶然与必然的"碰撞"中，以稀缺程度很高的概率分布脱颖而出。亦即任何富有其特质内在的企业家的涌现，在客观上都离不开他们在成功造就自身企业和创新团队的过程中，造就成功自我的关联互动。因而，基于对企业家精神的剖析，在对于企业家才能的识别，进而亦是对企业家内涵本质的揭示上，存在着对传统认识和出发点的否定，面临着深刻哲学意义上的飞跃。以对企业家精神内涵的深入发掘来诠释企业家概念，不仅深刻体现出为承担创新职能的企业家才能的稀缺，更人格化地凸显决定企业家才能的企业家精神是最为珍贵的稀缺资源。体现出被传统既有观念所认定的企业家智商（IQ），在当今科技与市场迅疾变换的"逼进"环境中，突出地表现为有效集聚团队持续创新能量的情商（EQ）或逆境商数。

如表 7-2 所示，我国学者曾对具有代表性的企业家内涵界定作了历史回顾，并以不同释义划分为企业家精神、企业家职能和企业家人力资本三大流派。其中的企业家职能说，是占有明显优势的主流学派。唯有确立了保障性的企业家人格或精神内在的职业经理"人"，才能有效承担开拓创新经营企业的企业家职能，并且在新的经济形态下，成为以自身胆略、才智和声望为支撑的高级人力资本拥有者。

表7-2　　企业家内涵界定的不同理论观点及主要代表人物或学派

企业家内涵界定	主要理论观点	主要学派或代表人
企业家是一般生产要素	企业家与资本、劳动和土地等生产要素一样，是第四生产要素	新古典经济学理论
企业家是冒险家	不承担风险不能成为企业家，企业家是克服不可靠性的冒险家	马歇尔、奈特
企业家是创新者	企业家是实现生产要素重新组合的人，是均衡的创造性毁灭者，通常是高级管理人才	熊彼特
企业家是经营管理者	企业家是企业经营管理的专家，是发挥"企业家服务"的人，无论其是否为所有者	萨伊、科斯、彭罗斯
企业家是效率组织者	企业家才能对提高与市场结构有关的X效率，即组织或动机效率具有决定性作用	列宾斯坦
企业家是企业决策者	企业家是擅长对稀缺资源的协调利用作出明智决断的人，是市场的制造者	卡森、德鲁克
企业家是高级人力资本	企业家是企业经营管理阶层的精英人才，是一种高级人力资本，与特定职位不相干	舒尔茨

资料来源：转引自袁安府、范柏乃《企业家思辨》，《同济大学学报》（社会科学版）2003年第4期。

如果进一步从职业道德层面，或推动企业家创新的心理机制与行为倾向上进行全面深入剖析，应当看到在企业家精神内涵中，包含着超越常人与世俗，推动经营者在成就企业的过程中造就自我的独创精神、长效观念、深谋远虑、诚笃敬业、生根实践、前沿探索、团队意识和克己担责，尤其是基于那种"天生的风险偏好"，善于从繁华表象下揭示危难，在艰险困局中把握再生突进机遇和发现发掘再造自我的理智、信念与冲动、热望。亦即所谓企业家精神，客观上成为职业化承担代理人职能的经营者，在决断企业资源开发营运的创新实践中，所应具备的理性与灵性有机融合的心胸气度，或在促使科技创新成效市场化高水准产出的过程中，动态充实再造的情感、意志、才能与道德取向等人格内在的总和。

如果从一般意义上看，在市场价格这只"看不见的手"操纵下，那些为着较低层次的狭隘物质欲求和特殊权益需要，在激烈人才竞争中试图谋取或维持既得经营者职位的当事人，势必一定程度上具备为市场法则所要求的"精神"意念或业者反省自律。如平等交换、循规守约和履责尽职等，以期自身花费付出的厚报。甚至为惧怕市场机制的惩罚和"保饭碗"，竭力维护作为职业经理人的伦理道德底线。这种带有世俗化倾向的思想意识，虽然为市场体制和企业营运所必需，甚至也与由此而升华形成的企业家精神有着某种内在关联。但若剥离那些似是而非的表象作实质性定位，即可看出两者有着难以言说高下的差别。因为人类所特有的精神，在本质上总是深刻体现出人的自觉性，总是与某种高品位的价值关怀相联系。丝毫不能等同于患得患失的自利人，为"赚"取或"换"得名利而勉为其难的狭隘心理内在。作为真正含义的企业家，在刻意谋划企业未来的投入中，甚至完全不在乎金钱、名誉和地位等这些"身外之物"的报偿，而唯独"偏好"于在创业的艰辛与成就中，求取内心的自我满足和实现人生价值的最大化，深刻体验真正完美人生的意义所在。人类社会最富有创造性的工作，正是来自这样的精神驱动，来自企业家的追求与奉献。

这就使企业家精神在本质上集中体现为富有市场开拓，并具有高度事业心和责任感。彼得·德鲁克也因此在解说企业创新内涵时，曾看似矛盾地在一方面指出，"创新是一个经济概念，而不是技术概念"，即最终必须为企业和社会，甚至是创新者个人带来经济收益。另一方面，又极富有深意地特别强调"创新工作从一开始就应该看作是一种'事业'，而不是一种'职能'"（1974），这为深入探讨和营建适应我国体制创新需要的企业家产出机制，提供了启示。

第二节　企业家成长机制及其运行的前提与基础

一　企业与企业家休戚与共

企业因企业家而存在。自从企业这种经济组织形式出现以来，作为企业生产经营决策的制定者和实施者，企业资源的实际控制者以及企业共同体中各种利益的协调者,企业家在企业中一直扮演着十分关键的角色。在当今崇尚"以人为本"理念的知识经济时代,这一点表现得尤为突出。企业家的理性行为能有效组织经济活动,为企业创造价值,促进市场的健康发展。大量的实例也证明,兴旺发达的企业,背后离不开一个优秀的企业家,甚至是一个优秀的企业家集团。也就是说,几乎可以说一个好的企业家必然能造就一个或几个成功企业,创造企业成功的一种模式。在人们的认识中,常常是将一个优秀的企业家与一种企业模式、一个经济或一个行业联系起来:张瑞敏—海尔模式—青岛经济;柳传志—联想集团—中国计算机行业。反之,如果一个企业的领导者不懂经营管理,不善组织领导,没有锐意改革进取精神,那么,即使是一个有着良好基础的企业,也会最终经营失败,这样的教训现实中屡见不鲜。

要实现企业的持续成长,首先,要求企业家对环境的变化具有敏感的嗅觉,嗅出客观经济环境变化的趋势。其次,企业家还需具备足够的能力制定战略并将其付诸实施。特别是在全球化、知识化和竞争白热化的环境中,中国的企业家不仅仅需要具备一般企业家应该具有的基本素质,而且还需具备在恶劣环境下求生存的特殊素质。这种特殊素质包括永葆对事业的激情,永远保持正直、诚实和永不抱怨的传教士式的奋斗精神(黄泰岩,2004;杨万东,2004)。

在以建立现代企业制度为目标的国有企业渐进式改革过程中,更需要企业家的支持与推动。制度需要企业家运作,企业家是建立现代企业制度的可靠保证。现代企业制度下的企业家是指那些具有创新意识,能有效组织和控制企业生产经营活动,能把现代科技与现代管理融为一体,能勇于承担经营风险,并善于利用风险开拓创新,为社会创造财富的具有特殊素质的职业化经营管理专家(王国成,2002)。他们的数量和质量很大程度决定了一个企业的竞争实力和在市场中的地位、作用。

当然如本章第一节所述,企业家亦只有在拥有自身企业的过程中,才有可能称得上企业家。亦即只有构成市场经济有机体的企业,才能成长出企业家。企业成为自主经营、自负盈亏、自我发展、自我约束的经济实体,使企业运行机制与市场机制接轨,企业完全按照市场经济规律运作,这样才能造就和陶冶出真正的企业家来。乡镇企业正是具有适应市场的灵活机制,才在市场竞争中造就自己的企业家。那些真正实现了转制的国有企业、实现改革后的"无上级"企业,也在市场经济中陶冶出了自己的企业家。由企业与企业家的相互依存和休戚与共,亦可明确看到企业家的产出和成长不可避免地依赖现代企业制度的构建完善。我国社会主义企业家的培育造就和批量涌现,势必亦要通过确切符合我国国情,并且深刻体现出社会主义产权公有制和突出拥有我国特色的,国有企业管理体制和现代企业制度的创新发展,以及与之密切关联的外部环境优化和企业家文化营建。

二 企业家人力资本及其在代理机制下的价值实现

按照产权经济学的观点,企业就是拥有人力资本和非人力资本的一群人按照一定规则组织起来进行生产经营并获取利益的经济实体。因而,市场经济中的企业本质上是一种人力资本和非人力资本的特别的市场合约。现代企业既不是"资本雇佣劳动",也不是"劳动雇佣资本",而是物质资本所有者和人力资本所有者就企业剩余索取权和控制权分配做出的一种制度安排。

企业家作用的特殊性在于,他通过对企业的经营管理,能够有效组织企业的各种资源要素,实现协作带来的高效生产率。同时,能够驾驭市场、把握机会、防范风险,为企业和社会创造财富。但是,企业家在企业和经济社会中的统帅地位和灵魂作用的发挥以及企业家人力资本价值的实现还必须同企业的各种运行机制和外部环境因素结合起来。这是由企业家人力资本的商品属性、人力资本产权的特殊性以及企业家成长的环境依存性内在决定的。

(一)企业家人力资本的产权特征

1. 人力资本产权的不可分割性

企业家人力资本是企业不可或缺的一种特殊要素,它具有一般企业资源所不具有的特殊属性。企业家人力资本产权的特点首先表现为它天然地属于它的载体——企业家,即企业家人力资本的形成,无论投资主体是国家、社会组织还是企业家个人投资所形成的人力资本,将天然地归属于企业家个人占有,即它的形成、积累、开发、配置、流动、利用或闲置的控制权完全掌握在它的所有者——企业家个人手中。

2. 人力资本产权的完整性和自主性

与企业家人力资本所有权的完全私有性相对应,完整性和自主性构成企业家人力资本产权的又一重要特点。企业家人力资本产权的完整性不容对其分割和分享,一旦出现企业家人力资本产权的残缺,企业家就会相应地作出反应,自主决定其人力资本的发挥与利用程度。企业家人力资本产权的完整性和自主性内在决定了对企业家人力资本只能激励不能压榨(詹森、麦克林,1976)。

3. 人力资本价值的不可视性

人力资本的价值只有在对其使用的过程与结果的观察中才能予以正确评价。企业的所有者在与人力资本所有者缔结资源交易契约时更多的是通过人力资源部门对求职者学历、工作经历、以往工作业绩、人格特质、相关群体和组织的评价等进行多方位测评,初步识别人力资本的层次水平。同时,在人力资本价值的实现过程中,由于环境的不确定性和信息的不对称性的存在,企业所有者对于人力资本所有者的经营行为具有更强的不可视性和难以监督性(Knight,1921)。正是由于人力资本价值的不可视性,使得企业家人力资本产权报酬计量具有复杂性的特点,从而难以对企业家人力资本产权直接定价。

事实上,企业家的行为是难以在其进入企业之前,用契约形式事先完全确定下来,它更多表现为一种事后行为。企业家行为的这种性质使企业家比一般人力资本所有者更易于控制其人力资本的有效供给量,因而也使企业家人力资本的所有权更需要得到尊重。

4. 人力资本价值的累积性

企业家的成长是一个长期的过程,先天的企业家素质只是获取企业家能力的基础,先天的成分只是部分地在初始状态中得以体现,这表现为先天具备的一些企业家素质如胆识、冒险和进取精神、领袖气质和决断力等,而绝非完整的企业家能力本身,更重要的是后天能力的培养与提高,主要体现在后天的经营能力、经验、知识的获取和个人资产、社会资本的获取上。后天个人能力的获得极大程度上决定了企业家人力资本价值的存量。

企业家人力资本价值存量的形成是一个长期的积累过程和动态的"投资过程",这也是人力资本区别于非人力资本的重要特征(舒尔茨,1990)。人力资本的价值是在其应用中获取和发挥其经济价值的,离开了这个过程,则无论是企业家还是职业工人,都无从找到其作为人力资本的价值所在。

5. 人力资本价值表现形式的特殊性

企业家的人力资本价值最终必须通过价格表现出来,而这种价格带有近乎垄断的色彩。由于企业家才能的天然垄断性、形成的长期性及成长的挑战性，而且企业家在与企业所有者形成契约时也不得不承担其选择的巨大机会成本和潜在利益损失，从而使得企业家的供给十分有限且弹性极小。因此，相对于巨大的（潜在）需求，企业家人力资本价值实现所表现出的垄断价格是非常自然之事。

（二）委托—代理机制下的企业家人力资本价值的实现

由于存在要素所有者初始禀赋上的差异，企业的所有者和企业家之间产生了交换需求，构成以企业家为中心签约人的企业多级委托—代理关系。从理论上讲，委托—代理关系是不同要素所有者主体之间的相互联系，以交换关系为起点，以利益分配为核心，以契约关系为表现形式，是利益分配关系的交汇点，反映的是一种特定的交换关系（王国成，2002）。企业家人力资本价值的让渡正是伴随这种特定的交换关系而实现的，价值的实现需要企业制度作支撑，同时也受制于企业制度。

企业家只是人力资本的所有者，而他或她未必是非人力资本的所有者。但是，他们的"特定知识"能够为企业创造价值。企业在日益剧烈的全球化市场竞争中能否取胜，占有何种地位，在极大程度上取决企业家机制的存量和价值的发挥程度。企业依赖企业家的能力，将生产要素和生产条件实现最佳组合，构建效率更高的生产体系；也依赖企业家能为企业把握产品或服务市场机会，抵御风险，应对市场经济体制构建过程中的大量不确定性因素，将企业的规模、经营范围日益扩大。从这一角度看，企业必须尊重企业家人力资本产权；通过建立合理的激励机制，促使企业家大量涌现和健康成长；通过建立选拔、培训制度，提高企业家整体素质。

同时，由于委托人与代理人目标函数的不一致、信息的不对称以及人力资本产权的特殊性，代理人可以利用私有信息损害委托人的利益。同时，由于不确定性因素的存在，委托人也难以对代理人行为实施有效的监督。这样，势必造成委托—代理关系中存在着非效率现象，具体表现为道德风险和逆向选择。为了克服非效率性，企业也需要运用企业制度，规范企业家的经营行为，减少道德风险和逆向选择，使其在特定的制度框架和各种运行机制之下，根据企业生存、发展需要，履行所承担组织角色的责任和义务，实现企业的战略目标。

因此，在公司制企业的委托—代理机制下，人力资本价值的外化过程需要有效的企业机制支撑，尤其是企业家的激励机制，让拥有私人信息优势的企业家积极参与决策、分享剩余,通过相互交流,逐步公开自己的默示知识,使企业获得专业化经济效果(汪丁丁,1997)。也只有这样,才能促使企业所有者与企业家之间的交换关系以特定的方式存续。

第三节 企业家成长机制运行的环境约束

世界经济发展史证明,新兴工业国的兴起,无不得益于其有一个合理配置企业家人力资本的制度,它不断地为经济发展注入新的活力;而老牌资本主义国家则由于对企业家人力资本的敌视和遏制,使其走向衰落。我国改革开放30多年来,中国曾涌现过很多名噪一时的企业家。他们在经历了短暂的辉煌之后,大多归于沉寂,其企业寿命之短暂令人扼腕不止。为什么新兴工业国会因为企业家人力资本而兴起?老牌资本主义国家会因为遏制企业家人力资本而衰落?中国13亿多人口,世界1/5以上人口的国家中出现不了几个企业家?即便出现,为什么又会很快夭折?这些问题值得深思。目前,国内舆论大都将其归咎于企业家的个人素质。这个答案是值得商榷的。笔者认为,个人素质固然重要,但更重要的是不完善的环境因素(包括整个社会环境和企业内部环境)。因此,识别影响企业家成长的环境障碍因素,为企业家成长、发展创造有利条件,是各国政府,特别是转轨时期的我国政府和企业亟待解决的问题。

一 西方企业家成长环境

(一)企业外部成长环境

1. 法律制度环境

西方国家运用法律法规明确规定政府、国会与企业之间的责权利益关系,国家对企业的调控依法行事;同时,法律还明确规定经营者的权利和责任,对于破产企业,法律不仅追究经营者的渎职行为,而且还规定经营者在一定时期内不得担任经理、董事等职务。除了制定基础性法律外,还有具体细致、可操作性强的单行法律法规,因而执法严而有效。

2. 政府行为

在西方国家中,政府对企业的调控主要集中在对关系国计民生和国家利益的企业行为的管理,以及对自然垄断性行业的管理;对国有企业主要是通过产权管理和行政法规调控其经营目标和运行方式。故政府行为的突出表征为：更多的鼓励、支持和适度的干预。政府对企业的鼓励行为集中表现在：一是通过产业政策的制定和调整，引导企业有序发展；二是通过降低税率和税收优惠刺激企业发展；三是为大企业发展优先提供贷款；四是采取贸易保护措施，支持本国企业发展；五是提供政府采购支持企业发展；六是促进教育科技发展。各国政府对企业的监督行为主要表现在：一是政府通过价格管制和限制新企业进入等手段积极管制自然垄断行业；二是政府通过制定产品的安全标准、规定广告标签的内容以及规定经营范围等措施保护消费者利益；三是保障人力资源和自然资源；四是实行许可证制度。通过许可证制度，可以限制某些企业的发展及企业经营业务的拓展。① 在企业的人事管理方面，各国政府始终掌握着国有企业母公司的人事管理权。政府相关部门对于国有企业母公司具有董事长任免权，或决定董事长人选提名权利，以及派代表参加董事会，参加公司发展政策制定等权利。

3. 经理市场

经理市场是企业高级人才进行交换和流通的场所。在西方，包括经理市场在内的市场体系完善且有效率。完善的经理市场通过双向选择机制、竞争淘汰机制和反馈机制形成一个市场导向型的经理人员任用机制，产生对经理的内在、自我约束，促使经理人员遵守职业道德，努力为委托人服务。对于企业而言，可以在大范围内选择合适的经营者；对于经营者个人来说，从长期来看，出于个人声誉的考虑，即使在没有显性激励情况下，经理们也有努力工作的积极性。为了增加自己未来人力资本的市场价值，维护个人声誉，确保职业生涯的永续性，经理人员会努力学习和不断实践，提高经营水平和管理能力，加速人力资本的积累。

4. 资本市场

资本市场起着沟通资金提供者和企业之间的信息、在企业间配置资金的作用，同时决定着资金提供者对企业进行监督的方式与企业风险及经营者成果的分配方式。在西方国家，资本市场十分发达、有效，通过证券市场上的股票价格，投资者可以及时掌握企业经营状况，必要时可以采取"用脚投票"方式实施对企业的监督与控制。为了维护企业形象，避免收

---

① 周天勇主编：《现代国有资产管理新模式——出资人制度与大企业国际竞争力》，中国财政经济出版社2003年版，第298—299页。

购或者敌意接管，也为了避免个人在收购与接管后被充当"牺牲品"，经理人员也会努力工作，更好地为出资者利益服务。

5. 社会文化环境

近年来，西方国家越来越重视人力资本对企业和社会发展的作用。比尔·盖茨建立微软公司时并没有多少资本，但他以知识即人力资本投入公司，这说明美国企业和社会已经认识、肯定了人力资本、知识资本的价值。

西方的文化环境更多地倡导创新、容忍失败、崇尚竞争、开放平等和以人为本的文化氛围。正是在这种环境下，具有创新精神的企业家极大地推进了新技术的产业化，引发了新经济的诞生。

(二) 企业内部成长环境

1. 公司治理结构

在西方国家，完善的法律制度为公司治理结构的建立提供了保障。在典型的现代公司中，公司章程、合约等法律文件明确规定了董事会、总经理等的权责，但凡超越权限、造成企业损失，就有可能受到法律的制裁。较为完善的公司治理结构构成对经营者直接的、正式的、法律的外在约束。

2. 产权制度

在产权管理上，西方国家采用由政府指定或建立国有资产管理的专门机构等方式，行使国有资产所有者的职能。通过股份公司法人治理结构对国有企业进行监督和管理，或授权国有控股公司对国有企业进行产权管理。此外，为了减少委托—代理问题，保持企业的长期稳定发展，西方企业目前较多地通过包括股票、股权、股票期权等多种形式的产权分享来实施对经理的激励与约束，有效地减少了内部人控制问题。

3. 控制权制度

在西方国家，公司的控制权主要体现在两个方面，即企业通过"组织控制"和"市场控制"实现公司的控制权。企业内部完善的公司治理结构为有效监督提供了保障基础。当然，激励目标的不相容性、信息的不对称性以及道德风险、机会主义的存在使得委托—代理问题不可能从根本上解除。当内部机制无法解决公司控制权与利益相关者的权益一致性问题时，企业会更多凭借外部机制给内部机制施加压力，促进内部控制优化，如外部接管、收购、代理权争夺等。而相对完善的市场经济环境、有效运行的公司控制权市场是其实现外部控制的前提条件。企业可以通过市场机制来监督和控制代理人的行为。

4. 管理机制

在西方企业，对企业家的选拔设计有规范的选拔程序，采用科学的测评方法，依据明确的标准，层层筛选，客观评判每个人的综合素质、管理能力及其驾驭市场危机与风险的心智与潜能。如美国福特汽车公司，在选派海外经理人员时，除使用多种量表测评人的个体特征（包括人格、兴趣、情商、能力等）外，最近又开发出"海外工作问卷（OAI）"技术，对外派经理人选进行更为精细、全面和科学的界定。对于具有企业家天赋素质的潜在企业家，还会提供更多的教育、培训机会，通过专业知识的获取与经营实践相结合的方式培养和储备企业家人才。

在激励约束机制中，薪酬体系发挥着重要作用。经理股票期权是经理薪酬体系设计中的重要构成。1993—1995年，IBM总裁使公司起死回生，从股票期权中获得6000万美元的收入；1991年，可口可乐公司总裁罗伯托·郭思达获得当年市值为56000万美元限制性股票期权，在1997年，市值已达13亿美元；1998年，美国通用公司总裁杰克·韦尔奇年总收入为2.7亿美元，其中股票期权收益占96%；《福布斯》对美国800家上市公司高级管理人员的薪酬结构的调查表明，1985—1997年，经理股票期权所带来的实际收入增长了78倍，而工资与奖金收入仅增长不到1倍，等等（李仕明、唐小我，2003）。诸如此类的数据说明，西方企业正是由于采用了这些有效的激励约束措施，使得企业的活力与竞争力大大增强。对经理人员的约束主要是借助市场竞争实现的。没有竞争，就没有有效的激励与约束。当然，这并不意味着西方企业的激励约束机制十全十美，我们同样可以看到大量的有关西方企业内部的激励与约束问题的事例，既有内部人控制的"经理革命"，也有所有者反抗的"董事会复辟"。毕竟，股东与经营者之间利益不一致的矛盾是始终存在的，它影响着激励约束机制的发挥。

5. 企业文化建设

在西方企业中，"人本主义"色彩浓重，企业通过建设、倡导企业文化，实现企业的长期稳定发展，比如推行弹性工作制、柔性管理，实现人本管理、授权管理；提倡团队精神，强调沟通；提倡尊重人权与价值实现，强调工作的价值与乐趣；等等，通过企业文化建设，营造了一个和谐、融洽的工作氛围。

二 我国企业家成长的环境

（一）企业外部成长环境

1. 法律环境

健全的法制是市场经济健康运行的保障。而我国很多法规不完善、不配套，企业家人力资本的产权地位尚未确立，企业家的某些合法权益仍得不到保障。当前企业家中一个"59岁现象"充分说明在缺乏保障的情况下，企业家可能会更多地考虑个人的退路问题，而忽视企业的经营、发展。因此，加强法规建设，研究、制定企业家条例，建立一套有关收入、责任、奖惩等方面的法规制度，明确个人财产及收入规则、法律责任、奖惩办法，并严格履行法规条律，对企业家应得利益坚决给予支持，真正有效地保护企业家的合法权益。此外，还要积极改革企业家退休制度，探索和建立企业家的医疗保险、人身保险、养老保险等制度，真正解决企业家的后顾之忧。

2. 政府行为

政府的职责是维持一国的社会经济秩序，起到管理国家的作用。除了在经济现实中校正市场失灵需要政府弥补失效；或者由于某些基础产业、风险行业的特殊性，必须由政府直接经营企业；以及政府为了实现某项特殊需要、特定目标而直接从事商务活动外，一般情况下，政府没必要直接经营企业。但是，由于多种原因，我国政府对企业实施过多行政干预，大大超出上述范围，形成了国有企业独特的行政干预下的经营者控制型企业的治理结构。在这种行政干预下，无论是资源的调配、权力机构的设置还是人员的配备以及利益的分配都渗透着国家行为，这种多行业、宽范围的干预行为严重影响了行为主体在企业中的地位、主动性与积极性，并造成企业家行为模式的扭曲。一方面，依然机械地将企业家当作"干部"进行管理，企业家普遍没有从传统计划经济体制下的"领导干部"模式中转变过来；另一方面，由于与市场经济体制要求相适应的企业家监督、激励与约束机制尚未最终形成，一些企业家出现了谋求非企业家利益的倾向，典型的是所谓"内部人控制"现象和"59岁现象"。虽然在以现代企业制度为目标的国有企业的渐进式改革推进过程这种现象有所改进，但是，政企也只是做到了形式上的分离。

3. 经理市场

从企业家人力资本的需求角度看，尽管市场提出了对企业家的需求，但是在计划经济体制刚性边界约束下，国有企业不愿意也不能够去满足对人力资本的需求，行政性的人事安排始终是政府对企业的基本用人原则；而在民营企业中，民营企业家通常是物质资本的所有者，对外部市场选聘的企业家经营自己的资产缺乏信任感。这样的弱化需求难以促成经理市场的形成。

从企业家人力资本的供给角度来讲，人力资本与其所有者的不可分割性和企业家才能的不易显现化的特性也增加了企业家市场建设的难度。尽管企业家这一特殊群体在计划经济体制下毫不例外地被纳入计划经济体制，企业家人力资本产权受到侵蚀，个人也因此失去了自身人力资本的支配权和收益权。但是，人力资本的独有特性并不会因此而改变。这种体制与人力资本特性之间的矛盾性必然造成了企业家的不平等地位，严重抑制了企业家的积极性。因此，弱化的需求与供给关系是造成我国至今缺乏企业家市场的主要原因。

4. 资本市场

目前中国的产品市场基本成熟，但是不完善的资本市场使股票和债券市场无法正常运转，股票价格不能正确反映企业的经营状况和企业家的经营业绩。国有股的过度集中以及国有股的非流通性造成股东的"用手投票"和"用脚投票"方式都失去效用，导致控制权掌握在经营者手中。

5. 社会环境

当前社会没有形成对企业家人力资本的认同感。一方面，由于长期受传统封建思想的影响，公众对企业经营者劳动的特殊性和复杂性缺乏认识，对企业家的高薪酬不理解，难以承受收入差距。另一方面，由于一些领导干部以权谋私、贪污腐败的行为在社会上造成的负面影响很大，使社会人产生了错觉，认为贪污、以权谋私是每个企业家的行为准则。这种社会认识和舆论环境反映出整个社会对合法致富的人尚缺乏宽容性。如果一个合法致富的人得不到整个社会的宽容与理解，那么他或她就会采取规避风险的方式：或者是将个人应得的收益"自觉地"分发给企业职工或转赠社会机构，忍受不平等的薪酬待遇；或者是当个人财富积聚到一定程度就停止个人经营行为，以个人的不作为来应对社会的反应；也或者是直接将个人的财产转移，回避社会舆论，等等。无论哪一种方式对于整个社会财富最大化的实现和对企业的长期发展来说都是不利的，同时也抑制了企业家的成长、发展。而在西方社会，企业家的才能已经被广泛地应用到社会的各个领域，经济、教育、艺术甚至政府领域企业家都在发挥着重要作用。

（二）企业内部成长环境

1. 公司治理结构

我国现阶段的国有企业治理结构的基本特征表现为"行政干预下的经营者控制"。政府通过参与或干预企业的重大决策和保持经营者任免权，实施对企业经营者的监控。我国政府行为的越位直接影响经营者的积极性，从而不利于企业的发展；在治理结构设置上，尽管企业的股东会、董事会、监事会面面俱到，但都形同虚设。股东控制权虚置，经理的制衡机制扭曲，廉价的内部监督，不健全的外部监督法规以及经营者的机会主义、道德风险的存在，是"内部控制"问题严重。可见，企业至今远没有建立起严格意义上的公司治理结构。

2. 产权制度

在我国特别是国有企业缺乏一种既能负盈又能负亏、有效约束的人格化的产权关系，企业对国有资产只是"代为使用"的关系，表现出较强的约束性、封闭性、代理性和无偿性，导致企业经济驱动力弱，经营效率低下。虽然早在改革之初，政企分开就作为实现所有权与经营权分离的先决条件明确提了出来。但是，在实施过程中，由于存在政府与企业利益偏好的异质性和信息的不对称性，为了强化对企业经营者的监督及控制，政府对企业仍然实施过多的行政干预；仍然存在着国有资产代表不明、所有权虚置、条块分割、多头管理等问题，致使经营者作为企业法人权益的直接代表者，不能拥有完整的法人财产权和经营自主权，严重束缚企业家的手脚。在人力资本产权界定时，也始终没有把人力资本、知识资本纳入产权制度范畴。这一现实问题关系到企业家队伍的成长和建设，是发展企业必须解决的首要问题。

3. 控制权制度

在西方国家由于没有产权基础方面的问题，市场主体可以通过获取控制权进而攫取控制权溢价。而在我国的计划经济体制下，国家掌握了社会全部资源的配置权和创制权，通过制度安排强制实行自己的意愿。林毅夫等（1994）将计划经济体制的建立概括为重工业优先发展战略和为推行此战略而建立的扭曲的宏观经济环境、高度集中的资源计划配置制度和无自主权的微观经营机制三位一体的经济体制是很有道理的。在这样的体制下，企业从生产要素资源的获取，到产品生产，直至产品的销售，每个环节都由国家负责；个人的人力资本投资与使用几乎全部由国家支付和调配。依传统的"谁投资，谁受益"原则，国家自然掌握了企业的各种权利，同时，也掌握了人力资本的支配权和收益权。个人在计划经济体制下成为社会人、公共人和道德人，无私奉献和绝对服从的人格特质决定了个人无须也不可能追求个人的利益，而只能够是服从、奉献，接受不公正的待遇。

虽然在以现代企业制度为目标的国有企业的渐进式改革推进过程中，这种现象有所改进。但是，在有效的公司治理结构尚未建立的情况下，委托—代理关系实际上只进行了行政权力的划分，而经营上的责任并未充分分解，造成国有企业的所有者和经营者的权利和责任不对等，往往权大责小。政府部门拥有各项权利，但是没有一个部门会为国有企业的亏损承担责任，也没有一个部门为经营者选择失误而承担责任；作为"无产"的经营者事实上拥有企业大量的控制权，但对其经营不善导致的恶劣后果也只是承担非常有限的责任。这种权责不对等性，助长了经营者的投机心理，增大了对经营监控的难度。

4. 管理机制

目前，我国企业与企业家功能实现相适应的企业家管理体制尚未形成。一方面，在企业家管理上仍然机械地执行"党管干部"的原则，没有将企业家当成职业经理人对待；另一方面，与现代企业运作体制相适应的企业家运行机制，包括选拔、激励、约束、监督和培养机制尚未最终形成。

现阶段许多企业对经营者的选拔，在方式上依然采取领导推荐、组织部门考察、党委决定的三段式，本质上没有摆脱由领导层而不是由市场和人力资本所有者个人双向决定的状况；在考核指标上，更注重应聘者的政治表现、党性原则、工作作风和人际关系，这在一定程度上否定了企业家人力资本的特殊性和管理的专业性、技术性，不利于企业家的发展和培养。并且，选拔工作多数是由不懂得经营管理规律的选拔者在信息不对称和信息的低透明度下操作的。我国相当一部分企业效率低、亏损严重，一个很重要的原因就是企业领导不称职，不善于经营管理企业。

在薪酬方面，绝大多数企业尤其是国有企业，由于缺乏有效的企业家报酬激励机制，微薄的收入，简单、粗放的激励方式不能反映企业家的特殊贡献，经营者只能得到与一般职工相差无几的基本工资和奖金，使企业家的价值得不到相应回报，严重挫伤了国有企业经营者的积极性；同时，由于国有企业中的多重委托—代理关系链条过长，监督和约束机制难以发挥作用，助长了"内部人控制"。失去了监督和约束的国有企业经营者在信息不对称条件下，滋生了"非正式与隐性激励"倾向和短期行为、道德腐败、过度的在职消费等寻求个人激励的行为方式，挥霍和侵吞国家资产，造成国有资产严重流失；在培养机制上，与西方企业相比，我国对企业家的培养方式也相对简单得多。

5. 思想文化建设

我国拥有几千年的封建历史，以"仁"为核心的儒家文化，讲究伦理道德，和谐平均，重公抑私，不可否认这有积极的一面。但是，过分强调传统文化只能造成思想僵化，对企业家的成长起了负面支持效应。突出体现在两个方面：一是企业经营管理者封建等级观念浓重，以"重义轻利"作为绝对的行为标准，在行业取向上往往表现出"重官轻商"、"学而优则仕"的强烈的"官本位"思想，市场观念不强，竞争意识薄弱，安于现状和逃避个人责任；二是扎根于小生产土壤的平均主义思想根深蒂固。"不求有功，但求无过"是平均主义思想下的行为宗旨，企业家不敢标新立异，不敢冒险，创新活动受阻，超常贡献会引发敌意；企业家个人收益上更是不愿成为众矢之的，不敢理直气壮地获取其应得的高额收入，宁愿忍受不公平的薪酬待遇。这些思想、意识上的障碍均不同程度地制约着企业家角色的社会定位和价值定位，使企业家的成长失去了内在动力，并构成了企业家阶层职业化、市场化进程中的一大文化障碍。

上述比较、分析表明，在我国完善的市场经济体制远未建立起来的背景下，企业家还不能完全依靠市场规律支配自己的人力资本，计划经济体制仍保持着对经济与社会的持续震荡作用，企业家的成长和发展还存在许多内外部阻碍因素，亟待政府、企业以及社会共同解决。但是这并不否认我国改革开放以来在企业家队伍建设方面所取得的成果。经过20多年的改革开放，旧体制已基本被打破，原先由国家计划统一配置社会资源（包括人力资源在内的一切资源）的方式失去了制度基础。各项市场化改革措施的出台改善了市场环境，为新生代企业家的成长创造了有利条件。90年代中后期，以张朝阳、王志东、王峻、杨元庆等为代表的一大批年轻企业家的涌现就是最好的例证。新生代企业家的出现改变了中国企业家的结构，使我们看到了中国企业家精神的希望。但是还应该清楚地认识到，除了一般性的环境、条件约束外，我国还存在着特有的阻碍企业家成长的隐患因素，详见表7-3。

表7-3　　　　　　　中外企业家成长的影响因素比较

影响因素	西方企业家	中国企业家
产权制度	专门的职能机构，多形式化的产权分享	非人格化，所有者缺位、虚拟化
控制方式	"组织控制"和"市场控制"	国家控制的唯一性，制度性安排强制实行
选拔制度	规范化、程序化、科学化	"领导推荐、组织考察、党委决定"三段式
激励机制	经理股票期权	行政级别、精神享受激励
监督与约束机制	内、外部共同监督	"稻草人"式监督；事后行为；承诺可信度低
思想文化	"人本主义"、"团队精神"、"长期发展战略"	"官本位"思想、"平均主义"思想
法律制度	直接、正式、外在的约束	不完善、不配套
政府行为	更多鼓励、适度干预	多行业、宽范围的行政干预
经理人市场	选择机制、竞争淘汰机制、反馈机制作用显著	弱化的需求与供给关系
资本市场	证券市场发达，市场监控力度很大，"用脚投票"	资本市场不完善，国有股独大，国有股非流通性
社会环境	承认、肯定人力资本的价值	缺乏认同感与宽容性

三　从比较分析的角度看我国目前存在的企业家成长障碍

改革开放30多年，我国虽然在经济建设方面取得了令世人瞩目的成就，但国有企业改革举步维艰，其效果并不令人满意。造成国有企业改革效益不佳的原因尽管是多方面的，但缺少一批高素质的企业经营管理者——企业家是其中最主要的原因。现阶段企业家阶层作为最重要的生产要素，并没能和土地、生产资料、资金等一样实现市场化，它只停留在一个较浅层次的劳动力市场化流动。其市场化进程的障碍除了上述一般性的环境因素外，还有特殊隐患。概括起来主要有以下几个方面：

（一）转型过渡时期双重体制的摩擦性障碍

转型过渡时期的显著特征之一是新体制虽已建立但还很不完善，而旧体制的余波仍在冲击，双重体制摩擦时有发生。双重体制的摩擦性势必导致国家、企业、企业家个人以及企业利益相关者之间的利益协调问题；造成企业与经济、制度、法律、社会、市场等外部环境的矛盾冲突问题；这些矛盾、冲突更会在企业的具体经营过程中将企业家置于进退两难的困境。一方面，市场经济体制尚不规范，企业家缺乏充分自主和规范地实现自身职能的体制条件；另一方面，传统计划经济体制因素依然存在并发挥作用，这对企业家又是一种无形的制约。这双重制约会直接迫使"官本位"思想浓厚的企业家又染有亦官亦商的"两栖"色彩，从而严重地阻碍了企业家市场化的进程。

（二）企业家人力资本形成的非市场合约性——企业家生长机制的残缺

企业是一组合约，在这个契约约束下，人力资本和非人力资本要素共同作用，生产出企业的产品，进而创造出企业的价值。特别是人力资本，在企业产品生产和价值增值实现过程中发挥着不可忽视的、不容替代的作用。但是，中国企业从企业建立初始到企业家人力资本形成中，非市场合约性限制了企业中人力资本作用的发挥，其价值也未得到充分体现。

国有企业是国家战略发展目标和国家行为的产物，国家借助计划与行政命令配置企业资源。不仅是物质资本归国家支配，而且所有人力资本所有者也统一归公后行政调派。行政性的人事调派、行政指令下的薪酬体系、残缺的企业家激励机制以及有限的企业经营控制权等都说明了国有企业人力资本在非市场合约条件下产权的残缺特质。但是，行政指令作用再大，也无法改变人力资本的私有特性。人力资本与其所有者之间的不可分割性，决定了人力资本的私有性不会因为非市场合约性或者行政指令性而改变，它需要社会承认其不可忽视的作用并客观地为其定价。非市场合约性只能抑制人力资本作用的发挥，扭曲的回报机制只会产生低效，甚至给国家造成更大的损失。

尽管我国逐渐进入市场经济，但旧有的计划经济、政府管理企业的体制惯性仍然存在，且在短期内难以消除。许多公司的董事长、总经理，不是选举和聘任，而仍然由政府主管部门任命，国有企业家有与政府官员相对应的行政级别。企业家将企业的经营作为自己政治生涯的一个过渡阶段，其最终目的是成为政府官员。所以，其企业家的追求与企业的长期利益没有必然联系，助长了企业家的短期化行为倾向。

就民营企业而言，其建立与企业家人力资本的形成同样存在着非市场合约性。由于历史文化因素以及民营企业形成初始阶段客观的经济环境条件，民营企业在建立之初不可能建立正式的初始契约。民营企业经营所需的土地、机器设备等是地方政府近似无偿支持给予的。民营企业的资金来源大部分来自银行贷款（李路路，1998），而银行贷款的取得也得益于地方政府官员的支持。地方政府官员在当时条件下，利用手中权力，采用集体担保，甚至集体贷款给民营企业使用的方式为民营企业取得所需资金，其中也没有缔结任何市场化的契约。这种非市场合约的弊端随着企业的发展壮大，在价值分割过程中凸显出来，集中表现在人力资本价值问题上。缺乏市场化的正式合约，人力资本价值就难以确定，导致民营企业人力资源储备不足现象。

（三）人力资本价值的识别障碍

企业家人力资本是企业不可或缺的一种特殊要素。从人力资本的自然特性来看，人力资本与其所有者具有不可分割性；从人力资本的价值来看，只有在对其使用的过程与结果的观察中才能予以正确的价值评价。人力资本的不可分割性和不易显现化的特性，使对它的识别提出了更高的要求。不仅要具有识别企业家人力资本的意愿，更要具备识别企业家人力资本的能力。

在高度发达的市场经济条件下，可以通过企业的经营业绩从某种程度上识别企业家人力资本的价值；在企业内部完善的制度条件下，通过人力资源部门的多方位测评（学历、工作经历、工作业绩、内在潜质和人格特质等），识别人力资本的层次水平。但是，在中国不完善的制度与非制度因素影响下，人力资本的价值很难通过上述方式得到正确评价。在国有企业中，国家政策的倾斜和对企业的行政干预，使国家始终拥有对企业的控制权，对国有企业经营者的考评也有很强的政治倾向性；在民营企业中，其建立与企业家人力资本形成上的非市场合约性内在决定了企业无法确定人力资本与非人力资本在价值创造中的作用。而且在民营企业中处于支配和控制地位的主要是物质资本所有者，而非企业家人力资本所有者

（主要指两者分离的情况）（焦斌龙，2000）。可见，在中国这种特定的制度环境条件下，不仅对人力资本评价的意愿受到抑制，而且扭曲的制度更是增加了人力资本价值评估的难度。因此，要正确识别企业家人力资本价值并非易事，对识别能力提出了较高的要求。

（四）现存企业家队伍素质障碍

我国企业家的素质状况很大程度上是由我国社会主义市场经济发展的历史背景和企业家的市场实践、学习和锻炼决定的。企业家成长特点在一定程度上形成了其素质特点。从我国企业家队伍整体素质状况判断，总体水平较高，特征明显，符合中国国情。其素质状况既有值得赞许的方面，同时也还存在一定的缺陷。优良素质，如政治思维能力很强，胆识、谋略过人、想象力丰富，爱岗敬业，有一套自成体系、内涵深刻的经营哲学（这是我国优秀的民族传统文化与市场经济规律的结晶），具有明显的坚定、果敢、执着、实干、大度、豁达的个性特征和纯朴善良、循规守纪、有情有义的人格魅力等，应该继续保持和发扬。

但是，更应该看到不足之处。在发达的市场经济条件下，企业家作为供给主体，企业作为需求主体，两者之间能够按照市场规则、价值规律进行交易，实现人力资源的有效配置。但是，在我国，由于不完善的制度、环境等因素影响，企业家失去了独立的市场人格，不能主宰自己的命运，也不具有独立的个人收益权利；思想僵化，缺乏市场竞争意识，素质参差不齐，构成转型时期各种障碍下的企业家缺陷特质。

第一，无私与绝对服从的缺陷性的人格特质。按照马克思关于人的经济本质的理论，在传统计划经济下，从事生产活动的人具有无私和绝对服从的人格特征。生产资料公有制决定了人格的无私性，指令性计划决定了人格的绝对服从特征，即一种不完整的人格（林炎志，2000）。在计划经济体制下，所有企业及其领导者必须严格按照计划、行政指令从事一切生产经营活动。可以说计划经济下的企业及其领导者是缺少微观独立性和经济因素的人格，计划经济中人格的服从性有其消极、被动接受计划指令的一面，是一种不完整的人格特质。

第二，市场观念不强。在计划经济体制下，企业是政府的附属物，是一个基层的社会组织，而不是真正的经济组织。政府的行政性行为也必然形成企业家即国家干部的事实，决定了企业家"官本位"的行为取向和"只唯上不唯企"、经营上"不求有功，但求无过"的思想。他们根据行政级别取得相应待遇，待遇与企业经营绩效没有任何关系，只要完成上级交办的任务即可，而无须对企业盛衰承担责任。他们不以经营管理企业为终身事业和职业追求，而是把在企业的工作当作个人晋升的途径，个人行为短期化倾向明显，市场竞争意识、创业欲望淡薄。

第三，市场竞争力弱。从经营者个人角度看，有的从行政部门调至企业的领导岗位，只是为了个人镀金，为了更快得到提升；有的则是行政指令调派，勉为其难地走上领导岗位。在企业经营过程中，他们往往不会有长远的规划，只注重短期效益，搞短期行为；企业经营不善时，甚至会虚报浮夸，以骗取上级领导的重用、提拔；思想僵化，缺乏竞争精神，安于现状和逃避个人责任。企业由这样的领导阶层经营是不可能具有市场竞争力的；从企业角度看，企业是政府的附属物，缺乏自主经营权和自主收益权。体制缺陷压抑了企业的积极性，企业缺乏新技术和新的管理经验，新产品开发和新市场开拓能力薄弱就成为必然现象。企业盲目投资上项目，至于项目最后的收益状况则不予考虑，给国家造成严重损失，使企业的市场竞争力也日益弱化。

第四，经济收入偏低。企业家人力资本交易的非市场化的行政调派严重违背价值规律，造成企业家阶层收入普遍偏低。经济收入过低严重影响了经营者积极性的发挥，同时必然会不同程度影响企业、社会的经济效益和社会生产力的快速发展。

第五，素质参差不齐。由于企业家成长环境不完善，市场经济实践不足，企业家自主意识不充分以及自身素质基础薄弱等原因，致使企业家精神的发育和企业家人力资本的积累进程缓慢。具体而言，在文化素质上，不同类型企业家文化素质上有较大差异。从总体来看，高学历层次的人才不太多，早期下海创业的企业家和乡镇企业家一般文化层次不太高；从市场运作经验积累上看，中国实行市场经济的时间不太长，市场经济本身还不太成熟，企业家所接触到的方面、范围、所处理的市场关系等，总体上还有一定的局限性。特别是缺乏对资本经营运作、国际市场经营运作的经验。在思想观念上，"重经验轻理论"思想和小生产观念残余仍然存在，"重经验轻理论"表现为部分企业家忽视甚至拒绝系统的经营管理专业知识的培训；小生产观念残余表现在与市场经济运作不相适应的家族式管理方式和手段上。企业家队伍先天不足的缺陷特质以及管理知识、管理水平和管理能力上的差异性，必然会使企业效益和形象存在差异。

当然,"人无完人,金无足赤"。企业家不可能也无须在每项素质方面都有很好的水平。但是,提高素质是企业家的愿望和追求,是一种永恒的修炼,也是企业发展和社会进步的需要。就我国国有企业家而言,提高企业家素质,需要企业和社会各界共同努力。

不完善的产权制度、不发达的市场体系、残缺的企业家市场、过激的政府行为、不公正的社会认同、不合理的企业制度以及企业家人力资本特性本身均在不同程度上阻碍着企业家队伍的成长与壮大,成为当前许多企业处境艰难的重要原因。应当说,自从发展社会主义市场经济以来,企业家的地位和作用从来没有像现在这样备受关注。人们正是从艰难的处境中逐步认识到企业家在市场竞争中不可替代的作用,优秀企业家是企业发展的"法宝"。因此,克服制约企业家健康成长的制度、环境障碍,改变企业家的缺陷特质,尽快建立一支训练有素、堪当重任、符合社会主义市场经济要求的职业化企业家队伍是各国政府努力的方向,更是我国政府和国有企业迫切需要解决的问题。综合上述有关企业家成长的障碍分析,具体见图7-1。

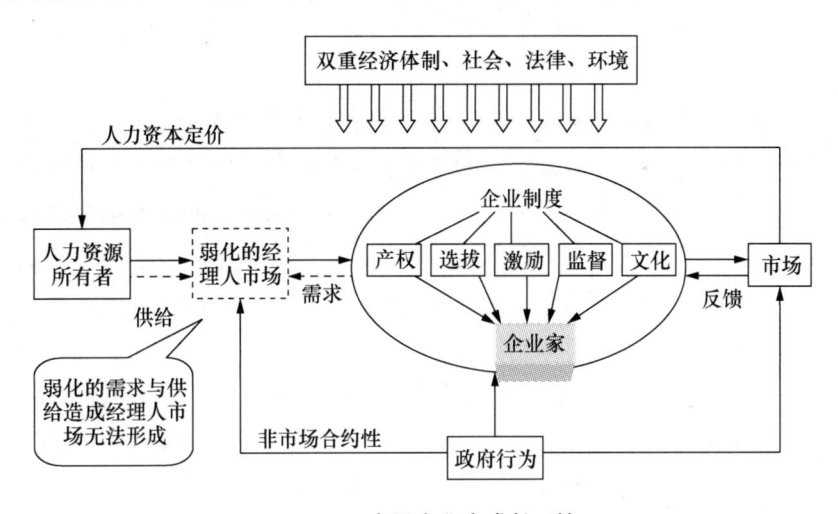

图7-1 中国企业家成长环境

第四节 我国社会主义企业家的培育与造就

企业家的成长和成熟程度是一个动态的、发展的相对概念。随着知识经济的崛起、渗透和中国经济市场化程度的日益提高,必然要对我国企业家队伍的成长机制、素质结构和水平提出新的要求和挑战。根据我国企业家队伍的状况和我们所面临的形势，主要应该从三个方面进行中国企业家队伍的建设：（1）对智力资本的制度化认定；（2）在群体创新过程中造就核心领袖式人物；（3）企业家文化的营建。

一　对智力资本的制度化认定

从中外企业家的成长环境比较可以清楚看出，完善的制度体系是企业家成长的重要保障。西方国家充分运用市场化的货币投票手段来评价和鉴别人们的创新成效，促使个人才智的积累投入，兑现转化为个人可增值的财富，将引导包括企业家在内的"时代弄潮人"，把其开拓创新的智慧和勇气激发调动到极限。现今在知识经济条件下，人力资本的作用越来越大，尤其是企业家所拥有的智力资本，对企业价值的创造贡献最大，同时也是最为稀缺的核心资源。这种资源只有在持续的企业创新实践中才能不断增值（反之就只能变得毫无意义或彻底报废）。这就使苦心孤诣创新，成为企业家区别于"唯利是图"所有者的重要本能。因而健全制度体系，不断强化"放大"这一制度效应，将会有力促进企业家的迅速、健康成长。

在我国，特别是国有企业领导人，大多数还是"企业官员"，还不是严格意义上的企业家。但是真正的企业家将从他们中间产生，深化企业制度改革需要他们积极参与。因此，企业应通过智力资本的制度化建设营造未来的企业家阶层。对智力资本制度化的认定主要包括企业家的价值认可机制、选拔与激励机制和企业家市场建设。这些制度的创新，正是造就新一代创业型企业家的重要体制保障。

（一）建立和完善企业家的价值认可机制，提高企业家的职业权威

必须重视企业家的价值认可，充分肯定企业家这种稀缺资源的作用，确立企业家在知识经济时代的特殊地位。企业家的价值认可和职业权威来自于工作业绩与能力被社会普遍肯定，这种肯定建立在科学、公正的社会评价标准上，社会对职业企业家的评价标准源于其职业体系的要求，以及在经济发展过程中形成并提炼出来的一系列原则概括。它不仅是企业家市场化培育的基础，而且是企业选拔、激励、监督机制形成的客观依据和标准；既是投资者（出资者）的自身利益考虑的需要，也是企业家经营管理能力、避免风险能力的综合反映。但是，我国目前尚无一家具有权威性的企业家资质测评机构和测评系统。为此，建立科学合理的企业家评价机

构以及客观全面的评价指标体系势在必行。

（二）设计市场化的选拔机制

原计划经济条件下经营管理人员是高度集中的行政命令制产物，行政指令下企业经营者和国家干部的双重身份严重抑制了人力资本的进取、创新和冒险精神，造成企业经营者缺乏追求利润的内在驱动力，使企业效率低下。因此，废除行政级别和企业经营者的干部身份，由企业的利益相关者替代政府的行政委派，通过市场竞争选拔经理人员。

在这一点上，世界著名跨国公司的做法值得学习和借鉴。如众所周知的美国通用电器公司（GE），因其规范而又严格的总经理遴选制度，使其自 1892 年以来选出的 8 位总经理（不包括现任者）无一失败过（没有因个人重大失误而导致企业巨额或长期亏损），这是 GE 百年不衰的根本原因。特别是其第八任总经理杰克·韦尔奇的选拔过程，时间之长、程序之严、难度之大、方法之科学令世人折服。因为韦尔奇是其上任总裁琼斯依据严格的标准、用科学的列表法绝密考察才发现的；后来经过数名候选人的多轮竞争，经过 EMS（企业精英分子）的 15 种项目测评，经过飞机上的面试，有准备的答辩，并通过向在任总裁琼斯的述职，最后经董事会考核决策，韦尔奇才最终胜出。从琼斯发现韦尔奇，到董事会做出正式任命，GE 共用了七年时间，终将韦尔奇这位世界第一 CEO 选拔出来（尼尔·切萨诺，1988）。世界成功企业选人尚且如此精心，我国企业选拔企业家更应慎重。企业家的选拔任用必须在责、权、利相结合原则基础上，制定客观的、公正的、具有竞争性的选拔标准体系，设计规范的选拔程序，做到制度信息公开化。

（三）构筑结构化（多元化）的激励机制

有效的激励机制实质是对企业家经营管理才能与事业心的一种调度与开发，以及对其经营业绩的一种肯定和评价，应在职业发展、经济利益和社会地位上给予一定的安排、补偿和确认，以激发其最大限度地发挥才干，促进企业规模与实力的不断扩张。为此，企业应针对这一阶层的特殊性和需求的复杂性，坚持利益和精神激励相结合，短期激励和长期激励相权衡，激励和约束相对称的原则，设计多种因素、多种层次的激励手段。

第一，要尊重他们对物质利益的追求，努力使企业家的收入与企业的经营成果挂钩，使其从自身利益上关心企业资产的保值增值，关注企业在市场上的生命力。在确定企业家收入水平时，要考虑企业家是高质量的人力资本，以及他们所承担的责任和风险，要坚持短期利益和长期利益相结合，保险收入和风险收入最佳匹配的激励原则，实行经营者的报酬结构的多元化。

第二，要重视体现企业家个人人格的高层次精神激励。企业家是一个复杂的需求统一体，有自己的价值标准、利益取向、手段选择和行为路径，是具有较高精神追求和较强事业心的阶层，仅靠制度性安排，过分强调物质激励是无法实现企业家个人高层次的追求，甚至可能造成企业的重大损失。还需要通过精神激励激发内在的积极性和创业热情，需要把精神激励放到与激励客体相关的经济、政治等各种社会关系中进行综合考察，并根据激励客体的个人现实需求来寻求符合他的正确内容和方式（蒋学模，1998）。

第三，发挥企业控制权的激励作用。控制权对企业家的激励约束更具有根本的决定意义，因为企业家获得经营控制权是企业家激励约束问题产生的前提，企业家的货币报酬和非货币报酬可以认为是对企业家运用经营控制权成果的回报（钱颖一，1996）。换言之，企业家获得经营控制权就可以满足其三方面的需要：一是在一定程度上满足了企业家施展其才能、体现其"企业家精神"的自我实现的需要；二是满足控制他人或感觉优越于他人、感觉自己处于负责地位的权力需要；三是使得企业家具有职位特权，享受"在职消费"，给企业家带来正规报酬激励以外的物质利益满足（周其仁，1997）。基于管理学对激励的认识，能满足人的需要的因素就可以作为激励因素，因而"控制权回报"是可以作为一种激励机制的。只有这样，才能引导经营者的行为向着有利于委托人的目标发展，才能激励更多的社会精英投身到企业家行列中去，使企业家成为人人倾慕的职业。

需要特别强调的是，"控制权回报"的激励是与企业经营效益和企业家的贡献紧密结合的。国有企业中也是通过"控制权回报"激励经营者的行为，控制权激励甚至可以说是其根本性的激励措施。但是，事实证明我国企业家"控制权回报"的激励机制不仅没有起到应有的激励效果，反而滋生了"59岁现象"、过度"在职消费"等问题，其根源就在于一则"控制权回报"的激励规则不是以企业效率目标为考核标准，更多的是以政治、公平目标为导向，二则监督、约束机制弱化，进而产生了"内部人控制"（青木昌彦，1995）。

第四，启动声誉机制的激励效应。声誉理论研究表明，从长期看，即使在没有显性激励情况下，出于声誉的考虑，经理们也有努力工作的积极性，从而增加自己未来人力资本的市场价值。因此，充分发挥声誉效应的激励作用，可以减轻经理人员的"道德风险"。同时，通过培育治理企业家市场、完善法律制度、形成正确的伦理道德与意识形态，为企业家声誉机制的建立与作用发挥创造良好条件，以保证企业家具有长远预期。

虽然激励机制能够一定程度上激发经营者奋力开拓、用心经营的积极性，但也难以完全避免一些企业家尤其是富有冒险气质的企业家无视所有者的资本安全或经营不善导致资产流失，企业经营失败的可能。正如亚当·斯密所说，很少有领薪的管理者会像管理自己的钱财那样来管理别人的财产。① 因此，仅有激励机制是不足以防范经营风险，还需要建立相应的监督、约束机制，除了内部利益相关者的监督约束外，还可以借助于法律约束、社会机构配套协同的监督以及市场竞争机制的约束作用。本着责任、风险、利益相一致的原则，设计内部、外部相互制衡的监督机制，共同确保企业家行为的规范化方向。

（四）建立统一开放、竞争有序的企业家市场环境

企业家是由供需双方通过市场交易产生的，而不是政府委派出来的。历史经验教训也充分说明了这一点。因此，首先，必须规范政府行为，摒弃身份限制，营造公平的竞争体系，使企业家在良好制度环境的支撑下产生和成长。其次，要发挥企业家市场的作用。企业家市场是企业高级管理人员进行交换和流通的场所，更是企业家人才实现自我价值的重要桥梁。企业家的双向选择机制、竞争淘汰机制和反馈机制是企业家市场机制约束的主要构成。在企业家市场约束机制作用下，企业可以通过市场甄选、解除企业的经理人员，形成一个市场导向型的经理人员任用机制。

二 在群体创新过程中造就核心领袖式人物

企业家在冲击传统计划经济体制因素，构建市场经济中发挥着重要的促进作用。30多年的改革经验证明，政府部门对计划经济体制改革的彻底程度是有限的。因为政府部门在现代企业制度的建设过程中会自觉或不自觉地形成与企业、企业家的对立和冲突，这是激励目标不相容性所决定的。要最终突破传统计划经济体制的堡垒，进一步推进改革，建立现代市

---

① 亚当·斯密：《国富论》，商务印书馆1974年版。

场经济，需要有一种与市场经济体制相亲和、与传统计划经济体制相对立的力量，这种力量就是企业家群体。企业家在 21 世纪市场经济体制的完善过程中发挥着自下而上的重要促进作用。

当然，在现代企业创新中强调企业家的重要核心作用，并不是"英雄史观"的再现。相反，从客观上分析，企业家创新智慧的重要源泉，恰恰在于群体创新的历史实践。在充分发挥群体创新智慧的过程中，造就核心领袖式人物的杰出才干，正是我国在成功的革命战争中，能够造就出骁勇善战的"土包子"军事指挥员和优秀政治家的重要原因。

知识经济时代中的群体创新智慧是以有效的知识共享为前提的，它超越了个人智慧的局限，最大限度地激发调动起团队创新的能量，这样才能把个人创新智慧的积累投入，变成严格认定个人贡献前提下的共同富裕，最终促使我国国有企业创造出资本主义企业难以比及的营运成效。这才是社会主义企业家造就的基本思路。

作为知识共享过程中的核心人物，企业家的个人素质与能力是团队创新能量大小的关键性影响因素。这是"知识型企业家"这个角色本身的内在要求，即担任者不仅要具备良好的心理素质和经营管理能力，如事业心、责任感、智慧、胆略、决断力、创新力、凝聚力等，还要具有全球化经营的战略视野和高素质能力，如战略管控能力、人才、文化、知识整合能力、全球沟通协作能力以及应对变革的快速反应能力等，以及可供开发的个人潜在能力，如快速学习能力、建立关系的能力、承受压力能力以及在逆境中的自我激励能力等。因此，企业家应该在"干中学"积累实践经验和能力的同时，通过教育、培训和创业或创新的实践过程来实现能力的进一步提高。

三　企业家文化的营建

企业因企业家而存在，企业家有了企业才称得上企业家。只有构成市场经济有机体的企业才能成长出企业家。这一点，美国的社会实践和经验是值得参考与借鉴的。美国不仅在社会体制上成为"捆绑在自由主义企业战车上"的"企业社会"，众多具有雄厚实力的世界级大公司的倾向性成为社会运作机制中的重要"筹码"。而且，在意识形态上成为以企业家主流文化为导向的最具开拓创新精神的国家。

相比之下，我国国有企业的经营者在传统的计划经济体制下是由企业的主管行政机关任命产生的，他们只是"行政官员"，并非真正意义上的企业家。在这种用人机制下，必然形成经营者的"官本位"行为导向模式，把对上级负责，甚至是取悦于个别领导作为其目标函数，而不是把实现企业利润最大化作为其经营目标。由此衍生出"只唯上不唯企"的官商作风，干好的加官晋职，干坏的也可以易地做官。现在，虽然国家倡导引入竞争机制，实行招标竞选，择优聘任企业经营者。但是，实际操作中真正这样执行的企业寥寥无几。除了不完善的外部环境因素和企业制度因素外，企业领导者被束缚的传统观念对此起了推波助澜的作用。因此，冲破传统思想的禁锢，从传统的"领导干部"模式脱胎换骨，借鉴美国经验，充分确立独立自主、积极创新的企业家意识。

当然与美国相比，我们是要在充分借鉴其经验的基础上，以坚持党的领导和职工民主参与管理，以充分发挥群体创新智慧的原始推动和党对正确政治方向的把握，来造就西方难以比及的、最具创新潜能的社会主义企业家。在企业家个人创新智慧与职工群体创新智慧的密切结合中，最终凝聚超越资本主义企业和社会的开拓创新优势。

在我国现行条件下，党的领导和职工在企业中与公有资本的一致性，决定了民主管理是企业管理的一个重要方面，从而使一部分监督权掌握在党组织和职工手中。工人可以通过职工代表大会充分表达职工意愿。同时，采取选派代表进入监事会的方式实施对经营者的管理与监督。另外，党通过法人治理结构加强对企业的领导，从根本上保持党的方针政策在企业的贯彻落实，发挥自己的建设作用、思想核心作用。

当然，党的领导和职工民主管理并不意味着对企业家的过度束缚与管制，而是在管理的同时应给予企业家以充分的开拓创新自由，鼓励其顶冒风险，允许并容忍他们在创新过程中犯错误和遭受挫折与失败。企业家是具有高度权力欲望的人（影响或控制他人且不受他人控制的欲望）。给予充分的创新自主权是调动积极性、激发责任感的有效措施。

为此，企业应尽量为企业家创造能够体现其个人智慧的创新的空间。同时，整个社会必须充分肯定企业家人力资本的价值，营造一种理解、尊重、爱护企业家的良好氛围。目前，整个社会对企业家劳动的复杂性、创造性以及突出作用尚缺乏充分认识，人们的社会意识还有待于引导与调整。因此，应发挥各类媒体作用，大力宣传企业家，尤其是成功企业家的事迹，放大企业家的效应，提高企业家在社会的知名度，为企业家的成长提供一个宽松的社会环境。当然，作为社会舆论导向，还应该引导企业家无私奉献，努力工作。在与其责任、风险相符的利益激励作用下，驱动人们乐于奉献忘我工作。

总之，企业家作为社会中的一个特殊阶层，其成长、发展离不开一定的环境。环境能够给企业家提供施展才能的机会，也只有存在这种机会，具有从事企业家活动意愿和能力的人才可能从事企业家活动，进而潜在的企业家才有可能脱颖而出，成为现实的企业家。其中，制度环境和文化环境的营造对于中国这样一个正由计划经济向市场经济转轨的发展中国家尤为重要。如何建立一套合理的企业家培育造就制度，如何营造良好的企业家文化氛围，不仅关系国有企业改革的成败，而且直接关系社会主义市场经济的建立和中国在国际经济中的地位。为此，政府、企业以及全社会应该通力合作，为社会发展造就更多的企业家。

第八章　国资授权经营与国有控股公司运营管理

从历史发展经验看，国有经济对一个国家的国民经济和社会发展起着不可替代的作用。并且，国有经济的出现和发展总是与该国的经济、政治社会体制和所处的发展阶段紧密相连。但是从世界范围来看，国有经济普遍存在运行效率不高等问题，从而制约了国有经济作用的充分发挥。因此，各国都在积极探索国有资产的管理体制，以更好推动国有经济的发展。在以公有制为主体的我国市场经济环境下，国有经济发挥着重要的主导作用。改革国有资产现有管理体制，探索公有制有效实现的新形式，增强国有经济的活力、控制力和竞争力，是我国国有资产管理迫切需要解决的重大课题。党的十六大把国有资产管理体制的改革和深化提到了十分重要的位置，并且提出了一些新的改革原则和指导思想，有力地推动了我国国有资产管理体制改革的深入发展。党的十八届三中全会明确指出，改革国有资本授权经营体制，组建若干国有资本运营公司。

国有资产的所有者，从根本上看是包含所有国有企业员工在内的全体人民。通常国有产权行使的方式，主要有两种：一是由政府国资管理机构直接持股，行使国有资产所有权。二是由国家授权投资的机构，代理行使国家股东权利。从世界各国的国有资产管理实践来看，这两种方式都被大量采用，尤其是第二种。以国有控股公司为核心的国有资产授权经营成为世界各国国有资产管理体制的通行方式。我国在这方面也进行了积极的探索，并取得显著进展，但随着我国国有资产的市场环境和体制环境不断变化，国有控股公司在实际运行中仍然存在着运行效率和运行质量不高的问题。本章在比较国内外国资管理体制基础上，分析国有控股公司在其中的地位和作用，结合我国国情，提出我国国有控股公司今后改革的重点和方向。

第一节　国外国资管理体制比较分析

随着战后各国国有资产规模的扩大和国有资产运行效率低下的问题日益突出，各国积极探索和改革国有资产管理体制。特别是20世纪60年代以来，国有控股公司的普遍出现，标志着世界范围内一种新型的国有资产管理体制的形成。国有控股公司是运用现代企业制度，授权经营国有资产经营的组织形式。具体而言，国有控股公司是指由国家设立的，注册资金为国有资本，并主要以持股方式进行资本运营的公司，是当代许多市场经济国家国有资产管理体制中的一种重要的企业组织形式。

根据世界银行的一份研究报告，利用国有控股公司对国有资本进行管理的益处主要包括：有效规避政府干预，减少资产所有者所担负的资产经营管理任务；有效协调各种经营决策，为所属企业提供明确的战略指导和完善的财务纪律；集中稀缺管理人才，提高所属企业的管理水平；可以获得合作的规模经济效益（如大量采购）等等。为了加快国内经济的发展步伐和应付激烈的国际市场竞争，各国纷纷利用国有控股公司的组织形式来管理国有资产，充分发挥国有资产功能，提高本国竞争力。这可以从20世纪60年代以来法国、英国、瑞典、奥地利、印度等国的国有资产管理体制改革实践中得到充分印证。

从实际运行情况看，国有控股公司的出现并不能有效解决上述国有资产经营的问题，如何有效地处理国有控股公司和政府、下属控股企业之间的关系，如何进行国有控股公司的合理功能定位和建立完善的运行机制，充分发挥国有控股公司的积极作用，仍然是当今世界各国进行国有资产管理所面临的难题。

一　国外国资管理体制："二层次"与"三层次"

国有资产的所有者是全体人民。在我国，国资委是国有资产所有权的代表。通常国有产权行使的方式主要有两种：一是由国资委国资管理机构直接持股，行使国家股东权利；二是国资委授权投资的机构，代理行使国家股东权利。从世界各国的国有资产管理实践看，这两种方式都被采用过。从国资管理的层次看，上层是西方政府或我国国资委的资产监管这一层次，底层则是国有资产的直接生产和运营层次，上述两种国有产权行使方式的选择，其实就是要不要设立国有控股公司的中间层来代表政府进行国有资产的产权管理，以有效规避政府对企业的干预，缩小对产权的管理幅度。这也是我们通常所说的国资管理的"二层次"运营体制和"三层次"运营体制。

主张"三层次"运营体制的依据是按照现代企业制度的要求，在国有企业的产权安排上遵循企业的出资者与法人财产权相分离的原则。企业的出资主体不应拥有法人财产权和经营决策权，企业的生产经营主体也不应拥有企业资产的所有权与之相联系的资本经营权。主张"二层次"观点的则认为，资本运营和资本经营是一回事，增加一个中间层次的国有控股公司，在政府与企业之间设立一个"所有者代表"，可能会形成大量的行政型翻牌公司，出现"婆婆加老板"的现象，把1978年以来放给企业的自主经营权又重新收上来，使国有企业改革进程倒退（何东霞，2002）。

那么如何看待"二层次"体制和"三层次"体制的问题？

从理论上讲，政府是国有资产的代表，专司国有资产的政府机构可以直接行使出资人职权。事实上，国资管理的这两种体制基本在国资管理的实践中得到体现。

（一）"二层次"管理模式

二层次体制的典型代表是德国、美国等国家。这些国家专门成立国有资产的具体监管机构，直接负责下属国有企业的国有资产管理职能。

德国：国有企业为议会所有，通过授权政府对国有资产进行管理。议会在国有资产管理方面最重要的组织是预算委员会。德国政府对国有企业的管理主要通过财政部来实现。财政部作为国有资产的产权代表，在整个国有资产管理中处于核心地位，不仅在国有企业资金供给以及是否批准建立国有企业等一些重大决策上拥有很大的权力，更重要的是直接通过监事会掌握企业的发展状况（郑小玲，2008）。财政部主要的管理职能包括：负责审批国有企业的成立、解散、合并、股份购买和出售等重大资产经营决策，以股东身份负责选聘联邦一级主要国有企业监事会的所有者代表等。

美国：将投资于企业的国有资产和行政服务性国有资产分开管理，并受不同的法律监管。企业中的国有资产以"政府公司控制法"为基础，由财政部负责管理；行政服务性国有资产是以"美国联邦财产和管理法"

为基础，由美国行政服务总局负责管理。政府通过有关部门行政指令确定企业投资规模与方向；利用价格、税收等经济手段对企业活动进行调节；由国家派遣监督员或监督团对企业实行财务监护；同时，政府还有权决定企业的劳动人事、产品定价及利润分配制度，以确保国家对企业发展与分配方面的决定权（蔡文春，2007）。

日本：政府在大藏省内设理财局，作为专门管理国有资产有关事务的行政机构，并按照不同类型的微观组织形式，对直营事业（由政府地方公共团体投资兴建并直接经营的国有企业）、特殊法人（由国家投资，并由国家依照特别法律设立的特殊法人企业）和第三部门（由中央政府、地方公共团体、私人企业共同投资采取股份制形式经营的企业）的国有资产实施不同的管理办法，由政府有关部门实施归口管理。

（二）"三层次"管理模式

三层次体制的典型代表是意大利、瑞典、新加坡等国。通过国有控股公司营运国有资产，是一些拥有较多国有企业的市场经济国家的通常做法。

意大利：意大利国有资产管理体系包括国资专司机构—国有控股公司—控股企业三个层次。1956—1993年，意大利政府设置了专职的国有资产管理部门——国家参与部（又称控股部）。根据国家有关的法律规定，国家参与部成立以后，原来分属财政部、国库部、工业与贸易部、内阁部长委员会或有关部的部长管理的国有股份和国家参与制企业的职责，都移交给国家参与部。国家参与部通过各国有控股公司全面管理国家在各个经济部门参与的企业股份；任免全国有控股公司的领导人；监督、协调本系统各部门的活动；向国有控股公司发布总的指导方针，保证国家经济政策的贯彻和政府规定的各项社会经济目标的实现。

英国：英国政府通过成立类似于国有控股公司性质的非政府机构——国有企业局来管理和运作国有股权，代表政府对国有企业局进行管理的则是工业部或其下设的专职部门。国有企业局通过选派产权代表和股东大会表决等方式，对其出资的企业行使出资者所有权，对企业的生产经营活动不直接干预。英国的国有企业局组建于1975年，《1975年工业法》对国有企业局的职能界定为：建立或帮助建立工业企业，通过向企业提供资金维持现有的工业企业；推进或协助工业企业进行重组；将国家所有权扩展到盈利的制造企业中；促进参股企业的民主管理。国有企业局建立初期从工业部手中接管了政府在8家公众公司中拥有的股权,以后又购买了42家企业的股票。

新加坡:新加坡淡马锡控股公司是当今世界最著名的国有控股公司之一,它是1974年按新加坡《公司法》注册的,属财政部全资拥有、国内最大的国有控股公司,其创设宗旨在于拥有及管理新加坡政府在国内外的直接投资,专门经营和管理政府投入到各类国有企业资本的国家资产经营和管理公司;公司以控股方式直接管理23家国有企业,间接管理或控制的企业达到2000多家,在金融、电信、传媒、能源、公共事业、基础设施与工程、运输与物流等产业领域,都有较大的发展。

二 国外国有资产管理模式的启示

各国国资管理层次的不同,其实是由各国国有资产运营的不同特点所决定的,归纳起来主要有两方面因素:国有资产的功能定位不同和国有资产的数量多少,并且这两方面的因素相互关联、相互影响。

对于德国、美国、日本等国家,政府比较倾向于用市场机制来调控经济和社会活动,相应对国有资产的功能定位主要还是弥补市场不足,主要在公共产品等领域,相应国有企业的数量比较少。为了减少委托—代理环节,降低委托—代理成本,政府的国资专司代理所有权职能的机构可以直接行使出资人的权利,对较少数量的下属国有企业进行直接管理,无须在政府和具体经营企业之间设立中间层。

相反,在意大利、英国、新加坡等国家,由于国有资产承担了较多的功能,包括振兴国家经济、解决失业等许多功能目标,国有资产的分布领域比较广泛,包括许多竞争性领域,国有企业的整体经营状况不佳,这就促使这些国家需要对这些国有资产进行根本性重组、改造,并根据本国的经济发展情况进行新的战略布局,这样一来,国有资产的运营任务相对比较繁重,对此,政府的国资监管机构无力承担这一任务,因此只能通过组建国有控股公司的国资运营机构来代表国家行使国有资产的运营管理权利。

总之,各国国有资产管理的方式各有特色,其国有资产的管理体制都是基于各国国情,既有优势亦有不足,但各国对国有资产管理体制改革的探索从未停止,这也为我国国有资产管理体制改革的推进提供经验借鉴和启示。

第二节　国有控股公司特性与经营定位

一　国有控股公司的性质和目标

（一）国有控股公司的法人性质

从国外的经验看，国有控股公司都是以股东出资形成的法人财产为基础的法人经营实体，具有普通公司的法律特征，但大都被认为具有特殊法人性质，适用特别法，如奥地利工业控股股份公司受奥地利"国有化工业法"调整，英国《1975年工业法》具体规定了英国国有企业局的职能、目的和权力等。但也有例外，新加坡的国有控股公司依据《公司法》成立并运作。德国的萨尔茨吉特机械设备公司是德国联邦政府独资的控股公司，采用的也是私法规定的法律形式，以及与私人企业相同的管理方式和组织形式。当然，国有控股公司的特殊法人地位并不是一成不变的。为了解决国有企业效率低、财政负担沉重的问题，许多国家近来在改革国有资产管理体制时，都倾向于尽可能地依照《公司法》来规范和调整国有企业的行为（刘德成，2003）。

我国国有控股公司也不是完全按照公司运作的，具有特定的成立审批程序，其法律地位也不完全等同于一般的公司，并承担特殊的功能，因此同样具有特殊法人性质。我国的国有控股公司是国资管理体制的中间环节，通过控股公司的运营，实现国家产业发展意图，推进国有资产的结构性调整和重组，保障国有资产的保值和增值。由于其特殊性，并根据国外的经验，这类公司的数量不能太多，对其成立的条件应该有很高的要求。同时，虽然国家可以为国有控股公司颁布单项的特定法规，但整体上说大多国有控股公司是符合公司法规定的有限责任公司，对授权范围内的国有资产依法自主经营，以法人资产为限承担有限责任。

（二）国有控股公司的经营目标

国有控股公司具有特殊性，作为政府进行国有资产经营的代理人，必然要接受政府即我国国资委（委托人）可能提出的多重目标。

国外的国有控股公司在实际运作中，主要承担营利性目标，并兼顾一些社会性目标。许多国有控股公司在其组建时就明确规定了它所要承担的某些社会目标，如英国国会通过的《1975年工业法》在第一条中就规定国家企业局要努力创造和维持就业机会,促进和发展英国各地区经济等经营目标。20世纪70年代比利时政府对国有控股公司提出了维持就业水平、扶持中小企业等多项社会目标。但是对于国有控股公司承担社会目标的最终效果,看法不一,许多人持批评态度。很多国有控股公司出现了一些因承担过多的社会性目标,而发生经营状况不佳的问题。

但是,分析国有控股公司的经营目标,是由国有资产本身的经营目标所决定的。根据前面我们对国有资产的运营目标的定位分析,国有资产只能遵循单一目标,否则势必会造成实际运行中的不可调和的冲突和矛盾。对于国有控股公司是否要兼顾社会性目标的问题,我们必须把握两个原则:第一,国有控股公司作为国有资产经营的主体,承担着国有资产的保值和增值。但这并不意味着国有控股公司就不需要承担社会责任。不过国有控股公司作为自主经营、自负盈亏的参与市场竞争的企业,不应无代价地替政府承担社会性目标,必须按照经济核算和利益补偿原则,政府必须给予减税、补贴或修改资产保值增值指标等相应的经济补偿(段强,2001)。第二,国有控股公司的经营目标与其所处的领域密切相关,如一些公益性领域或民间资本不愿或无力进入的领域。从国有控股公司的整体来看,应尽可能减少社会性目标,这一方面可以通过国有资产的结构和功能调整,减少国有资产在一些领域中所必须承担的社会性目标,并且尽可能增强社会性目标的公开透明度,避免政府以此为借口随意干预企业经营活动。

二 国有控股公司的经营定位

控股公司是指"持有其他公司的控股份额,能以最少的投资控制几家公司的企业组织,它可以作为单纯的持股公司单独存在,也可以兼营本身原有业务"。[①] 控股公司一般都拥有子公司的财务控制权,经营决策权,下属公司的人事任免权等,有时甚至直接派人进行经营管理。

控股公司一般可分为纯粹性控股公司和经营性控股公司两种类型。纯粹性控股公司的设立目的只是为了掌握子公司的股份,从事股权投资收益活动,它通过控制一些公司的股权,影响股东大会和董事会。支配被控股公司的重大决策和经营活动,但控股公司本身并不直接从事生产和经营活动。在国外,比较典型的纯粹性控股公司主要有新加坡淡马锡集团公司

---

① 此系英国《简明不列颠百科全书》对控股公司的定义。

等。经营性控股公司,又称混合性控股公司(Mixed holding company)是指既从事股权控制,又从事实际业务经营的母公司。一方面,它掌握着子公司的控股权,支配其生产经营活动,使被控股公司的业务活动有利于整个集团公司经营业务的发展;另一方面,控股公司又直接从事某些类型的实际经营业务活动,如法国的阿尔夫·阿奎坦控股公司。

股权经营被大多数学者认为是今后国有资产管理的主要方式(魏杰,1997)。在市场经济运行条件下,国有资产将以股份形式存在,国有资产的股权化经营有利于国家更有效地运用国有资产干预社会经济活动。通过企业股权的交易,快速实现国有资产在不同行业间的转移,有效实现政府产业政策的结构调整和发展的任务,提高国有资产的运营效益,并且达到以较少资本控制大范围社会经济活动的目的。因此,从本质上说,国有控股公司应该成为纯粹性控股公司,其功能是进行股权管理。

但是从世界各国的实际发展情况看,国有控股公司的经营定位并不仅仅限于股权管理。在西方国家,除了部分纯粹性国有控股公司之外,还有大量混合性的国有控股公司,如许多从事股权管理和实际的产业经营活动的专业性控股公司。这其中的主要原因可以归结为,世界各国根据自身国有资产的发展状况和不同的经济政策与目标,充分发挥股权管理和混合经营的各自优势,以提高国有资产运营效率,实现国有资产的功能目标。

组建国有控股公司是我国进行国资管理体制改革的一个重要环节。1988年以来,我国各地在组建和发展国有控股公司方面进行不断探索。对于不同的国有控股公司的功能定位,直接关系国有控股公司运行质量和效率的高低。陈小洪(2003)指出了三类国有控股公司的特点和存在问题:

第一类是国有资产管理公司型的控股公司,子公司多,主要源于政府即我国国资委划拨或授权。部分资产管理公司与子公司矛盾较大的主要原因包括:只划拨企业,未调整结构;对子公司监控方法不当;母子公司间利益独立甚至冲突;控股公司自身的管理技能较低等。

第二类是"壳"控股公司,这类公司的主要优良资产往往独立成为上市公司的主体部分,母公司的主要业务是管理存续资产及处理历史问题。存在的问题是"壳"控股公司为处理历史问题,加上治理结构不健全,监管不严,容易走由上市公司"抽血"之路,证券法规约束的加强使矛盾显露甚至激化。

第三类是实业型控股公司，其子公司一般是控股公司投资或内部业务独立出去后形成的，控股公司对子公司有很强的控制力。这类公司与子公司的关系，从机制和制度上看基本协调。主要问题多为管理构架、策略和技能不够完善等。

从上述分析可以得出，第一、第二类公司主要从事产权管理，而第三类公司进行混合经营，造成上述问题的原因，并不在于其本身的经营定位，更多的是与实际的运作机制相关，这涉及国有控股公司的治理结构、内部组织能力等问题。

国有控股公司的经营定位没有一个统一的模式，必须从实际情况看，根据各地国有资产的分布、发展和运行环境，围绕提高国有资产的效率、质量和功能，进行相应的经营定位。从我国的实际状况看，纯粹性的控股公司并不能成为组建国有控股公司唯一的选择。

第三节 结构调整与国有控股公司改革

一 国外国有控股公司改革现状和趋势

国有控股公司的出现和发展，在一国的经济和社会发展的特定阶段发挥着重要作用，但总体来说，还是不能解决整个国有资产经营效益不佳的普遍问题。世界银行根据对国有控股公司的调查得出："发展中国家和发达国家经验表明，综合性控股公司常常机构臃肿，对工业活动所特有的瞬息万变状况反应迟钝，容易导致过多的政府干预。"随着一国的经济水平、技术水平、市场环境等方面的不断发展，各国对国有控股公司进行了各项改革，以适应不断变化的环境，更好地发挥国有控股的作用。

（一）国有产权结构调整

国有控股公司的产权改革，是从两个层面进行的：一是国有控股公司的产权改革，二是国有控股公司对将下属的子公司进行产权调整。特别是对下属子公司的产权调整则更为普遍，由此掀起了一股国有企业私有化的浪潮，这股浪潮波及英、美、法、德等许多发达国家。出现这股浪潮的原因主要在于两方面：一是国有企业经营体制暴露出的效率低下、亏损严重等问题日益凸显，导致国家财政负担沉重，在主张私有化的新自由主义政策的影响下，各国纷纷进行国有企业的私有化改造；二是全球经济一体化和国际竞争的日益激烈，促使许多国家进行经济和产业结构调整，国家通过国有资产的调整和布局，大力发展高科技产业和新兴工业，以取得国际竞争优势。如意大利的伊里公司，曾经在第二次世界大战以后的一个时期对推动该国经济发展起着十分重要的作用。但到20世纪70年代，伊里公司的经营状况出现危机，亏损严重，负债累累。为了摆脱危机，伊里公司将14家较小公司的全部股份和一些大型子公司的部分股份卖给私营公司。在1983—1985年间，伊里公司共出售2.8万亿里拉资产。同时，伊里公司在出售国有产权过程中注重吸引国际投资者。

一些发展中国家也同样进行了国有产权的调整和改革。随着部分发展中国家经济体制从计划经济向市场经济的转变，大量的国有企业被整体出售或部分出售，如俄罗斯和东欧国家等。

从总体上看，世界各国国有企业产权处置所带来的结果是积极的（胡家勇，2004）。Gala等人曾对智利、马来西亚、墨西哥和英国等国12家企业产权处理的情况进行调查，得出的结论是：产权处置使生产力得以提高、投资得以增加、定价更加合理，这些积极效果既发生在竞争性市场，也发生在垄断性市场。

（二）经营结构调整

国外国有控股公司的产权结构调整的主要目的是推动经营结构调整，具体表现在两个方面：

一是通过国有资产的重组和调整，把国有资本引导到具有战略性的部门和高新技术产业。前面提到的意大利伊里公司积极出售一些非战略性部门，缩小国有资产的经营范围。新加坡淡马锡控股公司通过对一部分下属企业资产的出售，积累了巨额现金，把资本投向新的具有战略性的重要领域和开拓国际投资领域。

二是发达国家对于基础设施和支柱领域中的国有企业进行私有化改造。进入20世纪80年代，发达国家国有企业纷纷从基础设施领域和传统支柱产业中退出，其中的典型代表是英国的私有化运动。英国把一些分布在石油、港口、铁路、运输、电信等领域中的国有企业进行整体或部分出售。

（三）经营机制的调整

一些国家除了进行产权结构改革，还积极引入市场机制。当然，市场化机制不等于私有化机制。私有化机制是产权的私有化，而市场化机制则是国有控股公司经营机制的市场化,也就是说打破国有控股企业原先的政府依赖性和特殊性,倾向尽可能按照《公司法》来规范和调整国有控股的行为,把企业真正推向市场。意大利在这方面做得比较成功。意大利的改革,并不像英国进行广泛的私有化改造,在进行产权改革的同时,更注重国有控股公司经营机制的转变,从而使得意大利的国有经济从困境中走出来,至今国有经济仍扮演着重要角色。

意大利:意大利政府将私营经济的管理体制引入国有控股公司内部管理(曾显荣,2002)。主要做法包括:撤换由政府任命的、不具有企业家能力的高级企业管理人员,任命一大批从私营企业聘来的、年富力强、有风险意识和科学管理手段的优秀企业家;在劳动用工方面,打破工人能进不能出的陈规,1982—1985年,公司共裁减冗员6万多;在工资制度方面,按私营企业标准,在公司内推行工作业绩为基础的工薪制度,扩大与国内外效益良好的大型私营企业的联系与合作。

法国:法国政府针对国有企业经营缺乏活力、财务预算约束软化、经营效益低下等一些问题,采用计划合同制的经营方式。到20世纪90年代,法国政府陆续与一半以上的大型国有企业签订了计划合同,主要涉及三方面的内容:一是充分体现政府政策的企业发展目标;二是企业的具体发展计划,包括发展战略、投资计划、财务计划、研究与发展、外贸平衡、就业计划、职工培训以及在支持中小企业发展等方面应承担的责任;三是企业同国家股东的财政关系,包括国家对企业应承担的财政义务和应提供的预算资金。

美国:美国政府对大部分经营性国有资产的管理采取租赁制的经营方式,即在不改变国有资产所有权的前提下,实行所有权与经营权的分离,以国家授权单位为出租方,将国有企业有期限地交给承租方经营,承租方向出租方交付租金,并依照合同规定由企业自主经营。美国没有赶20世纪80年代以来掀起的私有化浪潮,坚持采用租赁制经营方式,较好地提高了国有资产的运营效率。

二 我国国有控股公司存在的主要问题分析

国有控股公司的形成大致可以分成五类:一是原行业性总公司组建的国有控股公司;二是由政府行业性主管部门的机构改革而成立的国有控股公司;三是由企业集团的核心企业被授权经营而形成的国有控股公司;四是通过集中国有股权管理组建的国有控股公司;五是通过投资体制改革组

建的国有控股公司（张冀湘等，1999）。从实际的运行情况看，国有控股公司发展虽取得很大进步，但也存在一些问题，主要体现在以下三个方面：

（一）经营结构和布局不合理，影响国有资产运营效率和功能发挥

国有控股公司的组建，大都在原来的行政性体制框架下作调整，没有从经济和产业大范围内进行国有资产的重组和合理布局，造成国有控股公司的资产结构不合理，资产质量优劣参差不齐。第一、二类型的国有控股公司，基本是延续原有的按行业划分的国有企业管理体制，属于行政性的翻牌公司。第四类公司属于资产管理性的控股公司，这类资产大都属于行政划拨，内部资产质量和结构存在许多问题。第五类型的投资型国有控股公司，通常由于承担政府的经济和社会发展目标，投资一些自身缺乏直接投资回报的公共产业项目，为解决日益沉重的债务包袱，许多公司出于企业自身生存发展考虑，对一般竞争性领域的产业进行广泛投资，从而隐藏着巨大的市场风险，并且不利于国有资产的合理布局。

（二）国有控股公司内部的产权结构不合理

国有控股公司的产权改革是国有控股公司改革的关键。目前由于国有控股公司的内部产权结构的问题，使得政企分开、减少政府对经营活动的过多干预等问题不能得到很好解决。同时，国有资产的分布数量过于广泛，不能重点集中于公共领域、战略主导性产业等国有资产可以发挥特殊功能的领域，将直接影响到国有资产对国民经济和社会发展的影响力和控制力。国外掀起的国有私有化运动，是对国有控股公司产权改革的一种探索，虽然我们不能盲目照搬照抄，但对于我国国有控股公司产权改革仍有一定的借鉴和启示。

（三）国有控股公司内部没有真正建立现代企业制度和经营机制

我国国有控股公司在运行过程中难以摆脱传统行政性体制的束缚，没有真正成为参与市场竞争的自主经营、自负盈亏的经营实体，没有真正建立现代企业制度和灵活的经营机制。无论在市场化经营观念和经营方式、公司治理结构、人员考核和激励机制等方面都存在明显不足，很难适应激烈的市场竞争。

国有控股公司与下属子公司之间的关系没有理顺，各自的职能和分工不清。国有控股公司对下属子公司的经营活动要么干预过多，要么明显失控，无法形成整体竞争优势。并且国有控股公司对子公司利益侵犯的事情常常发生，不利于子公司的正常发展。

在一些行业领域中国有控股公司的组建,形成了行业垄断,并影响到行业的运行效率。有些公司即使可以产生较高的资产回报率,通常不是公司经营努力的结果,而是获得了大量的行业垄断利润,不利于行业的整体进步和社会整体福利的提高。反过来助长了国有控股公司的不思进取和各种不良经营行为的滋生。

三 我国国有控股公司的改革取向

从国外国有控股公司改革的实践中可以发现,其是在按照两个基本思路进行,一是进行国有产权的结构调整,包括所有权结构的调整,也包括功能领域的调整,国有资本逐渐从效益较差和一般竞争性领域退出,并重点转向对国民经济具有战略先导作用和重要影响力的领域,降低了国有资本所占的比重,引入了多元化的投资主体。二是对国有控股公司内部进行经营机制的调整和改革,强化控股公司的市场经营意识,引入市场化的经营管理模式和机制。以英国为代表的一些国家注重对所有权的改革,对国有企业进行私有化改造,而以意大利、新加坡为代表的国家,在体现国有经济主导的前提下,进行国有资产的重组和公司内部经营机制的改革。存在这种差异的原因,主要是由各国在市场体制、经济水平、社会文化和偏好等方面的差异造成。

根据我国国有控股公司的发展现状,结合我国国情,在进行国有控股公司改革中应遵循以下原则:

(一) 针对国情,循序渐进

各国经验告诉我们,国有企业的改革一定要从本国国情出发,不存在一种最佳的改革模式。以公有制为主体的社会主义市场经济,是我国经济和社会发展的总体目标,也是我国进行国有控股公司改革必须把握的一项基本原则。在国有控股公司的产权改革方面,我们必须从中国的实际出发,在体现国有资本的重要性和主导性的前提下,循序渐进,逐步推进产权的改造和深化。我们目前处于市场经济发展的初级阶段,市场化机制和市场化力量还相当不成熟,即使从民营经济规模和发展水平、国家社会保障体系的完善程度、社会公众的普遍心态等条件看,对国有企业,特别是国有大中型企业的大规模民营化的时机还没有成熟。如果国有经济和国有企业在短期内大面积退出,民营经济没有能力立即填补这一市场空间,将会使产业供给能力骤然下降,引起经济的剧烈波动,影响人民群众的生活需求(赵晓雷,2003)。在这方面,俄罗斯一步到位进行私有化改造,但由于相应的市场机制不完善而最终导致失败的教训已经相当深刻了。

（二）围绕结构调整，提高国有经济的功能和作用

我国综合国力虽已大大增强，但仍然是一个发展中国家。单靠市场机制配置资源不能有效解决我国当前和未来一段时期所面临的经济和社会问题，市场配置资源与政府配置资源相结合是完全必要的。根据我国发展以公有制为主体的市场经济的内在要求，必须发挥国有经济的主导作用，确保国有经济在关系国民经济命脉的重要部门和关键领域占支配地位。鉴于目前国有控股公司存在的产权结构、经营结构中存在的不合理现象，应以国有资产的结构调整为主线，提高国有资本的配置效率，更好地发挥国有经济的功能和作用。

（三）实施混合所有制改造，提高国有经济的活力

产权制度改革是建立现代企业制度的重要基础，也是国有企业改革的核心所在。实施国有企业的混合所有制改造，吸引多元化的社会资本，参与国有企业产权改革，形成国有企业多元化投资主体，改变国有企业单一投资主体所带来的治理效率低下的问题，激发国有企业的活力。

（四）遵循市场化发展规律，提高国有控股公司的经营水平

从世界各国对国有控股公司的改革实践看，国有控股公司的产权改革和内部经营机制转变，其中一个重要目的是为国有控股公司创造一种市场化的内外环境，将国有控股公司塑造成一个市场主体，按照市场化的规律来运营国有控股公司。前面我们已经指出，我国国有控股公司的形成具有逆向性和非市场性，带有明显的行政色彩，需要通过市场化的力量来不断调整和规范国有控股公司的经营行为，克服由于官僚主义和垄断而带来的效率低下、经营亏损等问题。因此，采用市场化的机制，避免违反经济原则的干预活动，是我国国有控股公司改革应必须坚持的一项原则。

四 我国国有控股公司的结构调整和基本定位

从我国国有控股公司的实际状况分析来看，结构性问题是制约我国国有控股公司正常发展的主要原因，经营结构和股权结构两者是相互关联的，决定着国有资本的影响力和控制力的范围。

前面提到的五类国有控股公司的经营领域多种多样，经营领域的不同，其经营目标也会产生差异。因此，必须对现有经营领域进行重新划分，根据领域的不同性质和承担的使命，来确定国有控股公司的性质和基本定位，如图8－1所示。

```
国有控股公司结构调整
├── 公共领域 → 国有独资的投资公司
├── 准公共领域 → 国有绝对控股或相对控股的投资公司
└── 非公共领域 → 国有相对控股、参股公司或者退出
```

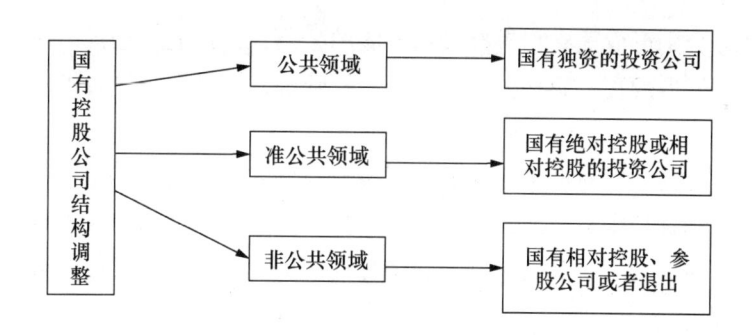

图 8 – 1 我国国有控股公司结构调整和基本定位

对于公共领域，即经济回报比较差、民间资本不愿意进入或无力进入的，需要发挥政府主导作用的公益性事业领域，政府直接承担全额投资的责任，从而形成国有独资的投资公司。

对于具有一定经济回报的包括基础设施、公用事业或具有行业自然垄断性领域如铁路、电力等提供社会公共服务的准公共领域，可以形成国有绝对控股和相对控股的投资公司。

对于非公共领域，其中在战略先导性或支柱性产业领域保持国有资本的相对控制，形成国有相对控股公司；在具有一定优势的一般产业领域，国有资本可以适当参股，并授权给符合条件的企业集团经营；对于没有产业优势、暂时没有条件退出的，通过对国有股权进行集中管理，形成国有资产管理公司，并选择适当的时机退出。

对于上述根据经营领域划分来形成不同国有控股公司的原则，可以具体把这一原则运用到现在五种类型的国有控股公司的改革中去，如表 8 – 1 所示。

表 8 – 1　　　　　　　　不同领域的国有控股公司改革

	公共领域	准公共领域	非公共领域
第一、第二类公司	国有独资和绝对控股	国有控股和参股	相对控股和参股或退出
第三类公司	市场化原则授权经营，成立混合型的国有控股公司或纯粹性的国有控股公司		
第四类公司	市场化重组，跨行业的纯粹性国有控股公司		
第五类公司	国有独资	国有绝对或相对控股	有选择地退出

第一、第二类公司：根据所经营产业的领域属性，对于公共领域和准公共领域，形成国有独资和绝对控股的公司，在战略性产业领域和一般的

优势领域分别形成国有相对控股和参股的公司，进行混合经营；在无优势的产业领域形成资产管理公司，从事股权管理，选择适当的时机进行国有资本的退出。

第三类公司：对原来的企业集团授权经营的国有资产进行重组，按照市场化原则选择国有资产的运营机构，把真正符合条件的企业改造成混合型的国有控股公司，其他的则组建纯粹性的国有控股公司进行国有股权的运营管理。

第四类公司：对于这类资产管理性的控股公司，内部资产质量和结构存在许多问题，突破行政划拨的束缚，按照市场化原则进行重组和改造具有跨行业的纯粹性国有控股公司，形成资产经营的竞争性格局。

第五类公司：这类公司大都是按照国家经济发展意图和产业政策进行投资组建的，对于公共领域的公司可以形成国有独资投资公司，对于准公共领域的则组建国有绝对控股或相对控股的公司，对于一般竞争性领域则成立资产管理公司，有选择地进行国有资本的退出。

五 我国国有控股公司的经营管理

进行国有控股公司的结构调整和明确相应的功能定位，建立和完善相应的经营管理模式和机制对于完善国资运营体制，提高国资的运营效率和功能发挥，具有十分重要的意义。

（一）功能定位

国有控股公司具有两方面的重要任务，一是承接政府提供的引导产业发展相关的政策性项目；二是承担国有资产保值增值的目标。也就是说，国有控股公司要发挥两个方面的作用，一是产业经营，即在投资新兴产业、战略性产业、公共和准公共产业中发挥优势；二是资本经营，即在为培育、引导、重组产业提供阶段性的资本供给与管理服务等方面发挥作用，通过产业经营和资本经营的有效结合，更好地发挥国有控股公司的优势和作用。根据这一战略定位要求，国有控股公司主要实现以下功能。

第一，培育主业。国有控股公司增量投资调整的基本方向是培育主业，培育大型企业航母，推动尽快实现中央提出的培育具有国际竞争力的特大型企业集团以及地方大型骨干企业的构想。

第二，辅业资产的转化。中央和地方国有企业目前仍然存在相当数量的辅业资产，这些辅业多数并非不良资产，通过利用国有控股公司这个平台，易于顺畅流动和重组，便于相对集中操作和转化，使辅业资产尽可能转化为主业资产，成为现实的优良资产。

第三，不良资产的处置。目前，不良资产已为国有企业深化改革与结构调整的重要障碍。应充分发挥国有控股公司的作用与优势，将国资委系统监管的在国有企业改革与国资战略调整中呈现出来的不良资产先委托其管理和处置加工。

第四，其他国有股权的管理。国有经济布局结构调整规划全部出来后，资产规模仅有亿元以下、员工数量较少的中小型企业，应交由国有控股公司来管理。对于那些股权比重较小的参股企业，由国有控股公司来进行专业化的股权管理也更为合适。

(二) 战略定位

从战略上，国有控股公司要发挥产业经营和资本经营的协同优势，这是国有控股公司竞争优势的重要源泉，主要体现在：一是通过产业经营形成产业优势，这种产业优势使投资的关联资产产生协同效应；二是资本经营通过并购与剥离，增强产业的规模经济效应和协同效应，增强产业发展的融资能力；三是产业经营有助于提高公司资本经营中价值估计能力和产业选择能力，资本经营有助于提高产业经营的融资能力。

以广东省一家国有控股公司——广东省广业资产经营有限公司为例（余凤矗，2008），该公司成立于2000年，是经广东省人民政府批准设立的国有全资企业，经营和管理省政府授权范围内的国有资产，是以工业板块为主体，集产业经营和资本经营于一体的综合性省属国有大型工业企业。该公司的战略定位是：以工业领域投资为主导，实现省属国有资产在本省工业领域的战略布局，将广业公司打造成为以产业经营为基础，以资本经营为核心，在相关行业有较强大产业调控能力和资本运作能力的，集资本经营与产业经营于一体的大型的工业型投资控股集团公司。

广业公司在选择产业时，以产品相关性来建立主营业务之间的关联，在技术、生产和市场营销方面建立协同效应，有利于全面提高广业公司的竞争力。在对广东社会经济发展趋势预测的基础上，结合广业公司的产业优势和特点，符合国资委国有资产调整目标和广东省产业发展战略要求，符合循环经济发展原则，在推动经济循环发展中发挥资源的利用与再生、环境保护、装备带动等方面的主导作用，广业公司确定产业主题为：致力于绿色环保工业产业的发展，综合广业公司环保、能源、新型材料、机电装备方面的技术开发和生产服务能力，形成广东在绿色环保工业主题下有前瞻性、主导性、示范性的新型工业产业，为企业和社会经济可持续发展战略的实施提供产品和服务，形成四大主营业务紧密的关联和协同。

（三）营利性与公益性的协调管理

投资政府的一些公益性、基础性和前期先导性项目，是国有控股公司责无旁贷的责任，而承担这些具有公益性质的项目必然会与企业的营利性发生矛盾，国有控股公司在发展过程中需要解决好政府项目的公益性与企业发展的营利性之间的矛盾。

淡马锡是新加坡的主要国有控股公司，承担公益类的事业项目。新加坡政府在追求更大投资回报率和公益贡献这两个方面的平衡采取了以下做法（郑东，2008）。政府以划入优质资产方式对淡马锡的发展给予支持，财政更以少收或不收实现利润的方式支持其滚动发展。政府对需要淡马锡从事公共事业等领域的投资，会以至少不亏损为前提给予补贴。而淡马锡则以"为股东谋求最大回报率"为目标，不断改变公司治理结构，强化出资企业的业绩管理，使经营者和股东的利益相一致，并保持了高速增长。

（四）投融资管理

国有控股公司的投资管理方式，在符合总体战略定位要求下，第一，既要发挥国有控股公司的先导作用，又要多方整合社会资源和力量；第二，既要利用国有控股公司在资本经营方面的资源优势，又要发挥出资企业在相关行业的经营优势，并通过适度的投资主体多元化，进一步改善公司治理结构，提高投资效率和适度规避风险。

随着投资规模的不断扩大，仅凭现有的自有资金支持已不现实。因此，多方探求融资渠道，合理搭建融资平台是必然的选择。为保障国有控股公司投资业务的顺利开展，可以充分运用间接融资和直接融资两大融资方式广泛筹措资金，并逐渐优化融资结构，扩大直接融资的比例。要充分利用资本市场资源，包括采取发行企业债券、将部分资产或投资项目的未来收益权作为基础资产发行专项信托计划等方式，开辟运用国内资本市场进行直接融资的渠道。同时根据整体业务发展需要和资产结构调整的要求，加强对存量资产的运营管理，及时调整存量资产的结构，提高公司资产的总体价值。

（五）组织管理

国有控股公司根据战略发展要求，需要优化组织结构，加强公司总部功能。建立与国有控股公司业务发展相适应的扁平化、集约化经营管理体系。通过进一步优化配置资源，聚合优势，形成核心能力，确保公司未来的持续发展；通过实现资源和优势共享，减少交易成本和管理成本，提升国有控股公司对下属各子公司的价值服务功能。

仍以广业公司为例，该公司的组织管理特点主要表现为：

一是强化产业集团母子公司关系，缩短管理链条，削减经营管理幅度，实现扁平化管理。各产业集团全面实行两级管理，减少二级企业，取消三级企业。

二是强化广业公司本部经营调控能力，减少管理层次。通过事业部及专业化改制，打造能源投资经营、资产托管经营专业化经营运作平台，培育若干主营业务突出的行业"单打冠军"。

三是由核心企业选择资产，模拟市场机制进行资产重组，以利于提高一级企业集团的竞争力。作为行政划拨的结果，广业公司下属企业的资产配置不尽合理，并且未来也面临广业公司内部的资产重组问题。因此，从培植单打冠军和优势企业的思路出发，由核心企业选择资产，这样更有利于提高资产配置效率。

六 混合所有制下我国国有控股公司治理结构的建立完善

理论和实践表明，多元化的产权结构有利于提高公司治理效率和经营活力。十八届三中全会明确提出通过混合所有制来推动国有企业改革的总体思路。作为授权经营国有资产的国有控股公司，如何在控股公司这一层次上吸引社会资本参与控股公司建设，改善公司治理结构，确保国有资产的保值和增值目标保障。国有控股公司作为国资资产管理体制中的一个中介角色，需要处理好与国资委的关系和与控股、参股子公司的关系。对于国资委，国有控股公司按照《公司法》和国资的相关管理条例，进行资产经营和商品经营，对国有资产承担保值和增值的责任；对于控股、参股的子公司，国有控股公司是国有资产的出资人，代表国有资产所有者行使所有者的职能，享有资产收益、决策、选择经营者等股东权利。

鉴于我国国有控股公司同样面临着企业内部人控制、激励和监督不足等方面问题，在围绕产权、功能和产业领域进行国有控股公司结构调整和功能定位基础上，进一步规范和完善建立规范的国有控股公司治理结构，对于提高国有控股公司运营效率是十分重要的。

(一) 国外国有控股公司的治理结构状况

1. 基本治理模式

对于国有控股公司治理，主要有两种常见的模式。

其一，董事会为主导的治理模式。政府的国有资产管理机构通过董事会对国有控股公司进行管理。董事会不仅是公司最高的决策机构，而且也是监督机构，董事会具有双重身份：其成员是由国有资产管理机构按照一定的程序任命。这一模式主要被美国、英国等一些国家采用。

其二，监事会为主导的治理模式，监事会是公司的最高的监督机构和决策机构，监事会再选聘董事组成董事会，董事会负责公司的日常经营管理活动。这一治理模式被德国等国家所采用。

2. 内部治理机制

董事会成员选择方面，美国采用独立董事制度，独立董事大都由从企业外界聘请的经营管理专家和社会知名人士担任；英国、法国等国通过政府的对口管理部门直接任命和选拔；新加坡政府则更强调按照民主选拔程序产生董事。

在业绩考核方面，根据企业的经营状况，政府对委派的董事进行奖惩。在美国，董事会除制定经营发展战略外，还与经理班子签订有关企业发展的一系列合同指标，使其奖惩与指标挂钩。新加坡政府根据公司经营状况，对委派的董事实行奖惩，经营业绩好的，董事可以升迁，担任更重要的职务，获得更多的薪金。如果董事不按政府的意图办事或者经营效益不佳、不能对下属子公司的经营活动进行有效监督管理以保证资产增值的责任，政府可以随时申请总统予以撤换。

在监督方面，以美国为代表的一些国家采用董事会内设的审计委员会来行使监督职能，以德国为代表的部分国家采用以监事会为中心的审计监察制度，日本则设立独立监察人制度，监察人的监督内容主要包括对企业经营行为的监察以及对企业财务状况、经营成果的监察。此外，为了防止由于信息不对称可能导致的内部人控制问题，还可以发挥社会公众的监督作用。如新加坡规定国有企业无论上市与否，其经营状况都应当公开，任何机构或个人，只须缴纳很少费用，都可以在注册局调阅任何一家企业的资料，这样，公众舆论对国有企业有一定的监督作用。

(二) 混合所有制下我国国有控股公司治理结构的完善

一般观点认为，法人治理结构只有在私有产权的前提下才能形成一套有效的激励与约束机制,合理而有效配置各种权利。从产权结构来看,国有控股公司的最大股东是国家,国资委代表政府行使国家所有者的权利,在这样的产权安排基础上所形成的治理结构有其自身的缺陷。通过国有控股公司层次上的多元股权安排,形成国有股东和其他非国有股东之间的制衡和规范,形成有效的公司治理结构,避免行政干预造成的负面影响,提高国有控股公司的治理效率。借鉴国外国有控股公司的一些成功经验,结合我国实情,完善我国国有控股的治理结构,可以从以下方面进行。

1. 基本思路

围绕建立高效、规范的董事会为主导的治理结构,采用严格规范的选拔和任用机制,进一步完善董事会成员结构,明确界定董事会和经理的职能和权限,同时积极改善国有资产运营的外部环境,并结合外部公众和市场监督,确保国有控股公司的有效运营。

2. 相关措施

混合所有制下国有控股公司具有不同性质的股东,这就对国资委的监管提出了不同要求。国资委必须按照现代公司治理结构要求,委派国有股东代表进入股东会,行使国有股东的权力,避免任意的行政干预。

对于国有股东和非国有股东,需要建立不同的制度来保障其各自利益。对于国有股权,在一些特别事项上可以设置具有否决权的"金股"制度。同时为了更好地保护中小股东的利益,可以考虑采用小股东累积投票权制度等机制,以防止国有股东对中小股东权益的侵害。

对于国有控股公司层面的董事会建设,国资委必须建立一套严格规范的董事会成员标准和任用程序,对董事的决策行为建立起相应的责任追究制度,董事的业绩考核由国资委来进行,并按合同的形式加以明确。同时完善独立董事制度,对独立董事建立信用考评体系,进一步完善董事会结构,强化董事会的功能。

在控股公司对子公司层面的董事会建设,根据全资、控股或参股的不同投资所有权比重,也同样实行董事会主导的治理模式。对于全资子公司,控股公司选择子公司董事会和经营班子合二为一;对于控股公司,直接任命董事长,并根据产权比例确定相应的董事席位,由董事会选聘经营班子;对于参股公司,则主要根据产权比例派出相应的产权代表,来对子公司施加影响。

在外部监督方面,国有控股公司必须定期公开其财务报表,以加强对财务的监督。国有控股公司所经营的对象是规模极大的国有资本，因此应将其经营业绩和运行状况定期公布，自觉接受广大民众以及社会舆论的监督。国有控股公司实行财务公开，一方面，可加强对国有控股公司行为的约束，确保国有资产保值增值的目标得到真实体现；另一方面，也可增大政府直接干预企业的难度，从而减少国有控股公司发展过程中面临来自政府的压力，因为政府的不适当的干预都将以某种方式反映在国有控股公司的财务报表中。为了防止国有资产的流失，使国有资产正常地运营，应加强企业的财务监督。国有控股公司向所投资的企业委派财务人员，监督资产的正确运营；为了使财务人员更好工作，他们的工资和奖金应由国有控股公司发放，这样可以防止国有资产的流失。建立国有资本经营预算执行监督检查制度，对企业资本预算执行情况进行检查或专项审计。

在外部运营环境建设方面，可以从保障国有控股公司有效运营的外部条件，如法律法制环境、资本市场等方面入手。国有资产是特殊的资产，需要对这种特殊资产经营的行为用法律形式进一步加以明确和保障，许多国家对国有资产经营专门制定了相应的法律，我国目前还没有出台这方面的正式的法律。因此，出台国资经营的专门法律，以保障国有控股公司经营行为的合理合法性。同时，考虑到股权经营是国有控股公司经营的重要内容，必须要建立相应有效的产权交易市场，但是目前股票市场不能完全替代这方面的功能，因此，建立国有资产的产权交易市场和机构，确保国有资产交易的公平和公开，防止国有资产在混合制改造过程中出现流失行为。

七　我国国有控股公司经营评价体系

建立科学、规范的国有控股公司经营业绩评价体系，成为我国国有控股公司持续健康发展的关键。2006年，国资委颁布了《中央企业综合绩效评价管理暂行办法》及其实施细则，这标志着国有企业综合绩效评价进入了一个新的阶段，该实施细则规定企业综合绩效指标由22个财务绩效定量评价指标和8个管理绩效定性评价指标组成。其中，财务绩效定量评价指标由反映企业盈利能力状况、资产质量状况、债务风险状况和经营增长状况4个方面的8个基本指标和14个修正指标构成，用于综合评价企业财务会计报表所反映的经营绩效状况。企业管理绩效定性评价指标包括战略管理、发展创新、经营决策、风险控制、基础管理、人力资源、行业影响、社会贡献8个方面的指标，主要反映企业在一定经营期间所采取的各项管理措施及其管理成效。总体而言，公司的业绩评价从股东权益最大化和公司价值最大化出发，兼顾利益相关者，以投入产出分析为核心，运用行业标准进行比较，展开多角度的综合绩效评价。今后国有控股公司经营评价体系构建可以参照上述原则来实施。

由于国有控股公司在战略地位、行业类别、规模大小、竞争力强弱等方面存在很大差别，因此实施分类指导，提高分类考核水平，不仅是提高绩效评价质量的需要，也是提高国有资产监管水平的需要。要综合考虑企业经营管理水平、技术创新投入及风险控制能力等因素来确定业绩考核的分类指标，做到考核的共性要求和企业的个性特点的统一。

关注企业价值创造，适时引入经济增加值（EVA）评价方法。经济增加值是指从税后净营业利润中扣除股权和债务成本后的所得，其本质是经济利润而不是传统的会计利润。2006年年末，国资委修订的《中央企业负责人经营业绩考核暂行办法》提出，从2007年起"中央企业经营业绩考核使用经济增加值指标且经济增加值比上一年有改善和提高的，给予奖励"，鼓励中央企业使用EVA考核经营业绩。

在现行绩效指标中，反映国有企业社会贡献和责任的指标所占比重较小，这与国有企业的作用与地位不相符，容易助长部分企业只注重经济价值，忽略社会价值的创造。国有控股公司代表着国家和社会公众的利益，承载着保障国家安全与社会稳定的政治责任和提高国有资本影响力与控制力的经济责任，承担国家、社会与生态协调统一的社会责任。因此具体的指标设计可以根据国有控股公司的政策性目标、公益性目标和基础性目标的要求来做出相应调整。

加强科技投入和创新能力建设的考核，在规范科技投入范围的基础上，将部分科技投入视为业绩利润，同时根据科技型企业所承担国家和行业共性技术研究的任务量，适度调整评价指标的权重。

第四节 成功案例：上海仪电国资改革15年

一 上海仪电国资改革的背景

新中国成立以来至20世纪80年代中前期，上海仪表电讯业[①]几乎是

---

① 本节根据徐家树、刘立力和武晓武所撰写的上海仪电资料整理改写而成。

全国仪电业的半壁江山。其中，彩电、收音机、计算机、船用导航雷达、电话机、示波器等电子工业产品无论产量还是质量，都在全国名列前茅。在那个年代，"上海货"就等于品质的保证。之后，随着乡镇企业和外资企业的崛起，上海仪表电讯业在全国的位置开始下滑。1985年，上海产的电视机、录音机、收录机产值分别占全国的15%、13.6%、16.2%；到1990年，这组数字分别下滑为6.5%、1.7%、6.8%。与此同时，上海仪表局下属的企业也开始出现各种各样的问题，很多企业严重亏损。到1992年，上海仪表局的整个系统负债率高达96%，实际超过140%。富余人员10多万，不良资产数十亿元。仪表电讯业成为上海工业领域的"重灾区"。

1993年年底，上海仪表局与上海纺织工业局一起被批准为国资改革的先行试点，在全国率先展开国有资产管理体制改革。当时因为各种原因，改革没有一次到位。上海仪表局于1994年6月改为上海仪电国有资产经营管理总公司的同时，局的行政建制仍然保留。到1995年5月，工业局的行政编制才被撤销，上海仪电国有资产经营管理总公司更名为上海仪电控股（集团）公司，彻底实现从行政管理单位向市场主体的转变。一方面，国资经营管理总公司将原来与下属企业的行政管理关系改为母子公司关系，双方都作为独立的企业法人承担法定的义务；另一方面，对人员、机构、职能进行了大量精简，把原来的14个处室精简为6个，人员从310名压缩到了200名，职能则从400多项精简到128项。这两方面的改革为接下来的三大结构调整奠定了基础。

二 上海仪电的结构调整

以1998年为分界线，上海仪电的改革分为两个阶段，而这两个阶段的主题都是解困。解困主要通过三大结构调整实现，即企业组织结构调整、产业产品结构调整和工厂布局结构调整。

（一）组织结构调整

三大结构调整中，组织结构调整是最根本的。调整之前，上海仪电下属的企业中子公司200多家，孙公司2000多家。其中既有行政性的公司，也有经营性企业，企业情况和投资关系错综复杂。仪电控股对于这些公司的处理思路是：行政性公司全部拿掉，所辖经营性资产先在集团范围内（上市公司除外）进行整合，或与其他子公司的相关资产合并成一家公司，或在原来这家子公司的基础上直接整合成一家经营性企业；然后再把这些完成整合的公司出售给上市公司。至于整合之后留下的一些已经没有了经营性资产的空壳公司，则直接注销掉；还有一些没有进入上市公司的资产则交由集团其他分支机构处理掉。通过并购、合资、破产、托管、合并、分拆等方式，上海仪电下属的子公司只剩了10多家，孙公司也只有几百家了。

（二）产业产品结构调整

产业结构调整方面。上海仪电主要通过引进新技术、自主开发新产业链和对传统产业进行升级等方式，使整个集团打破原来以电视机为主的单一产品格局，重点开发集成电路、IC卡产业链、绿色照明等新产品，形成能够持续增长的产业、产品格局。经过持续的调整，上海仪电的资产质量明显提高，资产大幅增加，负债率明显下降，亏损企业也大大减少。1993年授权时，上海仪电的资产是12亿元，到2006年净资产73.75亿元，总资产129.62亿元，历史遗留的50亿元不良债务也已清理完毕。

（三）工厂布局结构调整

在工厂布局调整方面。主要通过两种方式实现，即土地空转和资源集中。根据1994年前后上海市政府出台的政策，上海仪电下属企业中原来由政府代表国家持有的房产和土地使用权，由上海市房产局、财政局等部门直接授权上海仪电所有。上海仪电集团则对得到授权的房产和土地使用权进行了"退二进三"的调整，即将城区的工厂搬到郊区或外地，腾出来的土地用于房产开发，所获级差地租和土地增值收益又用来支付企业组织结构调整和产品结构调整的成本。

三 上海仪电的功能定位

上海仪电是全国最早的国有资产经营管理公司改革试点之一。根据授权经营理论，上海仪电最早将名称改为上海仪电国有资产经营管理公司。但这个短暂的时期只是一种过渡性的制度安排，并没有维持下来，国有资产经营管理公司的主要角色是扮演行政管理单位与企业之间的隔离带，减少行政管理单位对企业经营的直接干预。行政管理单位向市场主体的改革完成后，国有资产经营管理公司的名称也被取消了。

2003年以后，各方面对国有资产管理和运行体制如何改革、体系如何建构的认识发生了很大变化，对国有控股集团的作用也有不同说法。当时出现的说法主要有4种，以退为主、以"关"为主、以减为主和多元化（徐家树，2007）。以退为主的说法起初认为，上海国资只要保留几个大的产业集团,其他都可以退出,不久后又变为强调国有经济是引领上海经济发展的主力军,不能退;以"关"为主的观点对国有控股集团的作用质疑最强,认为控股集团是改革的阻力,不把这一层改掉,国资改革就无法推进;以减为主的说法则认为,现有的控股集团太多,应该减少;多元化的观点相对较易为人接受,但结果是除了一部分集团得到政府支持在海外上市,而绝大多数控股集团没有做出相应的反应。这些争论造成了管理部门对控股集团的发展方向上的徘徊不定,在上海仪电也得到了反映。

这一时期,由于上海仪电在企业解困和重组过程中的优异表现,上海市国资委明确表示上海仪电的改革方向是从产业集团转向资产经营公司,充当国资委的资本运作平台。其中最典型的例子当属接盘上海有色。为了重组总资产规模达50多亿元的上海有色,上海仪电付出了20多亿元的代价,最后将上海有色资产中资质相对较好的部分提取出来,与中铝合资设立了中铝上海铜业,上海仪电在其中只占25.3%的股份。而另一些上海仪电看好的项目,却并未如愿得到。因此,按照上海仪电的说法,"所谓的资本运作平台,只是让上海仪电出钱出力帮助消化困难企业集团,而如何改成国有资产经营公司的事情却没有了下文"。

2009年,上海仪电对自身定位重新进行了调整,确定其定位不是一个纯粹控股型的资本经营公司,而是要发挥原有产业优势,把自己打造成产业经营公司。经过近几年的发展,上海仪电已逐步形成了包括电子制造与信息服务、商业不动产和非银行金融服务在内的三大主业板块。

四 上海仪电的组织管控模式:"3+3+1"模式

经过多年来反复调整和不断完善,上海仪电已经形成一整套具有上海仪电特色的管理规范和体系。在改革中形成的处理母子公司关系、建立治理结构各个层次之间的制衡关系方面所创立的"3+3+1"管理运营模式,曾得到当时的国家经贸委的肯定。

所谓的"3+3+1"模式中,第一个"3"是指股东的三大权益,即重大经营决策权、人事管理权和资产收益权;第二个"3"指在运营过程中的战略管理、全面预算管理和运营监控管理。"1"则是指产权事务管理。

"3+3+1"模式不仅体现在上海仪电宏观层面的管理上,也贯穿在集团运营的各个环节。据熟悉上海仪电集团内部运营情况的人士透露,上海仪电对子公司的运营监控几乎是实时同步的。监控方面能做到如此严密，在同一层级的国资控股公司中寥寥无几。按照张林俭的观点，"没有投资关系，就没有管理关系"，出资人权益的保障和实现是"3+3+1"模式的主要目的，所以整个管理围绕着出资人的三大权益设计。实现了行政管理向市场主体的转变后，集团公司与下属子公司的关系就成了投资与被投资的母子公司关系。这样，集团公司作为母公司，更多扮演的就是资本运作平台的角色。业内专家认为，"这种管理模式实际上接近于财团式的管理模式"。

(一) 第一个"3"：股东的三大权益

重大经营决策权：行使重大决策权的主导思想是保证投资方向合理、投资规模适当、投资结果有效。控股公司决策包括母公司自身经营决策和母公司以股东身份行使对子公司重大经营决策权。在投资决策权方面，上海仪电对集团与下属子公司权限进行了划分。并且根据子公司性质的不同，上海仪电在行使重大经营决策权的方式也有所不同。一般说来，对于全资子公司采取决定的方式进行，由子公司转入法定程序去贯彻；对于有控制力的上市股份公司，采取建议的方式进行，通过股东代表或专职董（监）事传达大股东的意见，并参与董事会（或股东大会）决策（法定程序）；对于有控制力的多元投资有限责任公司，通过协商的方式和其他股东进行商榷，表达大股东的意见，尽可能在协商基本一致的前提下，通过内部程序贯彻落实（刘立力，2000）。

人事管理权：按照现代企业制度和法人治理结构的要求，上海仪电控股公司作为出资者依法对全资子公司、控股子公司、参股公司分别享有选择、委派、推荐、提名管理者的权利。在行使人事管理权的过程中严格遵照三大原则：管人管事统一、完善责任机制、引进竞争机制。在公司管理中推行任期责任制和契约管理，实行人对人的考核，把考核重点从结果考核转移到过程考核；在人事招聘当中采取组织推荐、群众推荐和个人自荐相结合，每个竞聘岗位至少有两个以上候选人，实现竞争上岗机制。

资产收益权：投资收益权是指控股公司以投资者的身份，决定或参与投资企业的利润分配决策，并依据最终的分配决策收缴利润。对全资子公司的税后利润明确属于股东所有，由控股公司董事会依据公司总体发展战略的需要，决定是否追加投资；对控股的上市公司和有限责任公司，直接参与利润分配方案的制定，在主动征询其他股东意见的基础上，制订完整的利润分配预案并力争在子公司董事会或股东会上通过；对参股子公司的利润分配方案采取积极参与、主动沟通，力争形成对控股公司有利的方案。

（二）第二个"3"：企业运营中的三大管理

全面预算管理。从1994年开始，上海仪电开始推行预算管理，建立起全面预算制度。就预算内容上来看，主要可以分为三个层次：第一层次是现金预算，包括现金的收入和支出；第二层次是损益预算，包括收入、利润、成本、费用的结构；第三层次是权益预算，包括权益的数额等。

战略管理。控股公司重点是对长远的、总体的、集团发展所从事的主要行业、重点产业的方向定位和发展趋势进行研究。子公司重点是对现有产品的发展战略、重点产品的竞争策略和准备进入的新领域产品发展战略进行研究，子公司的战略定位要服从控股公司的总体战略管理要求，与控股公司战略发展保持一致（刘立力，2000）。

运营监控管理。控股公司运营监控管理的根本目的是分析现状，发现问题，预测未来，提出建议，以不断提高经济效益。上海仪电在运营监控管理过程中重点关注以下五个方面：一是经济运行数据分析；二是报审报告管理；三是审计监督；四是重点工作任务考核；五是经济运行分析。

（三）最后的"1"：产权事务管理

产权事务管理内容主要包括，一是产权登记管理。组织企业按国有资产管理部门的要求对占有国有资产的各类企业的资产、负债、所有者权益等状况进行产权登记，依法确认产权归属。二是产权界定管理。按照国家规定划分企业财产所有权、经营权和使用权等产权归属，明确各类产权主体行使权利的财产范围及管理权限。三是企业产权交易管理。包括申请上市、交易合同、财务处理及变更登记等。四是资产评估管理。资产评估由中介机构实施，公司从股东立场出发，使评估工作全过程处于受控状态，确保国有资产不流失。

上海仪电国资改革十多年来，通过将国资改革和国有企业改革结合起来，通过大规模的企业组织结构调整、产品产业结构调整和工厂布局结构调整，构建了一个全新的国资运营管理体系。通过三大结构调整，上海仪电把国有企业改革推向了一个新阶段，不仅帮助企业摆脱了困境，有效解决了企业冗员问题，合理利用了资源，而且理顺了资产关系，形成了全资子公司、控股子公司和参股子公司的母子公司关系。

在建立完善体制架构的同时，上海仪电不断探索和总结，逐步形成了

"3+3+1"运营模式,并按照规范化、法制化和程序化要求,制定了大量的规范制度。十多年来,上海仪电经过三次大修正,形成了五个层次的管理规范系统,具体包括工作规范体系表、基本管理子系统、管理系列、制度和办法、规范和细则五大层次。这些规范对构建完善的国资运行模式发挥了重要作用,是上海仪电经营管理经验的总结,对其他国有控股公司的运营有参考价值。

主要参考文献

［日］青木昌彦、［中］钱颖一：《转轨经济中的公司治理结构》，中国经济出版社1995年版。

［日］青木昌彦、［美］休·帕特里克：《日本主银行体制》，中国金融出版社1998年版。

［日］青木昌彦：《比较制度分析》，周黎安译，上海远东出版社2001年版。

［美］小艾尔弗雷德·D.钱德勒：《看得见的手——美国企业的管理革命》，重武译，王铁生校，商务印书馆1994年版。

［美］阿伦·肯尼迪、特伦斯·迪尔：《公司文化》，生活·读书·新知三联书店1989年版。

［美］彼得·F.德鲁克：《管理——任务、责任、实践》，孙耀君等译，中国社会科学出版社1987年版。

［英］亚当·斯密：《国富论》，商务印书馆1972年版。

［英］亚当·斯密：《道德情操论》（中英双语典藏本），谢宗林等译，中央编译出版社2009年版。

［美］J.弗雷德·威斯通、［韩］S.郑光等：《兼并、重组与公司控制》，经济科学出版社1998年版。

［美］成中英：《文化·伦理与管理——中国现代化的哲学省思》，贵州人民出版社1991年版。

陈郁主编：《所有权、控制权与激励》，上海三联书店、上海人民出版社1998年版。

［日］奥村宏：《日本六大企业集团》，金明善译，辽宁人民出版社1981年版。

［日］加护野忠男、小林孝雄：《资源抵押与退出障碍》，参见今井贤一、小宫隆太郎主编《现代日本企业制度》，经济科学出版社1998

年版。

［美］M. 布坎南：《自由、市场与国家》，生活·读书·新知三联书店1991年版。

［美］欧内斯特·戴尔：《伟大的组织者》，中国社会科学出版社1991年版。

［美］R. 科斯：《企业、市场与法律》，生活·读书·新知三联书店1992年版。

［美］R. 科斯、A. 阿尔钦等：《财产权利与制度变迁》，生活·读书·新知三联书店1997年版。

［美］科斯、哈特、斯蒂格利茨等，［瑞］拉斯·沃因、汉斯·韦坎德编：《契约经济学》，经济科学出版社1999年版。

［美］道格拉斯·C. 诺思：《经济史中的结构域变迁》，生活·读书·新知三联书店1997年版。

［美］路易斯·普特曼、兰德尔·克罗茨纳：《企业的经济性质》，孙经纬译，上海财经大学出版社2000年版。

［德］柯武刚、史漫飞：《制度经济学》，商务印书馆2000年版。

［英］阿马蒂亚·森：《伦理学与经济学》，商务印书馆2000年版。

［美］约翰·麦克米伦：《国际经济学中的博弈论》，高明译，平新乔校，北京大学出版社2004年版。

张大中主编：《市场经济与企文化》，北京大学出版社1993年版。

吴敬琏等：《大中型企业改革：建立现代企业制度》，天津人民出版社1993年版。

吴敬琏：《改革：我们正在过大关》，生活·读书·新知三联书店2001年版。

厉以宁：《经济学的伦理问题》，生活·读书·新知三联书店1999年版。

张维迎：《企业的企业家——契约理论》，上海三联书店1995年版。

张维迎：《企业理论与中国企业改革》，北京大学出版社1999年版。

张维迎：《公有制经济中的委托人——代理人关系：理论分析和政策含义》，《经济研究》1995年第4期。

盛洪：《分工与交易》，生活·读书·新知三联书店1995年版。

盛洪：《经济学精神》，广东经济出版社1999年版。

杨瑞龙：《现代企业产权制度》，中国人民大学出版社1996年版。

杨瑞龙主编：《国有企业治理结构创新的经济学分析》，中国人民大学出版社2001年版。

林毅夫、蔡昉、李周：《充分信息与国有企业改革》，上海人民出版社1997年版。

林毅夫、蔡昉、李周：《中国的奇迹：发展战略与经济改革》（增订版），上海人民出版社1999年版。

林毅夫执笔，北京大学中国经济研究中心"发展战略研究"课题组：《中国国有企业改革的回顾与展望》，《经济研究参考》2001年第89期。

张春霖：《存在道德风险的委托代理关系：理论分析及其应用中的问题》，《经济研究》1995年第8期。

张春霖：《产权：国有企业改革与国有资产监管》，中国财政经济出版社1993年版。

张春霖：《国家所有者的商业化：模仿机构所有者》，《国际经济评论》2003年第5期。

张到根：《现代企业制度的国际比较》，上海译文出版社1996年版。

张春林：《企业组织与市场体制》，生活·读书·新知三联书店1997年版。

樊斌：《试论"预算约束"与国有企业的市场化》，《经济问题探索》1997年第9期。

王万宾：《内部市场化与市场内部化——大型国有企业组织制度创新模式的比较与选择》，《管理世界》1998年第4期。

康焕军：《当代日本股票市场研究》，东方出版社1995年版。

李黎明：《中日企业法律制度比较》，法律出版社1998年版。

江瑞平：《变革中的日本式经济体制》，《日本学刊》1998年第6期。

胡果威：《美国公司法》，法律出版社1999年版。

杜厚文、胡乃武、杨瑞龙：《向市场经济过渡中的国有企业改革》，中国人民大学出版社1998年版。

中国社会科学院"严重亏损国有企业研究"课题组：《严重亏损国有企业的亏损原因剖析》，《管理世界》1997年第1期。

刘柯杰、郝俊操、高俊山：《公司中的代理问题和经理激励约束机制》，天津，《南开管理评论》1999年第2期。

林炎志：《国有资本人格化》，河南人民出版社1999年版。

周其仁:《市场里的企业:一个人力资本与非人力资本的特别合约》,《经济研究》1996年第6期。

周其仁:《公有制企业的性质》,《经济研究》2000年第11期。

周其仁:《产权与制度变迁——中国改革的经验研究》,中国社会科学出版社2002年版。

谢伏瞻主编:《中国经济专家新思想年集》,中国发展出版社2000年版。

张承耀:《企业家素质与企业文化》,《中国经贸导刊》2000年第17期。

杨小凯、张永生:《新兴古典经济学和超边际分析》,中国人民大学出版社2000年版。

焦斌龙:《中国企业家人力资本:形成、定价与配置》,经济科学出版社2000年版。

梁能:《公司治理结构:中国的实践与美国的经验》,中国人民大学出版社2000年版。

张雄、陈章亮:《经济哲学》,云南人民出版社2000年版。

魏杰:《新经济与企业裂变》,中国经济出版社2000年版。

胡祖光、伍争荣:《应用型委托—代理研究》,浙江大学出版社2000年版。

张军:《企业家精神、金融制度与制度创新》,上海人民出版社2001年版。

程恩富、伍山林:《企业学说与企业变革》,上海财经大学出版社2001年版。

金碚主笔:《国有企业根本改革论》,北京出版社2002年版。

陈国富:《契约的演进与制度变迁》,经济科学出版社2002年版。

张卓元:《国有资产管理体制改革的目标、难点和途径》,《宏观经济研究》2003年第6期。

张卓元:《混合所有制经济是基本经济制度的重要实现形式》,《经济日报》2013年第6期。

陈清泰:《国企改革:过关》,中国经济出版社2003年版。

韦森:《文化与制序》,上海人民出版社2003年版。

陈明生:《企业制度的历史演变》,《经济体制改革》2001年第5期。

毛振华:《资本化企业制度》,商务印书馆2001年版。

张燕喜:《德国企业与企业制度研究》,中国劳动社会保障出版社2001年版。

史忠良等：《国有资产管理体制改革新探》，经济管理出版社 2002 年版。

梁祖晨：《创建中国公司制——国有大中型企业公司制改革跟踪研究》，中国经济出版社 2000 年版。

梁祖晨：《落实自然人所有权重构国资监管体系》，《管理世界》2002 年第 3 期。

梁祖晨：《经营管理心理学》，中国科学技术出版社 1995 年版。

王国成：《企业治理结构与企业家选择——博弈论在企业组织行为选择中的应用》，经济管理出版社 2002 年版。

仲崇东：《资本主义、社会主义与经济社会发展模式》，《桂海论丛》2003 年第 1 期。

杨晓维：《论经济学中的利己主义假定》，《财经科学》2001 年第 2 期。

胡乐明：《"理性经济人"：意阈与批判》，《山东财政学院学报》2002 年第 3 期。

薛为昶：《对"经济人"、"利己主义"、"经济至上"等价值理念的批评》，《生产力研究》2004 年第 1 期。

郭金林：《企业产权契约与公司治理结构——演进与创新》，经济管理出版社 2002 年版。

苏东斌、高兴民主编：《制度》，中国时代经济出版社 2003 年版。

曾小华：《文化·制度与社会变革》，中国经济出版社 2004 年版。

陈国富：《契约的演进与制度变迁》，经济科学出版社 2002 年版。

杨其静：《合同与企业理论前沿综述》，《经济研究》2002 年第 1 期。

刘大可：《要素所有者与企业所有权安排》，参见段文斌主编《企业的性质、治理机制和国有企业改革》，南开大学出版社 2003 年版。

刘磊、万迪昉：《企业中的核心控制权与一般控制权》，《中国工业经济》2004 年第 2 期。

段文斌、董林辉：《代理问题与作为治理机制的激励合同：一个理论检讨》，参见陈国富主编《委托代理与机制设计》，南开大学出版社 2003 年版。

王纪年：《用退出和激励机制再造国企——许继集团有限公司王纪年董事长在北京大学的报告》，《中国电力企业管理》2002 年第 8 期。

刘小玄：《企业边界的重新确定：分立式的产权重组——大中型国有企业的一种改制模式》，《经济研究》2001 年第 4 期。

冯俭、蒋明新、任迎伟：《企业内部市场：起源、演进与挑战》，《中国工业经济》2004 年第 9 期。

王珺：《双重博弈中的激励与行为——对转轨时期国有企业经理激励不足的一种新解释》，《经济研究》2001 年第 8 期。

禹来：《国有企业外部人控制问题》，《管理世界》2002 年第 3 期。

周天勇：《现代国有资产管理新模式》，中国财政经济出版社 2003 年版。

李维安：《现代公司治理研究》，中国人民大学出版社 2002 年版。

于潇：《美日公司治理结构比较研究》，中国社会科学出版社 2003 年版。

冼国明、王东、徐冬：《企业制度与国际竞争力》，经济科学出版社 2001 年版。

陈卓勇、吴晓波：《股权激励的不同类型及其运用》，《改革》2000 年第 3 期。

丁宇澄：《与平衡积分卡、EVA 结合的绩效股票期权激励方式研究》，《南开经济研究》2004 年第 2 期。

李曜、周庆文、王彬：《行权价股票期权计划的核心》，《上市公司》2002 年第 1 期。

白津夫：《国有资产管理体制改革十大风险》，《〈瞭望新闻周刊〉》2003 年第 22 期。

李江涛、杨磊：《国有资产管理的"两个转变"和委托代理链条的收敛性》，《中国工业经济》2003 年第 5 期。

张学源：《不完整契约与决策权配置》，《管理世界》2002 年第 10 期。

陈洪波：《国资管理体制改革的地方实践及启示》，《宏观经济研究》2003 年第 10 期。

刘德成：《国外国有控股公司的运作模式、运行效果与发展趋势述论》，《理论导刊》2003 年第 7 期。

潘莹、张晖明：《上海与新加坡国有控股公司模式比较》，《上海经济》2001 年第 5 期。

何晓星：《以多元化产权改革为核心：上海国有控股公司改革的研究思路》，《上海经济研究》2004 年第 8 期。

李仕明、唐小我：《企业权利配置与经理激励》，科学出版社 2003 年版。

李之友：《中国企业领导人要具备特殊素质》，《企业家信息》2002 年第 7 期。

陈承坪：《企业理论新论——兼论国有企业改革》，人民出版社 2004 年版。

吴辉：《资本人格化——从郎咸平事件到国有企业改革新突破》，经济科学出版社 2005 年版。

左学金、程杭生主编：《中国国有企业改革治理：国际比较的视角》，社会科学文献出版社 2005 年版。

钱津：《突破点——走进市场的国有企业》，经济科学出版社 2006 年版。

吴越主编：《公司治理——国企所有权与治理目标》（中国欧盟国有企业公司治理国际研讨会论文集），法律出版社 2006 年版。

章迪诚：《中国国有企业改革编年史》，中国工人出版社 2006 年版。

陶广峰、魏恒荣：《国际视野下的公司治理结构比较及启示》，《学术界》2007 年第 6 期。

张泽一编著：《马克思的产权理论与国企改革》，冶金工业出版社 2008 年版。

刘树成、吴太昌主编：《中国经济体制改革 30 年研究》，经济管理出版社 2008 年版。

郑海航：《内外主体平衡论——国有独资公司治理理论探讨》，《中国工业经济》2008 年第 7 期。

谢鲁江、刘解龙、曹虹剑：《国企改革 30 年——走向市场经济的中国国有企业》，湖南人民出版社 2008 年版。

胡改蓉：《国有董事会法律制度研究》，北京大学出版社 2010 年版。

王忠禹：《国企改革攻坚纪实》，企业管理出版社 2010 年版。

卫祥云：《国企改革新思路——如何把正确地事做对》，电子工业出版社 2013 年版。

史正富：《超常增长：1979—2049 年的中国经济》，上海人民出版社 2013 年版。

谭浩俊：《政企分开才是国企改革核心》，《中国青年报》2013 年 12 月 20 日。

李锦：《十八届三中全会前后国企改革方向与焦点——李锦答记者问》，光明日报出版社 2013 年版。

国务院国资委宣传工作局、国务院国资委新闻中心：《国企热点面对面》（2），中国经济出版社 2014 年版。

Feldman, M. P. and Audesch, D. B. , Science based Diversity, Specialization, Localized Competition and Innovation [M]. Mimeo, 1996, p. 212.

Nellis, M. and Kikeri, S., "Public Enterprise Reform: Privatization and the World Bank"、*World Development*, 1989, Vol. 17 (5), pp. 659 – 672.

World Bank, *Bureaucrats in Business: The Economics and Politics of Government Ownership*, New York, Oxford University Press, 1995.

Holmstrom, B. and Milgrom, P., Multitask Principal – Agent Analyses: Incentive Contracts, Asset Ownership, and Job Design [J]. *Journal of Law, Economics, and Organization*, 1991, (7).

Demsetz, H. and K. Lehn, The Structure of Corporate Ownership Causes and Consequences [J]. *Journalof Political Economy* 1985, 9 (36).

Vining, A. E. and Boardman, A. R., Ownership and Performance in Competitive Environments [J]. *Journal of Law and Economics*, 1989, (32).

Vining, A. E. and Boardman, A. R., Ownership versus Competition Efficiency in Public Enterprise [J]. *Public Choice*, 1992, (73).

Barley, S. R., Technicians in the Workplace: Ethnographic Evidence for Bringing Work into Organization Studies [J]. *Administrative Science Quarterly*, 1996, (41), p. 404 – 441.

Porter, M. E., Clusters and New Economics of Competition [J]. *Harvard Business Review*, 1998, p. 11.

Alexeev, M., M. Kaganovich, Distributional Constraints on the Speed of Privatization [J]. *Economic Letters*, 1995, (48), pp. 213 – 219.

Rosen, S., 1985, "The Theory of Equalizing Differences", In Handbook of Labor Economics, ed. O. Ashenfelter and R. Layard. Amsterdam: North Holland.

Dewartripont and Tirole, "A Theory of Debt and Equity" [J]. *Economics*, Vol. 109, pp. 1027 – 1054, 1994.

Rosen, S., "The Theory of Equalizing Difference", In *Handbook of Labor Economics*, 1991.

Grossman, S. and Hart, O., "The Cost and Benefits of Ownership: A Theory of Vertical and Lateral Integration" [J]. *Political Economic*, Vol. 94, pp. 691 – 719, 1986.

Hart, O. and Moore, J., "Foundations of Incomplete Contracts". *Review of*

Economics Studies, Vol. 66, 1999a, pp. 115 – 138.

Hart, O. and Moore, J., "Property Rights and the Nature of the Firm" [J]. *Political Economy*, Vol. 98, pp. 1119 – 1158, 1990.

Wijinbergen, 1992, Enterprise Reform in Eastern Europe. World Bank, Policy Research Working Series 1068.

Tod Perry, "CEO Compensation in the 1990s", Table 2, www.ssrn.com, April 2000.

后　记

我国国有企业改革，路漫漫其修远兮，尤其需要深入探讨和紧贴实践，确切把握未来必然趋势的研究成果。为破解疑难和得晓真知灼见，更希望读者对本书不当之处给予严格指正，以使作者顿然明了和深刻受益。

需要说明的是，为使我国国有企业管理体制和现代企业制度创新，既切合自身国情又与国际通行惯例接轨，汲取西方发达市场经济国家在公司制建设中的成功经验，在研究中我们尽可能地做到马克思主义政治经济学的基本观点，与西方制度经济学和产权理论中科学成分的有机融合。同时，为使每一位关心国有企业深化改革的读者能较为轻松地阅读本书，增加可读性，我们也尽可能地使采用深入浅出的语言表达及相对易懂的定量分析模型。

本书的写作分工为：梁祖晨第一、第二、第三、第五章及第七章第一节。秦辉第四章及第七章第二、第三、第四节。许强第六、第八章。在资料收集、实地调研及部分初稿的写作中，做出了重要工作的有潘奇、黄天曦、董静和于真等。

感谢著名经济学家张卓元为本书作序！

感谢浙江省哲学社会科学重点研究基地技术创新与企业国际化研究中心、浙江省人文社科重点研究基地浙江工业大学工商管理基地对本书出版的支持！

作　者

2014 年 11 月